시편 제1권(1:1-41:13) 설교

기도와 찬양

Prayer and Praise

시편 설교 기도와 찬양

총편집인	김 의 원
지은이	안 오 순
발행일	2022년 8월 1일
발행처	도서출판 사무엘
등 록	제972127호 (2020.10.16)
주 소	안양시 동안구 관악대로 282 고려빌딩 3층
표 지	김 별 아

ISBN 979-11-972127-2-7
값 18,000원

SEE 성경과 신학 시리즈 01

성경 교사와 설교자를 위한 심화과정 501

시편 제1권(1:1-41:13) 설교

기도와 찬양

총편집인 김 의 원

지 은 이 안 오 순

도서출판 사무엘

간행사

석의의 위기, 설교의 위기

교회는 세상의 유일한 희망입니다!

세상은 하루가 다르게 급변하고 있습니다. 교회는 여기에 대한 구체적인 대응을 해야 합니다. '콘텍스트(context)'와 환경은 변하지만, '텍스트(text)'와 진리는 변하지 않기 때문입니다. 변하지 않는 진리를 변화하는 세계에 적용하려면 교회의 본질을 살펴야 합니다. 교회의 중심은 성경에 있습니다. 성경은 역사의 소용돌이 속에서 여전히 영혼을 구원하고 교회를 바르게 세우며, 성도를 양육하기 위해서 주신 하나님의 도구입니다. 그 도구 중 하나는 설교자를 통해 선포하는 설교입니다.

한국교회의 강단처럼 설교가 양적인 면에서 풍요로운 곳은 세계 어느 곳에도 없습니다. 하지만 그 설교가 최근에는 성도의 삶을 변화시키지 못할 뿐만 아니라 사회와 국가에 영향력을 미치지 못합니다. 그 원인 중 하나는 '석의(釋義)'를 바르게 하지 못한 데 있습니다. 현실과는 수천 년 거리가 있는 성경의 이야기를 메마르게 나열하거나 현실을 너무 강조하여 말씀은 단지 설교 내용의 구호나 후렴

구 정도로 머뭅니다. 설교자는 설교 강단에서 건강에 좋지 못한 '부실 음식(junk food)'을 성도에게 제공하는 모습입니다. 그 결과 교회는 영적 허약 체질로 자라고 있습니다.

건강한 교회는 설교자의 설교로부터 시작합니다. 설교자의 사명은 성경 본문이 '의미(meaning)'했던 것을 정확하게 찾아내어 오늘의 회중에게 그 '의의(significance)'를 적실하게 전달하는 일입니다. 하지만 오늘의 설교자는 성경 본문이 말하는 역사적 상황 안에서 의미했던 내용을 오늘을 살아가는 회중에게 적용하는 일을 잘하지 못합니다. 설교의 위기가 석의의 위기에서 비롯되었다는 말입니다. 따라서 설교의 위기를 극복하려면 석의의 위기부터 극복해야 합니다.

그다음으로 적용에 힘써야 합니다. 적용과 상관없는 석의는 공허한 지적 놀음에 불과합니다. 하나님의 말씀은 처음 청중은 물론이고 오늘 우리에게도 적실하게 적용할 수 있기 때문입니다. 성경은 당대 사람의 성경일 뿐만 아니라 오늘 우리의 성경이기도 합니다. 적용이란 본문을 통하여 찾아낸 신학적 메시지를 청중이 삶의 현장에서 그대로 실천하도록 도와주는 일입니다. 즉 '그때 그곳(at that time & there)'에서의 의미를 '오늘 이곳(now & here)'에 적용하는 것을 말합니다. 적용은 석의의 최종 목적이며, 설교의 최종 목적입니다.

이런 배경에서 사무엘연구원(SEE: Samuel Education by Extension)은 '성경 교사와 설교자를 위한 기본과정' 시리즈로 본문 공부 교재와 함께 그 공부를 기초한 설교집을 만들었습니다. 사무엘연구원은 오늘의 설교 현주소를 '본문을 잃어버린 설교'와 '청중을 잃어버린 설교'로 진단합니다. 따라서 우리는 본문을 회복하고 청중을 회복하는 설교를 지향합니다. 우리는 '하나님의 말씀을 어떻게 적실성 있게 청중의 삶의 자리에 상황화할 수 있는가?'에 대한 하나의 대안을 제시하려고 합니다. 우리는 바른 석의를 통해 본문의 의미를 밝히고, 그 의미를 통하여 청중의 필요를 채워주며 이 시대를 뚫고 들어가는 메시지를 만드는 일에 힘썼습니다.

석의와 적용, 즉 본문과 청중에 대한 설교의 두 기둥을 바르게 균형을 잡아가면 갈수록 우리 교회의 메마른 설교 강단은 양 떼가 뛰노는 푸른 초장으로 바뀔 것입니다.

아에타(AETA) 대표
사무엘연구원(SEE) 원장
김의원(철학박사, 구약)

차례

머리말

청중에게 들리는 설교를 지향하면서

"그러므로 믿음은 들음에서 나며 들음은 그리스도의 말씀으로 말미암았느니라"
(롬 10:17).

믿음의 선배들은 극심한 시련 속에서도 매주 강단에서 선포하는 설교를 통해 믿음의 중심을 지켰습니다. 그들은 설교를 통해 삶의 현장에서 '신행일치(信行一致)'를 하였고, 세상에 물들지 않고 세상에 대항하는 공동체, 즉 '대안 공동체'로 살았습니다. 설교는 시련을 이기는 힘이었고, 조국과 민족, 그리고 세계선교까지 도전하는 원동력이었습니다.

하지만 오늘의 현실은 어떠합니까? 우리는 이곳저곳에서 성장의 역기능을 볼 수 있습니다. 우리는 목회 현장에서 실패와 좌절감으로 정체성이 흔들리는 목회자를 만날 수 있습니다.

그 원인을 어디에서 찾을 수 있습니까? 많은 사람이 설교를 지목합니다. 지금도 수많은 설교 강단에서 외치는 수많은 설교가 홍수처럼 쏟아져 나옵니다. 하지만 많은 성도는 그 설교를 들으면서도 영적인 갈급을 느낍니다. 아모스 선지가 "말씀의 홍수 속에서 말씀의 기근"(암 8:11)을 외쳤던 그 위기의 목소리가 들립니다.

그 이유가 무엇일까요? 설교의 두 기둥은 '석의'와 '적용'인데, 오늘의 설교 현실을 보면 부실한 석의로 본문을 잃어버렸고, 부실한 적용으로 청중을 잃어버린 것 같습니다. 따라서 본문을 회복하고 청중을 회복하는 설교가 시급합니다.

이 책은 이런 문제의식에 출발해서 본문에 대한 석의와 적용을 기초로 하여 설교 현장에서 선포했던 설교문을 정리한 설교 모음집입니다. 무엇보다 바른 석의 작업을 통해 본문의 의미를 밝히려고 애썼고, 그 의미를 토대로 청중의 필요를 채워주려 노력했으며, 우리가 살아가는 현 시대적 상황과 배경을 놓치지 않으려 최선을 다했습니다.

따라서 이 책이 설교 현장의 설교자들이 본문을 드러내면서 청중에게 들리는 설교를 지향하는 일에 '보리빵 다섯 개'로 쓰임 받기를 바랍니다. 변화의 소용돌이 속에서 버거워하는 청중에게 영양분을 제공하여 그들의 삶을 변화하고, 대안 공동체를 이루는 토대가 되기를 바랍니다. 그리고 그 생명력이 대한민국은 물론이고 전 세계에까지 널리 퍼져나가기를 희망합니다.

"세상을 크게 보면 하나님이 작게 보인다. 하지만 크신 하나님을 보면 세상은 작게 보인다." 오늘 우리 앞에 나타난 전 지구적인 감염병과 기상 이변, 그로 인한 경제적 정신적 피로와 아픔 등은 참 크게 보입니다. 그러나 시편 기자는 크신 하나님을 보면 세상과 현실은 작게 볼 수 있다고 깨우칩니다. 우리가 시편을 통해 하나님의 살아 계심과 일하심을 믿고, 시인의 언어로 기도하고 노래하기를 바랍니다.

2022년 8월 1일
아에타(AETA) 교수위원장
사무엘연구원(SEE) 성경연구분과 위원
안오순(신학박사, 설교학)

01(1:1-6)

01

복 있는 사람은

말씀 시편 1:1-6
요절 시편 1:1
찬송 202장, 203장

"오직 여호와의 율법을 즐거워하여 그의 율법을 주야로 묵상하는도다."

우리 앞에는 행복의 길과 불행의 길이 놓여 있습니다. 그런데 그 행복과 불행의 길은 개인의 선택과 결단에 달려 있습니다. 행복의 길은 무엇입니까?

첫째, 복 있는 사람의 길(1-3)

1절을 봅시다. "복 있는 사람은 악인들의 꾀를 따르지 아니하며 죄인들의 길에 서지 아니하며 오만한 자들의 자리에 앉지 아니하고." '복 있는 사람'은 '그 사람은 복이 있다.' '행복한 사람이다.'라는 뜻입니다.

행복한 사람은 무엇을 하지 않습니까? 첫째로, 악인들의 꾀를 따르지 않습니다. '악인'은 여호와의 율법을 무시하는 사람입니다. 자신의 꾀, 세상 풍조를 따르는 사람입니다. 그런 사람은 하나님의 원수이며, 복 있는 사람의 대적자입니다. '꾀'란 '충고', '모임'인데, '사고

방식'을 뜻합니다. '따른다'라는 말은 '걷는다.'라는 뜻입니다. 복 있는 사람은 악인들의 충고나 모임을 따르지 않습니다. 그들의 사고방식으로 걷지 않습니다.

둘째로, 죄인들의 길에 서지 않습니다. '죄인'은 말씀대로 살지 않은 사람입니다. '길'은 그들의 행동 방식을 말합니다. '선다.'라는 말은 '계속해서 서 있다.'라는 뜻입니다. 그들과 함께하는 것을 말합니다. 행복한 사람은 말씀대로 살지 않은 사람들의 행동 방식과 함께 서지 않습니다.

셋째로, 오만한 자들의 자리에 앉지 않습니다. '오만한 자들'이란 하나님과 그분의 말씀에 관심이 없는 사람입니다. 그들은 하나님에 대해 신성모독의 말을 합니다. 행복한 사람은 그런 사람의 사회적 지위나 모임에 함께하지 않습니다.

여기서 '따른다.' '선다.' 그리고 '앉는다.'라는 세 동사는 완료형입니다. 이렇게 번역할 수 있습니다. '절대 따르지 않았다.' '절대 서지 않았다.' '절대 앉지 않았다.' 하지만 그 의미는 현재를 나타냅니다. 그들의 행동은 지속적이고 습관적이기 때문입니다. 따라서 이 표현은 삶의 전체 여정을 말합니다. 그러니까 복 있는 사람은 악인들의 그 어떤 삶과도 절대로 함께하지 않습니다.

그러면 복 있는 사람은 적극적으로 어떻게 삽니까? 2절을 읽읍시다. "오직 여호와의 율법을 즐거워하여 그의 율법을 주야로 묵상하는도다." '오직'은 '그러나'를 뜻하는데, 1절과 강하게 대조합니다. '율법'을 히브리어로 '토라(Torah)'라고 하는데, '교훈', 즉 '하나님께서 가르치시는 교훈'을 뜻합니다. 그것은 행복한 사람이 행복의 길로 가는 삶의 길잡이를 말합니다. 보통 '토라'라고 하면 모세 오경을 말하는데, 여기서는 구약 전체를 뜻합니다.

01(1:1-6)

복 있는 사람은 여호와의 율법, 즉 여호와의 말씀을 즐거워합니다. '즐거움'은 '기쁨'인데, 말씀을 의무감이 아닌 사랑으로 받는 그것을 뜻합니다. 복 있는 사람의 기쁨은 여호와의 말씀 속에 있습니다. 그는 여호와의 말씀과의 관계 속에서 기쁨을 누립니다.

그리고 복 있는 사람은 그분의 율법을 주야로 묵상합니다. '묵상한다.'라는 말은 동물이 '으르렁거린다.'라는 말에서 나왔습니다. 그 뜻은 '부드럽게 소리 내어 읽는다.' '깊이 생각한다.'입니다. 말씀을 작은 소리로 읽고 공부하여 행동으로 나타나는 그것을 말합니다. '주야'는 '낮과 밤'인데, 특정한 시간이 아닌 일상의 삶을 말합니다.

당시 하나님의 백성은 '성경책'을 부분적으로나 전체적으로 가질 수 없어서 그 말씀을 읽고 기억하거나 깊이 생각했습니다. '거룩한 독서(*Lectio Divina*, Divine reading)'라는 말이 있습니다. 말씀을 천천히 읽고 그 의미를 되새기면서 주님을 만나는 것을 뜻합니다. '렉시오 디비나'는 말씀을 올바로 이해하고 맛 들이도록 도우며, 말씀을 깨닫고 기뻐하며 더욱 행복하게 살도록 합니다. 악인들은 행동이 앞섰지만, 복 있는 사람은 먼저 말씀을 묵상했습니다.

행복은 어디에서 옵니까? 행복은 말씀을 즐거워하고, 말씀을 항상 묵상하는 데서 옵니다. 행복한 사람은 집에서나 밖에서나 주님의 말씀과 함께 '걷고', '눕고,' '일어납니다.' 신 6:7은 말씀합니다. "집에 앉았을 때에든지 길을 갈 때에든지 누워 있을 때에든지 일어날 때에든지 이 말씀을 강론할 것이며." 복 있는 사람은 언제나 말씀과 일치하는 삶을 삽니다. 여호와의 말씀은 복 있는 사람에게 무거운 짐이 아니라, 날마다 변함없이 함께하는 길잡이입니다. 복 있는 사람은 말씀을 삶의 기준으로 삼습니다. 복 있는 사람은 악인과는 '사회적 거리(social distancing)'를 두며 삽니다. 여기에 행복이 있습니다.

복 있는 사람을 무엇에 비유합니까? 3절입니다. "그는 시냇가에

심은 나무가 철을 따라 열매를 맺으며 그 잎사귀가 마르지 아니함 같으니 그가 하는 모든 일이 다 형통하리로다." 여기서 '나무'는 복 있는 사람, 즉 여호와의 말씀을 즐거워하여 묵상하는 사람을 상징합니다. 그 나무는 시냇가에 심어져 자라고 있습니다. 시냇가에 심은 나무는 뿌리를 잘 내려서 비바람이나 가뭄에도 쓰러지지 않고 충분한 수분과 영양분을 공급받아 잘 자랍니다. 그 나무는 열매를 맺고 푸른 모습을 간직합니다. 그가 하는 모든 일이 다 형통합니다.

구약에서 이런 사람을 찾을 수 있습니까? 요셉입니다. 창 39:2-3은 말씀합니다. "여호와께서 요셉과 함께하시므로 그가 형통한 자가 되어 그의 주인 애굽 사람의 집에 있으니, 그의 주인이 여호와께서 그와 함께하심을 보며 또 여호와께서 그의 범사에 형통하게 하심을 보았더라." 여호와께서 여호수아에게 말씀하셨습니다. "이 율법책을 네 입에서 떠나지 말게 하며 주야로 그것을 묵상하여 그 안에 기록된 대로 다 지켜 행하라 그리하면 네 길이 평탄하게 될 것이며 네가 형통하리라"(수 1:8).

둘째, 악인의 길(4-6)

악인은 어떻게 다릅니까? 4절입니다. "악인들은 그렇지 아니함이여 오직 바람에 나는 겨와 같도다." 복 있는 사람은 형통합니다. 하지만 악인은 그렇지 않습니다. 악인은 오직 바람에 나는 겨와 같습니다. '겨'는 알맹이가 없어서 바람에 날립니다. '겨'는 가볍고 쓸모없음을 나타냅니다. 농부는 추수 때 키질하여 알곡은 거두고 겨는 버립니다. 쓸모없기 때문입니다. 악인은 바로 이런 겨와 같습니다.

그러므로 악인들은 심판을 견디지 못합니다(5a). '심판'은 하나님의 심판입니다. 그분의 심판은 구속 사역을 통해서, 그리고 여호와의 날에 종말론적으로 일어날 겁니다. '견디지'라는 말은 '일어선다.'라는 뜻입니다. 옛날 피고인은 재판 과정에서 무릎을 꿇었는데, 사면을 받아야 일어났습니다. 그런데 악인은 심판에서 사면받지 못하여 일어날 수 없습니다.

그리고 죄인들은 의인들의 모임에 들지 못합니다(5b). '의인들의 모임'은 하나님과 관계성을 맺고 그분 앞에서 즐거워하는 사람으로 이루어진 모임입니다. 그것은 예배 공동체를 뜻합니다. 의인은 현재와 미래에 하나님의 함께하심을 체험합니다. 그러나 악인은 그런 예배 공동체에 참가할 수 없습니다. 자리가 없기 때문입니다. 따라서 악인에게는 미래가 없습니다.

의인의 길과 악인의 길에 대한 최종 평가는 무엇입니까? 6절을 읽읍시다. "무릇 의인들의 길은 여호와께서 인정하시나 악인들의 길은 망하리로다." '의인들의 길'은 '여호와의 율법을 즐거워하여 묵상하는 삶'입니다. '인정한다.'라는 말은 '안다.'라는 뜻입니다. 여호와께서 그런 사람이 걸어온 길을 아십니다. 그 아심은 의인에 대한 객관적인 지식뿐만 아니라, 그들과의 주관적인 관계성도 포함합니다.

그러나 악인들의 길은 망할 겁니다. 열매를 맺지 않는 나무는 망하는 것처럼, 열매 없는 겨 같은 악인의 끝은 멸망입니다. 예수님은 겉과 속이 다른 사람에게 말씀하셨습니다. "좋은 나무가 나쁜 열매를 맺을 수 없고 못된 나무가 아름다운 열매를 맺을 수 없느니라, 아름다운 열매를 맺지 아니하는 나무마다 찍혀 불에 던져지느니라, 이러므로 그들의 열매로 그들을 알리라, 나더러 주여 주여 하는 자마다 다 천국에 들어갈 것이 아니요 다만 하늘에 계신 내 아버지의 뜻대로 행하는 자라야 들어가리라"(마 7:18-21).

오늘의 시는 "복 있는", 히브리어 첫 글자인 '알렙(א)'으로 시작했습니다. 그리고 히브리어 마지막 글자인 "망하리로다", '타우(ת)'로 끝났습니다. 이것을 통해 인생의 시작과 끝을 볼 수 있습니다.

인생의 시작과 끝을 결정하는 길은 무엇입니까? 우리 앞에는 오직 두 개의 길만 있습니다. 복 있는 사람의 길과 악인의 길입니다. 복 있는 사람의 길은 여호와의 말씀을 즐거워하여 묵상하는 데 있습니다. 반면 악인의 길은 그렇지 않음에 있습니다. 인생의 최종 열매는 여호와의 말씀을 따르는가, 그렇지 않은가에 달려 있습니다. 복 있는 사람, 행복한 사람은 여호와의 말씀과 함께 시작하고 여호와의 말씀으로 끝나는 사람입니다.

이런 삶을 완성하신 분은 누구입니까? 앞에서 살폈던 요셉과 여호수아는 그림자에 불과했습니다. 복 있는 사람의 길을 이루신 분은 예수 그리스도이십니다. 오직 그분만이 이 시편의 이상을 이루셨습니다. 그분은 율법을 즐거워하여 언제 어디서나 묵상하셨습니다. 그분은 시냇가의 나무처럼 늘 풍성한 열매를 맺으셨습니다. 하나님은 예수님의 길을 다 아셨습니다.

그러므로 우리는 어떻게 살아야 합니까? 우리는 첫째로, 진정한 행복이 세상 풍조에 있지 않고 여호와의 말씀 안에 있음을 알아야 합니다. 여호와의 말씀은 행복의 길잡이입니다. 우리는 둘째로, 여호와의 말씀을 즐거워하여 묵상하는 삶을 살아야 합니다. 여호와의 말씀이 행복의 지침서임을 알 때 그분의 말씀을 묵상할 수 있습니다.

하지만 삶의 현장에서 말씀을 묵상하기가 쉽지 않습니다. 어떻게 해야 합니까? 예수님을 믿고, 성령님의 도움을 구해야 합니다. 우리가 예수 그리스도를 믿고 성령님께 도움을 청하면, 여호와의 말씀을 묵상하며 살 수 있습니다. 우리가 시편을 '렉시오 디비나'의 자세로 배워서 풍성한 열매를 맺고 행복한 삶을 살기를 기도합니다.

02

내가 나의 거룩한 산에 나의 왕을 세웠다

말씀 시편 2:1-12
요절 시편 2:6
찬송 21장, 23장

"내가 나의 왕을 내 거룩한 산 시온에 세웠다 하시리로다."

역사에서, 많은 사람이 질문했고, 지금도 하고 있습니다. '누가 이 세상을 다스리는가? 세상 왕인가? 아니면 하나님이신가?' 오늘 시편은 우리에게 무엇을 가르칩니까?

1절을 봅시다. "어찌하여 이방 나라들이 분노하며 민족들이 헛된 일을 꾸미는가." '분노한다.'라는 말은 '바다의 파도처럼 술렁거린다.'이고, '꾸민다.'라는 말은 '궁리한다.'라는 뜻입니다. 의인은 여호와의 말씀을 묵상하며 하나님의 뜻을 찾는데(1:2), 이방 나라는 술렁거리며, 헛된 일을 꾸미고 있습니다. 시인은 그런 그들을 보면서 놀라움과 함께 그 일이 성공하지 못할 것을 말합니다.

이방 나라는 누구에게 분노하며, 어떤 헛된 일을 꾸밉니까? 2절입니다. "세상의 군왕들이 나서며 관원들이 서로 꾀하여 여호와와 그의 기름 부음 받은 자를 대적하며." 세상 왕들은 싸우려고 나타났습니다. 세상 통치자들은 서로 연합하여 음모를 세웠습니다. 그들은 여호와와 싸우며, 기름 부음 받은 자와 대적합니다. '기름 부음 받은 자'를 헬라어로는 '메시야스(Μεσσίας)', '크리스토스(Χριστός)'로 부릅니다. 우리 말로는 '메시아', '그리스도'입니다. 그분은 왕으로 임명 받은 사람입니다. 당시 왕은 왕으로 임명받을 때, 즉 대관식 때 올리브기름 부음을 받았습니다(삼상 10:1). 그런데 세상 왕들은 여호와와 그분의 기름 부음 받은 왕을 대적합니다.

어떻게 대적합니까? 3절입니다. "우리가 그들의 맨 것을 끊고 그의 결박을 벗어 버리자 하는도다." 여기서 '맨 것', '결박'은 여호와께 대한 종속적 위치와 순종을 상징합니다. 세상 왕이 여호와와 그분의 기름 부음 받은 자의 신하로서 마땅히 해야 할 의무에 대한 은유적 표현입니다. 그런데 세상 왕은 그 맨 것과 결박을 끊어버리려고 합니다. 세상 왕은 하나님의 주권적 통치에서 벗어나려고 합니다. 그것은 반역인데, 그 반역의 목표는 주권에 대한 도전입니다. 당시에는 '주인'과 '종'의 관계가 뚜렷했습니다. 그런데 세상 왕은 '왕의 왕'이 요구하는 충성심에서 벗어나려고 합니다. 그들은 하나님과 메시아의 통치를 반대합니다. 하지만 세상 왕은 하나님의 왕권을 거절할 수 없습니다.

세상 왕들의 반역에 대해 하늘에 계신 여호와께서 어떻게 반응하십니까? 하늘에 계신 이가 웃으십니다. 주님께서 그들을 비웃으십니다(4). 하늘에 계신 이는 우리의 주님이십니다. 그분은 초월하여 계신 분이고, 온 세상을 다스리는 분입니다. 하나님은 하늘에 계시지만 사람이 하는 일에 개입하십니다. 하나님은 반역자의 행위를 보고 가소로워 웃으십니다. 왜냐하면 하나님은 세상 왕의 끝을 아시기 때문입니다. 하나님은 세상 왕이 넘볼 수 없는 온 우주의 주인님이십니다. 그런 그분을 모르고 대적하니 웃을 수밖에 없습니다.

하나님은 웃으신 후에 무엇을 하십니까? 그때 화를 내며 그들을 놀라게 합니다. 그리고 말씀하십니다(5).

그 내용은 무엇입니까? 6절을 읽읍시다. “내가 나의 왕을 내 거룩한 산 시온에 세웠다 하시리로다.” ‘내가’는 ‘그러나 나로서는’, 즉 ‘나’를 강조합니다. 여호와 하나님께서 그분의 왕을 거룩한 산 시온에 세웠습니다. 이것은 왕의 대관식을 상징합니다. 여호와는 세상 왕에 대해 “내가 내 왕을 세웠다.”라고 선포하십니다.

그 왕은 누구입니까? 일차적으로는 다윗 왕입니다. 하지만 궁극적으로는 예수 그리스도이십니다. 하나님께서 다윗에게 기름을 부어 왕으로 세우셨습니다. 후에 하나님은 예수 그리스도에게 기름을 부어 왕으로 세우셨습니다.

하나님은 그 왕을 어디에 세우셨습니까? 내 거룩한 산 시온에 세우셨습니다. 시온은 하나님께서 택하신 거룩한 곳입니다. 시온이 본래 거룩해서 택한 것이 아니라, 하나님께서 그 도시와 함께하심으로 그 도시를 거룩하게 하셨습니다. 하나님은 하늘에 계시지만 시온에도 계십니다. 하나님은 제한된 장소에만 계시는 분이 아닙니다. 그 하나님께서 그분의 왕을 그분의 거룩한 산에 세우셨습니다. 그곳은 ‘다윗 성’(삼하 5:9), ‘예루살렘’입니다. 하나님은 거룩한 산을 세우셨고, 그곳에 다윗을 왕으로 기름을 부어 세우셨습니다.

‘내가 나의 거룩한 산에 나의 왕을 세웠다.’라는 말씀을 통해 무엇을 배웁니까? 하나님의 절대 주권, 왕권을 배웁니다. 세상은 하나님께서 세우신 그 왕을 인정하고, 그 왕께 순종해야 합니다. 그 왕을 대적해서는 안 됩니다. 그 왕과의 관계성을 유지해야지 그 관계를 끊으려고 해서는 안 됩니다.

죄는 무엇입니까? 에덴동산에서 하나님께서 세우신 그 왕권을 깬 겁니다. 하나님을 왕으로 인정하지 않고 그 굴레에서 벗어나 자유롭게 살려고 했을 때 오히려 비극이 일어났습니다. 오늘도 하나님께서 세우신 그 왕, 예수 그리스도와의 관계를 깨려고 하면 자유가 오지 않고 불행이 옵니다. 그것이 죄이기 때문입니다. 생명과 행복은 하나님께서 세우신 그 왕을 영접하고 예배하는 데 있습니다.

우리는 여기서 이른바 거대 담론에 대해 질문하지 않을 수 없습니다. '누가 세상을 다스립니까?' '세상 왕인가요? 하나님이 세우신 메시아 왕이신가요?' 어떤 정치 지도자, 어떤 사회적 지위가 높은 사람, 심지어 평범한 이웃조차도 하나님과 예수님을 반대하는 경우가 있습니다. 어떤 사람은 다른 사람에게 해를 주면서까지 주님을 왕으로 인정하고 섬기기보다는 자기가 옳다고 생각하는 대로 살려고 합니다. 세상을 자기가 다스린다고 생각하기 때문입니다. 그러나 하나님의 통치가 지금은 감춰져 있고, 눈에 보이지 않더라도 시편은 하나님이 '지금', '이곳에서' 일하신다고 증언합니다.

어떤 분은 그 하나님의 손길을 이렇게 표현했습니다. "하나님의 힘은 독재자의 절대적 힘이 아니라 헌신 된 사랑의 힘이다. 세상의 말로 하면, 힘이 곧 정의를 만든다. 하지만 하나님의 말씀으로 하면, 정의가 곧 힘을 만든다. 하나님의 주권 아래 사는 사람인 의인은 세상 힘에 약할 것이다. 하지만 그들에게 결코 도움이 없는 것은 아니다." 하나님이 세우신 왕께 순종하며 예배하면 생명과 행복을 누립니다.

왜 세상은 그 왕께 순종하며 예배해야 합니까? 7절도 읽읍시다. "내가 여호와의 명령을 전하노라 여호와께서 내게 이르시되 너는 내 아들이라 오늘 내가 너를 낳았도다." 시인은 여호와의 명령을 전합니다. 당시 왕국에서는 새 왕이 등극하면 등극을 기념하여 칙령을 발표했습니다. 그 왕권의 정당성을 높이며 정통성과 합법성을 나타냈습니다.

시인이 전하는 그 내용은 무엇입니까? 그는 여호와의 말씀을 전합니다. 여호와께서 하신 말씀은 무엇인가요? "너는 내 아들이라." 대관식 때 선지자가 하나님의 대변자로 왕에게 이렇게 선포했습니다. 왕은 대관식을 통해 하나님의 아들이 됩니다. 왕은 하나님과 언약을 통해 하나님의 아들로 '입양'됩니다. 그것은 바로 오늘, 즉 왕이 즉위하는 날 이루어집니다.

어떻게 아들이 됩니까? "너를 낳았도다." 하나님께서 그 왕을 낳았습니다. 왕의 신분과 권세가 하나님한테서 왔습니다. 하나님이 다윗을 왕으로 세우실 때 말씀하셨습니다. "나는 그에게 아버지가 되고 그는 내게 아들이 되리니"(삼하 7:14a). 하나님은 왕의 아버지이십니다. 여기서는 '법적 권리'를 뜻합니다. 그 권리를 대관식 때 확정했습니다. 그러므로 '하나님이 임명한 왕'은 그 아버지의 관심과 원하심에 반응해야 하며, 그의 백성에게 하나님의 뜻을 나타내야 합니다. 즉 아버지 '여호와의 통치'를 보여주는 겁니다.

후에 하나님은 예수님께서 세례받으실 때 하늘로부터 선포하셨습니다. "하늘로부터 소리가 있어 말씀하시되 이는 내 사랑하는 아들이요 내 기뻐하는 자라 하시니라"(마 3:17). 그분은 십자가에서 우리 죄를 위하여 죽으시고 사흘 만에 살아나셨고, 하나님 나라로 올라가셨습니다. 지금은 아버지의 오른쪽에 앉아 계십니다(행 2:33, 35, 히 1:3). '오른쪽'은 왕의 통치와 권위의 장소입니다. 세상이 그 왕께 순종하며 예배해야 하는 이유는 그분이 하나님의 아들이시며, 세상을 다스리는 왕이기 때문입니다.

하나님 아들의 특권은 무엇입니까? 8절입니다. "내게 구하라 내가 이방 나라를 네 유업으로 주리니 네 소유가 땅끝까지 이르리로다." 아들의 특권은 그 아버지께 자유롭게 기도할 수 있는 겁니다. 그 아들은 후에 예수님을 믿는 사람으로 바뀝니다. 따라서 예수님을 믿는 사람, 즉 하나님의 아들딸은 그분께 자유롭게 구할 수 있습니다. 예수님은 제자들에게 말씀하셨습니다. "구하라 그리하면 너희에게 주실 것이요 찾으라 그리하면 찾아낼 것이요 문을 두드리라 그리하면 너희에게 열릴 것이니, 구하는 이마다 받을 것이요 찾는 이는 찾아낼 것이요 두드리는 이에게는 열릴 것이니라."(마 7:7-8).

그 아들이 기도할 때 아버지는 무엇을 주십니까? 이방 나라와 그 땅을 주십니다. 사실 그 아들은 아버지 하나님의 상속자이기에 기도하지 않아도 유산을 받습니다. 하지만 아들은 아버지께 기도할 수 있고, 아버지는 그 기도를 들으십니다. 민족과 땅을 유산으로 주십니다. 이 말씀은 일차적으로 다윗을 통해 이루어졌습니다. 이스라엘 백성과 가나안 땅을 주셨기 때문입니다. 하지만 본질에서는 종말에 그리스도께서 오셔서 온 세상을 다스리심을 뜻합니다.

그 아들은 세상 왕을 어떻게 합니까? 철장으로 그들을 깨뜨립니다(9). '철장'은 '철로 만든 막대기'인데, 기름 부음을 받은 사람의 통치, 왕권을 상징합니다. 그 아들은 왕권으로 세상 왕을 깨뜨립니다. 또 질그릇 같이 흩뿌립니다. 애굽의 바로가 즉위할 때 질그릇을 깼다는군요. 즉위하는 애굽 왕은 자신의 전 세계적인 권력을 드러내려고 이방 민족의 이름을 새긴 질그릇을 부쉈습니다. 그것은 그들에 대한 정복을 상징했습니다. 이처럼 여호와께서 세우신 왕은 그 왕권으로 민족을 쳐부수고 옹기장이 그릇처럼 바술 겁니다. 이제는 이스라엘 왕이 온 세상을 다스리기 때문입니다.

그러므로 세상 왕은 무엇을 해야 합니까? 첫째로, 그들은 지혜롭게 행하고 경고를 받아들여야 합니다. 10절은 말씀합니다. "그런즉 군왕들아 너희는 지혜를 얻으며 세상의 재판관들아 너희는 교훈을 받을지어다." 세상 왕들은 주님께 거슬러 일어나거나 음모를 꾸미는 것이 그릇된 일임을 깨달아야 합니다. 그들은 반역을 계획한 일에 대한 꾸지람을 들어야 합니다.

둘째로, 그들은 여호와를 경외함으로 예배하고, 떨며 즐거워해야 합니다(11). 예배는 위대한 왕이신 여호와께서 받으시는 유일한 반응입니다.

셋째로, 그들은 무엇을 해야 합니까? 12절을 읽읍시다. “그의 아들에게 입 맞추라 그렇지 아니하면 진노하심으로 너희가 길에서 망하리니 그의 진노가 급하심이라 여호와께 피하는 모든 사람은 다 복이 있도다.” 그들은 그 아들, 그 왕에게 입 맞춰야 합니다. ‘입을 맞춘다.’라는 말은 순종과 예배를 상징합니다.

만일 그들이 그 아들에게 순종과 예배하지 않으면 어떻게 됩니까? 그렇지 않으면 진노하심으로 길에서 망합니다. 여호와께서 심판하기 때문입니다. 악인의 길은 멸망에 이릅니다.

그러나 누가 복이 있습니까? “여호와께 피하는 모든 사람은 다 복이 있도다.” ‘여호와께 피하는 사람’은 ‘여호와께 소망을 둔 사람’, ‘여호와를 신뢰하는 사람’, ‘자기를 의지하지 않고 토라를 믿는 사람’입니다. 여호와께서 세우신 왕의 다스림을 받는 사람입니다.

1편에서 행복한 사람은 악인의 길을 부정하고 토라를 묵상하는 사람이었습니다(1:1-2). 2편에서 행복한 사람은 여호와께서 세우신 그 왕께 입을 맞추는 사람입니다(2:12). 1편에서 ‘복 있는’으로 시작했는데, 2편에서 ‘복이 있도다.’로 끝납니다. 시인은 경고보다는 복을 강조합니다. 비록 세상 왕이 잘못된 길을 갈지라도 지금 돌아서면, 즉 여호와를 예배하면 복을 받습니다.

세상을 누가 다스립니까? 여호와께서 거룩한 산에 세우신 우리의 왕 예수님이십니다. 우리가 그분을 실감하지 못할지라도, 그분은 ‘지금’, ‘이곳에서’, 오늘 우리의 삶을 다스립니다. 그러므로 그분을 믿고 예배하여 생명과 행복을 누리기를 기도합니다.

03
구원은 여호와께 있사오니

말씀 시편 3:1-8
요절 시편 3:8
찬송 356장, 402장

"구원은 여호와께 있사오니 주의 복을 주의 백성에게 내리소서(셀라)."

이런 말이 있다는군요. "세상을 크게 보면 하나님이 작게 보인다." 세상이 크게 보임은 크신 하나님을 보지 못하기 때문입니다. 따라서 우리가 크신 하나님을 보면 세상과 현실은 작게 보입니다. 오늘 시편은 우리에게 무엇을 가르칩니까?

오늘 시편에는 표제가 있습니다. "다윗이 그의 아들 압살롬을 피할 때 지은 시." 압살롬은 다윗의 아들인데, 아버지를 반역하여 왕이 되려고 했습니다. 다윗은 왕궁을 떠나야 했고, 압살롬은 왕이 되는 듯했습니다(삼하 15:13; 17:24). 그러나 하나님께서 다윗과 함께하셔서 압살롬의 반역을 제압하셨습니다. 하나님은 다윗을 구원하셨고, 이스라엘에 평화를 주셨습니다. 이것이 오늘 시편의 역사적 배경입니다.

다윗은 압살롬의 반역 앞에서 무엇을 했습니까? 1절을 봅시다.

03(3:1-8)

“여호와여 나의 대적이 어찌 그리 많은지요 일어나 나를 치는 자가 많으니이다.” ‘여호와’란 ‘약속을 이루시는 인격적인 하나님’을 뜻합니다. 그분은 이스라엘의 아버지이며, 특별히 기름 부음을 받은 다윗과 그 후손에게 아버지이십니다.

다윗은 바로 그 아버지 하나님께 무엇을 기도합니까? “나의 대적이 어찌 그리 많은지요?” ‘대적’은 외부의 적이 아니라 내부의 적입니다. 다윗의 아들 압살롬을 비롯한 그의 신하들입니다. 시인은 지금 심각한 위험에 처했습니다. 일어나서 다윗을 대적하는 사람이 많기 때문입니다. 그는 왕이지만 많은 원수에 둘러싸여 있습니다. 그는 절망적인 상황을 맞았는데, 깊은 ‘공황 상태(panic)’에 빠졌습니다. 삼하 15:30은 말씀합니다. “다윗이 감람 산 길로 올라갈 때에 그의 머리를 그가 가리고 맨발로 울며 가고 그와 함께 가는 모든 백성들도 각각 자기의 머리를 가리고 울며 올라가니라.”

다윗의 대적은 다윗을 어떻게 공격합니까? 2절입니다. “많은 사람이 나를 대적하여 말하기를 그는 하나님께 구원을 받지 못한다 하나이다(셀라).” 많은 사람이 다윗의 생명에 관해 이렇게 말했습니다. “그는 하나님께 구원을 받지 못한다.” 이 말은 ‘하나님 안에는 그를 위한 구원이 없다.’라는 뜻입니다. 여기서 ‘구원’은 하나님의 도움으로 전쟁에서 이기는 것을 뜻합니다.

대적자는 “하나님께서 다윗을 돌보지 않으신다.” “싸움에서 이기게 하지 않는다.”라고 조롱했습니다. 왜냐하면 많은 사람이 압살롬에게 모여들어 그 힘이 점점 커지기 때문입니다. 대적은 “다윗이 그토록 진심으로 섬겼고 믿었던 그 하나님으로부터 버림을 받았다.”라고 저주합니다. 그런 말을 들을 때 어떤 생각이 들까요? 그 대적의 말을 인정하고 희망을 포기할 수 있습니다. 따라서 이 조롱은 믿음의 사람에게 치명적 상처를 입힐 수 있는 강력한 무기와 같습니다.

03(3:1-8)

대적의 조롱 끝에 나오는 '셀라'라는 말은 문자적으로는 '들어 올린다.' '높인다.'라는 뜻입니다. 예배 때 '음악이나 예전에 대한 지침', 즉 노래의 음이나 악기의 리듬을 올리도록 하는 표시로 압니다. 시편은 일종의 노래였기에 음악 부호가 있습니다.

시인은 대적의 조롱 앞에서 무엇을 합니까? 3절을 봅시다. "여호와여 주는 나의 방패시요 나의 영광이시요 나의 머리를 드시는 자이시니이다." 이 문장은 "그러나 당신, 여호와여."로 시작합니다. 즉 강한 반전이 나타나는데, 애통에서 확신으로 바뀝니다. 그는 다시 '여호와', 즉 인격적인 하나님께 나아가 기도합니다. 그는 그분을 절대적으로 신뢰합니다.

그는 그분을 어떤 분으로 확신합니까? "나의 방패시요." 방패는 용사의 방어용 무기인데, 하나님께서 그 백성을 보호하심을 상징합니다. 하나님의 보호하심은 당신의 약속을 지키심으로 나타나는데, 그분이 약속을 지킬 수 있는 그것은 위대한 왕이시기 때문입니다. 그 위대한 왕은 다윗에게 영광스러운 분입니다. 여호와는 그 왕국을 영광스럽게 다스리십니다. 그분의 영광은 어떤 인간의 능력보다 위대합니다.

그분은 다윗의 머리를 드시는 분입니다. '머리를 든다.'라는 말에는 두 가지 뜻이 있습니다. 슬픔과 두려움에서 벗어남을 뜻하고, 사면과 복권을 뜻합니다. 여호와는 그의 대적을 이기실 때 그 백성의 머리를 들어주십니다. 그 백성을 절망에서 희망으로 인도하십니다. 이 여호와는 '많은 대적'과는 다른 분입니다. 여호와께서 다윗을 전쟁에서 보호하며 이기게 하십니다. 다윗은 그분을 믿고 기도합니다.

다윗이 이렇게 기도할 수 있는 비결은 무엇입니까? 4절입니다. "내가 나의 목소리로 여호와께 부르짖으니 그의 성산에서 응답하시는도다(셀라)." 다윗이 기도하면 여호와께서 성산에서 응답하십니다.

03(3:1-8)

'성산'은 '시온 산'입니다. 이곳은 다윗이 왕으로 취임한 곳이고, 하나님께서 그와 그 백성과 함께하시는 곳입니다. 옛적에 시내 산에 나타나셔서 당신을 계시하며 그 백성과 언약을 맺은 그 여호와께서 이제 시온 산에서 그 일을 하십니다. 여호와께서 그 시온 산에서 다윗의 기도를 들으십니다. 다윗은 비록 대적의 공격을 받을지라도 여호와께 기도하면 응답하실 줄 믿었습니다.

이런 다윗으로부터 무엇을 배웁니까? 그의 믿음입니다. 그는 기도하면 하나님께서 응답하실 것이라고 확신합니다. 그의 확신은 '아버지와 아들의 관계성'에 근거합니다. 그는 하나님을 '아버지'이며 '위대한 왕'으로 믿습니다. 따라서 그의 기도는 자신의 의로움에 있지 않고 하나님의 은혜로운 약속과 관련합니다. 그는 가장 절망적인 상황에서 아버지 하나님의 응답을 통해 위로를 받습니다.

여호와의 응답에 대한 그의 확신이 어떻게 나타납니까? 5절입니다. "내가 누워 자고 깨었으니 여호와께서 나를 붙드심이로다." 그는 전쟁 중에도 잠을 잘 자고 잘 깹니다. 그는 긴장의 순간에도 평안하게 생활합니다. 왜냐하면 여호와께서 그를 붙드시기 때문입니다. '여호와의 붙드심', '하나님의 떠받침'이 시인의 보호이며, 평화입니다. 믿음의 삶은 하나님 붙드심으로 보호받고, 절망과 희망의 차이를 나타냅니다. 다윗은 대적의 압박을 피하려고 계획을 세우거나 자신의 영혼을 아프게 하는 대신에 '하나님의 붙드심'을 붙들었습니다. 그것이 기도입니다.

기도하는 그는 얼마나 담대합니까? 6절입니다. "천만인이 나를 에워싸 진 친다 하여도 나는 두려워하지 아니하리이다." 많은 대적이 그를 공격할지라도 그는 두려워하지 않습니다. 왜냐하면 그는 모든 문제를 '여호와의 떠받침'에 맡겼기 때문입니다. 그의 평안은 하나님께 자신의 문제를 맡기는 데서 왔습니다. 그는 많은 대적으로부터 공격을 받을지라도 위대한 왕이신 여호와께서 그 많은 적을 물리칠 줄을 믿습니다. 다윗의 영광스러운 왕이며 아버지는 그를 돌보시며 평안하게 자고 깨도록 하십니다.

그는 무엇을 위해 기도합니까? 7절을 봅시다. "여호와여 일어나소서 나의 하나님이여 나를 구원하소서 주께서 나의 모든 원수의 뺨을 치시며 악인의 이를 꺾으셨나이다." 시인은 여호와께서 행동하기를 기도합니다. "여호와여 일어나소서!" 여호와의 일어나심을 많은 대적이 일어난 것(1b)과 대조합니다. 여호와께서 하늘에서 일어나 땅에서 싸워 대적을 없애기를 기도합니다. "나의 하나님이여, 나를 구원하소서!" 대적자는 "하나님은 다윗을 구원하지 못한다."(2)라고 결론을 이미 냈었습니다. 그러나 다윗은 대적자가 사용했던 그 단어를 사용하면서 '구원'을 위해 기도합니다. 그는 어떤 형편에서도 오직 여호와를 의지하고 그분께 도움을 청합니다. 왜냐하면 그분만이 유일한 구원이시기 때문입니다.

여호와께서 그를 어떻게 구원하십니까? "주께서 나의 모든 원수의 뺨을 치시며 악인의 이를 꺾으셨나이다." '뺨을 친다.'라는 말은 상대를 '모욕하는 행위'입니다. '이를 꺾으셨나이다.'라는 말은 야생 동물의 이빨이 깨졌을 때 그 힘이 사라지는 것을 뜻합니다. 하나님께서 악인의 힘을 없애셨습니다. 악인은 하나님의 왕국 안에서나 밖에서나 그 어떤 힘도 나타내지 못합니다. 여호와께서 승리하셨기 때문입니다.

원수를 물리치는 여호와는 어떤 분입니까? 8절을 읽읍시다. "구원은 여호와께 있사오니 주의 복을 주의 백성에게 내리소서(셀라)." '구원'은 앞에서와같이 '전쟁에서 승리하는 것'을 뜻합니다. '여호와께 있사오니'라는 말은 '여호와에게서 나온다.'라는 뜻입니다. '전쟁에서 승리하는 것은 여호와께 달려 있다.'라는 뜻입니다. 다윗이 대적과 싸워서 이기는 길은 오직 여호와의 도움으로만 가능합니다. 여호와는 그 어떤 대적과도 싸워 이길 수 있습니다. 여호와는 위대한 왕이십니다. 여호와는 사랑하는 아들딸에게 승리를 주십니다.

이 사실을 다윗의 삶에서 확인할 수 있습니까? 압살롬은 다윗을 공격하려고 후새와 아히도벨로부터 계략을 들었습니다. 실제 계략은 아히도벨의 것이 후새의 것보다 더 좋았습니다. 하지만 하나님께서 그 계략에 간섭하셨습니다. "압살롬과 온 이스라엘 사람들이 이르되 아렉 사람 후새의 계략은 아히도벨의 계략보다 낫다 하니 이는 여호와께서 압살롬에게 화를 내리려 하사 아히도벨의 좋은 계략을 물리치라고 명령하셨음이더라"(삼하 17:14). 그 결과 압살롬은 전쟁에서 패하였습니다. "압살롬이 다윗의 부하들과 마주치니라 압살롬이 노새를 탔는데 그 노새가 큰 상수리나무 번성한 가지 아래로 지날 때에 압살롬의 머리가 그 상수리나무에 걸리매 그가 공중과 그 땅 사이에 달리고 그가 탔던 노새는 그 아래로 빠져나간지라." "요압의 무기를 든 청년 열 명이 압살롬을 에워싸고 쳐 죽이느라"(삼하 18:9, 15). 다윗의 기도대로 여호와께서 전쟁에서 이기게 하셨습니다.

그의 마무리 기도는 무엇입니까? "주의 복을 주의 백성에게 내리소서(셀라)." '주의 복'은 '전쟁에서 승리', 그로 인한 '평화'를 말합니다. 시인은 승리, 평화가 그 백성에게 돌아가도록 기도합니다. 하나님은 다윗에게 그 백성의 평화는 물론이고 악한 사람과 외부의 적을 제거하겠다고 약속하셨습니다. 왕이 안팎의 전쟁에서 이김으로써 주님의 축복이 온 백성에게 미쳐 평화가 왔습니다.

다윗을 구원하고 그 백성에게 복을 내리신 여호와는 어떤 분입니까? 그분은 누구든지 당신께 나와 기도하면 구원하고 복을 주십니다. 다윗의 모습은 일차적으로 예수 그리스도를 통해 나타났습니다. 예수 그리스도는 많은 원수에 둘러싸였습니다. 많은 원수는 그분을 조롱했습니다. 그분은 십자가에 못 박혀 돌아가셨습니다. 그러나 여호와께서 그분의 기도를 들으시고, 그분을 원수의 손에서, 죽음에서 구원하셨습니다. 그리고 그분을 구원의 근원으로 삼았습니다.

03(3:1-8)

여호와는 오늘도 그 백성의 기도를 들으시고, 구원 사역을 계속하십니다. 우리 삶의 승리는 여호와께 달려 있습니다. 승리는 여호와한테서 옵니다. 우리는 어떤 상황에 부닥칠지라도 믿음으로 기도할 수 있습니다. 구원의 희망을 품을 수 있습니다. 아무런 도움의 손길이 보이지 않는 절망의 순간에도 주님을 믿고 기도할 수 있습니다. 기도하면 주님은 응답하시고 구원하십니다. 기도하면 우리는 삶의 현장에서 승리하고, 평화의 복을 받습니다.

오늘 우리 앞에 나타난 전 지구적인 감염병과 기상 이변, 그로 인한 경제적 정신적 피로와 아픔 등은 참 크게 보입니다. 그러나 시편 기자는 무엇을 말합니까? 하나님을 크게 보면 세상은 작게 보입니다. 8절을 다시 읽읍시다. "구원은 여호와께 있사오니 주의 복을 주의 백성에게 내리소서(셀라)." 우리가 시편을 통해 구원은 여호와께 있음을 믿고 시인의 언어로 기도하여 평화를 누리기를 기도합니다.

04

내 마음에 두신 더 많은 기쁨

말씀 시편 4:1-8
요절 시편 4:7
찬송 409장, 414장

"주께서 내 마음에 두신 기쁨은 그들의 곡식과 새 포도주가 풍성할 때보다 더하니이다."

오늘 시의 배경은 사울이 다윗을 공격할 때나 압살롬이 다윗을 공격할 때일 겁니다. 또는 다윗의 백성이 삶의 어려움 속에서 다윗을 공격할 때일 겁니다. 다윗은 그때 하나님께 기도했습니다. 그 기도를 '하나님께 저녁에 드리는 기도'라고 부릅니다. 그는 기도를 통해 하나님께서 그 마음에 두신 더 많은 기쁨을 깨달았습니다. 오늘 우리에게 주는 의미는 무엇입니까?

1절을 봅시다. "내 의의 하나님이여 내가 부를 때에 응답하소서 곤란 중에 나를 너그럽게 하셨사오니 내게 은혜를 베푸사 나의 기도를 들으소서." '의'는 윤리적 모습보다 하나님과 그 백성의 바른 관계성을 강조합니다. 그것은 아버지와 아들의 좋은 관계성과 같습니다. 하나님은 우리의 아버지처럼 그 아들딸이 어려움에 부닥쳤을 때 도움을 청하면 도와주실 것을 약속하셨고, 그 약속을 지키십니다. 그 점에서 그분은 의로우십니다. 따라서 "하나님의 의를 믿는다."라는 말은 "그분의 약속을 믿는다."라는 뜻입니다.

시인은 곤란, 즉 고통 중에 있었습니다. 그런데 의로운 하나님께서 그를 너그럽게 하셨습니다. 이 말은 '막다른 골목을 넓게 만드는 것'을 뜻합니다. 좁은 상태에 갇힌 그를 넓은 곳으로 인도하여 자유롭게 하셨습니다. 그러므로 그는 하나님께 기도합니다. 기도는 하나님의 아들딸이 그분의 은혜에 자신을 맡기는 소통의 한 형태입니다.

시인은 어떤 곤란을 겪었습니까? 2절입니다. "인생들아 어느 때까지 나의 영광을 바꾸어 욕되게 하며 헛된 일을 좋아하고 거짓을 구하려는가(셀라)." '인생들아'는 '사람의 아들들'입니다. 그들은 유명한 시민 계급에 속했습니다. 그들은 당시 사회의 부자, 힘 있는 사람이었습니다. 그런데 그들의 지도력은 길을 잃었습니다. 왜냐하면 그들은 시인의 영광을 욕되게 했기 때문입니다. '영광'은 '명예'입니다. 개인의 명예는 사회 속에서 차지하는 지위에 대한 인정과 존경입니다. 명예를 모욕하는 일은 그 존재를 모욕하는 일입니다. 명예를 욕되게 하는 일은 물리적 상처 이상으로 치명적입니다. 그런 그들은 헛된 말을 사랑하고 거짓을 찾았습니다.

이 상황을 이 시의 역사적 배경인 사울이 다윗을 공격할 때나 압살롬이 다윗을 공격할 때를 따라 생각할 수 있습니다. 첫째로, 인생들을 사울과 그 일당, 또는 압살롬과 그 일당으로 여길 수 있습니다. 그들은 다윗을 왕으로 인정하지 않고 무시했습니다. 그런 그들의 행동은 헛된 일이고 거짓을 찾는 일입니다. 왜냐하면 하나님께서 세우신 자를 거역하기 때문입니다.

둘째로, 인생들을 일반 백성의 지도자로 볼 수 있습니다. 그들은 나라가 어려울 때, 예를 들면 비가 오지 않아서 기근에 시달릴 때, 다윗을 무시하고 '바알 신'에 가서 도움을 청했습니다. 하지만 그런 일은 헛된 일이고 거짓을 찾는 일입니다. 왜냐하면 하나님이 세우신

종의 말에 순종하지 않았기 때문입니다.

그러나 다윗은 그들이 어떻게 하기를 바랍니까? 3절입니다. "여호와께서 자기를 위하여 경건한 자를 택하신 줄 너희가 알지어다 내가 그를 부를 때에 여호와께서 들으시리로다." '경건한 자'는 '성도'입니다. 여호와는 당신을 위하여 성도를 택하셨습니다. 다윗을 구별하여 따로 떼어놓으셨습니다. 이 말을 '놀라운 일을 하셨다.' 또는 '기적을 베푸셨다.'라는 말로 해석할 수 있습니다. 그러니까 여호와께서는 경건한 사람에게 기적을 베푸십니다. 다윗은 인생들이 비난하는 자신이 하나님께 선택을 받았고, 하나님께서 기적을 베푸신다는 사실을 알기를 바랍니다. 그 기적은 다른 것이 아니라 그분을 부를 때 그분께서 들으심입니다. 여호와는 우상과 달리 부르짖는 사람의 기도를 들으십니다.

그들이 하지 않아야 할 일은 무엇입니까? 4절을 봅시다. "너희는 떨며 범죄하지 말지어다 자리에 누워 심중에 말하고 잠잠할지어다 (셀라)." '떨며'라는 말은 '화를 낸다.'라는 뜻과 함께 '동요한다.'라는 뜻도 있습니다. 그들은 화를 내야 합니다. 그들은 죄를 짓지 말아야 합니다. 그들은 하나님의 심판 앞에서 동요해야 합니다. 그들은 죄를 짓지 말아야 합니다. 그들은 마음속으로만 말해야 합니다. 시끄럽게 떠들어서는 안 됩니다. 그들은 마음으로 악한 생각을 할 수 있으나 그것을 행동으로 옮겨서는 안 됩니다.

그들이 적극적으로 해야 할 일은 무엇입니까? 5절을 읽읍시다. "의의 제사를 드리고 여호와를 의지할지어다." '의의 제사'란 '의로운 희생'인데, 여호와께 전적인 순종의 표현으로 온 마음으로 나타나는 희생을 말합니다. 그 희생은 여호와와 올바른 관계에서 나오는 헌신의 행위입니다. 시 51:17은 말씀합니다. "하나님께서 구하시는 제사는 상한 심령이라 하나님이여 상하고 통회하는 마음을 주께서 멸시하지 아니하시리이다." 하나님은 겸손하게 뉘우치며 회개하는 마음을 원하십니다. 그런 사람은 하나님을 의지할 수 있습니다.

하지만 그들은 무슨 불평을 합니까? 6절입니다. "여러 사람의 말이 우리에게 선을 보일 자 누구뇨 하오니 여호와여 주의 얼굴을 들어 우리에게 비추소서." '여러 사람'은 앞에서 말했던 '인생들', 즉 시인의 대적자들입니다. '선을 보일 자 누구뇨'라는 말은 '누가 좋은 일을 보여줄 수 있느냐'라는 뜻입니다. 여기서 '선', 즉 '좋은 일'은 '비가 오는 그것'을 상징합니다. 사람들은 곡식과 포도의 수확을 위해 비를 구하고 있습니다. 그들은 가뭄의 위기를 어떻게 이겨야 할지 몰라 당황하고 있습니다.

그때 시인은 무슨 기도를 합니까? "여호와여 주의 얼굴을 들어 우리에게 비추소서." 시인은 여러 사람이 하는 질문에 답합니다. "누구뇨?" "여호와이시다." 여호와께서 그들에게 얼굴빛을 비추실 겁니다. '얼굴빛을 비추심'은 하나님의 함께하심으로 주시는 축복을 뜻합니다. 그것은 그들이 바라는 비가 오는 겁니다. 그런데 당시 사람들은 여호와께 기도하지 않고 풍년의 신인 바알에게 구했습니다. 하지만 시인은 여호와께 은총을 구합니다.

그 기도의 응답은 무엇입니까? 7절을 읽읍시다. "주께서 내 마음에 두신 기쁨은 그들의 곡식과 새 포도주가 풍성할 때보다 더하니이다." 여호와께서 그 마음에 기쁨을 주셨습니다. 그 기쁨은 곡식과 새 포도주가 풍성할 때보다 더 많습니다. '곡식과 새 포도주'는 당시 물질적 부와 세상적 기쁨의 상징이었습니다. 가을에 곡식과 새 포도주가 많으면 그 주인의 기쁨이 얼마나 클까요? 그런데 여호와께서 시인에게 주신 기쁨은 그들이 곡식과 포도주가 풍성하여 누리는 기쁨보다 더 컸습니다. 주님이 주시는 기쁨은 곡식과 포도주에서 얻은 기쁨을 넘어섭니다.

우리는 '내 마음에 두신 더 많은 기쁨'이라는 말씀을 통해 무엇을 배웁니까? 물질의 풍성함이 주는 기쁨보다 하나님이 주시는 기쁨이 더 많다는 사실을 배웁니다. 하나님이 주시는 기쁨은 외적 환경을 뛰어넘어 나타납니다. 예나 지금이나 많은 사람은 풍성한 물질에서 기쁨을 누립니다. 특히 물질주의 시대에서 기쁨은 풍요로운 물질에서 온다고 생각합니다. 그런데 요즘 보통 사람 중에도 꼭 그렇게 생각하지 않은 사람이 있습니다. 물질이 풍성하여 누리는 기쁨은 대단히 상대적이고 한시적이기 때문입니다. 하지만 하나님이 주시는 기쁨은 절대적입니다. 하나님은 당신을 사랑하는 아들딸에게 물질이 주는 기쁨보다 더 많은 기쁨을 주십니다.

더 많은 기쁨은 우리의 삶에서 무엇을 동반합니까? 8절입니다. "내가 평안히 눕고 자기도 하리니 나를 안전히 살게 하시는 이는 오직 여호와이시니이다." 시인은 하나님께서 주시는 더 많은 기쁨으로 평안히 눕고 잡니다. 하나님이 그 마음에 두신 더 많은 기쁨에는 평안히 눕고 자는 것이 있습니다. 평안히 눕고 자는 것이 왜 물질적 풍요보다 더 큰 기쁨인가요? 잠을 잘 잘 수 있는 그것처럼 기쁜 일도 없습니다. 잠을 자지 못하면 근심과 걱정, 불안과 짜증이 넘칩니다. 반면 잠을 잘 자면 걱정과 불안, 짜증이 없습니다. 아니 잠을 잘 자려면 걱정과 불안이 없어야 합니다. 그런데 기쁨은 걱정과 불안을 몰아냅니다. 기쁨은 잠 못 이루는 밤을 지내지 않도록 합니다. 여호와께서 주시는 기쁨은 단잠을 줍니다. 그리고 여호와께서 안전하게 살게 하십니다. 오직 여호와만이 넘치는 기쁨을 주셔서 평안히 눕고 잘 자도록 하고, 안전하게 살게 합니다.

시인에게 평안한 잠과 안전한 삶을 주신 여호와께서 오늘 우리에게는 어떤 분입니까? 오늘도 여호와는 당신을 믿고 기도하면 평안한 잠과 안전한 삶을 주십니다. 우리가 어떤 상황에서도 기도하면 물질이 주는 기쁨보다 더 많은 기쁨을 받습니다. 우리가 삶의 현장에서 크고 작은 문제 앞에서 낙심하지 않고, 여호와께 기도하여 '내 마음에 두신 더 많은 기쁨'을 체험할 수 있기를 기도합니다.

05
나의 왕, 나의 하나님

말씀 시편 5:1-12
요절 시편 5:2
찬송 619장, 620장

"나의 왕, 나의 하나님이여 내가 부르짖는 소리를 들으소서 내가 주께 기도하나이다."

우리가 시편 특강을 시작한 지 한 달이 지났고, 오늘은 다섯 번째 시간입니다. 그동안 한 가지 배운 점은 "시편은 시인이 하나님께 드린 기도이다."라는 사실입니다. 우리의 시편 특강도 우리의 기도 시간이기를 바랍니다. 오늘 시편은 시인이 악인의 거짓과 흉계로 고난을 겪을지라도 하나님을 믿고 의지하면서 아침부터 기도로 시작하는 내용입니다. 그는 어떤 고난을 겪으며, 어떻게 기도합니까?

1절을 봅시다. "여호와여 나의 말에 귀를 기울이사 나의 심정을 헤아려 주소서." 시인은 여호와를 의지하고 그분께 기도합니다. 그는 여호와께서 말로 하는 기도에 귀를 기울이실 줄 믿습니다. 그뿐만 아니라, 그는 '나의 심정을 헤아려 주소서.'라고 기도합니다. '나의 심정'이란 '앓는 소리', '탄식 소리'를 뜻합니다. 즉 마음으로 하는 기도합니다. 그는 말로 표현하지 못하는 마음의 고통을 헤아려 달라고 기도합니다. 그는 하나님께서 자신의 말은 물론이고, 자신의 앓는 소리도 들으심을 믿습니다.

그분은 어떤 분입니까? 2절을 읽읍시다. "나의 왕, 나의 하나님이여 내가 부르짖는 소리를 들으소서 내가 주께 기도하나이다." 그분은 시인의 왕이신 하나님이십니다. 하나님은 왕이시면서 동시에 그 아들딸에게 매우 가까운 아버지 같은 분입니다. 그분은 시인의 내적 고뇌의 표현을 들으십니다.

'나의 왕, 나의 하나님'이신 그분을 통해 무엇을 배웁니까? 첫째로, 여호와는 왕이십니다. 당시 가장 좋은 왕은 그 백성을 전쟁에서 안전하게 구원하는 위대한 용사였습니다. 그리고 그 백성을 사랑과 평화로 다스렸습니다. 그런데 시인은 가장 좋은 왕이 여호와 하나님이시라고 고백합니다. 왜냐하면 그 왕이신 하나님께서 자신을 전쟁터와 같은 삶의 현장에서 구원하셔서 사랑과 평화로 다스리실 줄 믿기 때문입니다. 그분은 눈에 보이지 않을지라도 한 사람은 물론이고 온 세상을 다스리는 왕이십니다.

만일 이 시인이 다윗이라면 어떤 생각이 듭니까? 그는 왕인데도, 자신의 왕을 하나님으로 고백합니다. 그는 왕인데도, 자기를 다스리는 분이 하나님이심을 고백합니다. 그는 왕인데도, 자신과 온 세상의 주인님이 여호와이심을 고백합니다. 사실 내 삶의 왕, 즉 주인님을 누구로 고백하느냐에 따라 그 삶은 완전히 다릅니다. 우리가 내 삶의 왕, 주인님을 하나님으로 고백하는 그것이 믿음의 시작입니다. 그분께 기도할 수 있는 뿌리입니다.

영국이 '해가 지지 않는 나라(the empire on which the sun never sets)'로 불렸던 대영 제국 최고의 전성기를 맞았던 빅토리아(Alexandrina Victoria, 1819~1901) 여왕을 압니다. 그는 믿음이 좋은 한 여인을 만나 대화하면서 물었습니다. "부인을 찾은 손님 중에 가장 귀한 분은 누구입니까?" 여왕은 "예수님이십니다."라는 대답을 기대했는데, 그녀는 뜻밖의 대답을 했습니다. "여왕 폐하이십니다." 실망한 여왕은 그녀에게 넌지시 말했습니다. "부인을 찾아 주신 최고의 손님은 제가 아니라 예수님이 아닐까요?" 그러자 그녀는 더 확신 있게 말했습니다. "아닙니다. 여왕 폐하가 최고의 손님입니다. 그리고 예수님은 제 손님이 아니라 주인님이십니다. 예수님은 언제나 저의 집에서 저와 함께 계십니다." 예수님은 우리의 손님이 아니라 주인이십니다. 예수님은 어제나 오늘이나 내일도 우리를 다스리는 영원한 왕이십니다.

둘째로, 그 왕은 그 백성의 울부짖음을 들으십니다. 모든 동물은 무리 속에 있는 자기 새끼의 울음소리를 알아듣는다는군요. 많은 송아지가 울지라도 그 어미 소는 자기 새끼의 울음소리를 알아듣고, 양도 알아듣는다는군요. 우리의 왕이신 하나님은 많은 사람의 울부짖음 속에서 당신의 아들딸의 울부짖음을 알아들으십니다. 50억의 인구 중에서 우리의 왕 하나님은 나의 기도를 아시고 듣습니다. 그러니 우리는 그분께 기도할 수 있습니다.

시인은 언제 여호와께 기도합니까? 3절입니다. "여호와여 아침에 주께서 나의 소리를 들으시리니 아침에 내가 주께 기도하고 바라리이다." 시인은 아침에 기도하는데, '아침'을 두 번이나 반복합니다. 이스라엘은 아침에 제사와 기도를 드렸습니다. 이른 아침에 주님의 도움이 임한다고 믿었기 때문입니다. 주님은 이른 아침에 새롭게 일하십니다. 그러면 어둠은 물러가고 새 희망이 떠오릅니다. 시인은 이른 아침에 기도하고 낮 동안 하나님의 응답을 기다립니다.

그가 믿고 기도하는 여호와는 어떤 분입니까? 주님은 죄악을 기뻐하는 하나님이 아닙니다. 다른 종교는 신의 수준에 따라 선과 악을 모읍니다. 하지만 여호와는 악과는 철저히 구별하십니다. 따라서 악은 주님과 함께할 수 없습니다(4). 악인은 주님의 집에 손님이 될 수 없습니다. 고대 근동에서는 손님이 주인으로부터 대접을 받았습니다. 그러나 악한 사람은 주님의 집에서 손님 대적을 받지 못합니다. 비록 악인이 재산이 많을지라도, 그는 주님의 집에서 주님과 함께 사귐을 갖지 못합니다.

악인은 구체적으로 어떤 사람입니까? 그는 오만한 사람입니다. 그는 하나님 앞에서 스스로 자랑하며 높이는 사람입니다. 이런 사람은 주님을 의지하지 않고 자기 잘난 맛에 삽니다. 교만한 사람은 감히 주님 앞에서 설 수 없습니다. 그런 사람은 성전에 나와 형식적으로 예배할지라도 본질에서 주님 앞에 경배할 수 없습니다. 여호와는 이런 사람을 미워하십니다(5). 여호와는 죄를 미워하고 죄짓는 사람도 미워하십니다. 하나님은 죄를 지었던 사람을 미워하지 않고, 죄를 계속해서 짓는 사람을 미워합니다.

어느 정도 미워합니까? 6절을 봅시다. "거짓말하는 자들을 멸망시키시리이다 여호와께서는 피 흘리기를 즐기는 자와 속이는 자를 싫어하시나이다." '거짓말하는 자들'은 의도적으로 사실을 왜곡하여 거짓을 증언하는 사람들입니다. 고대 이스라엘 법은 법정에서 거짓으로 증언하는 사람을 사형에 처했습니다. 여호와는 거짓말하는 사람을 멸하십니다. 나쁜 짓을 하는 사람은 자기 영혼을 죽이지만, 거짓말하는 사람은 그가 유혹하는 만큼의 많은 사람을 죽입니다. 하나님은 피 흘리기를 즐기는 자, 즉 살인자와 사기 치는 사람도 몹시 싫어합니다.

여호와는 '거짓말하는 자', '피 흘리기를 즐기는 자', 그리고 '속이는 자'를 다 같은 부류로 여기고 심판하십니다. 왜냐하면 거짓말쟁이는 속이는 자와 같기 때문입니다. 거짓말하는 사람과 속이는 사람은 하나님과 사람에게 신실하지 않습니다. 그들의 겉만 보면 살인자와는 거리가 멉니다. 하지만 그들은 거짓말로 사람을 해칩니다. 그들은 잠재적 살인자입니다. 따라서 하나님은 그들을 같이 여기고 멸하십니다.

그러나 다윗은 무엇을 하고자 합니까? 7절을 읽읍시다. "오직 나는 주의 풍성한 사랑을 힘입어 주의 집에 들어가 주를 경외함으로 성전을 향하여 예배하리이다." 그는 오만한 자, 거짓말하는 자, 피 흘리기를 즐기는 자, 그리고 속이는 자와는 다릅니다. 그는 주님의 풍성한 사랑을 힘입어 주님의 집에 들어가기를 희망합니다. '주님의 집에 들어간다.'라는 말은 '주님과 사귐을 갖는다.'라는 뜻입니다. 그가 주님과 사귀려는 그것은 자신의 의로움이 아니라, 주님의 풍성한 사랑 때문입니다. 주님의 집에는 본래 제사장과 레위인만 들어갈 수 있었습니다. 하지만 그분의 사랑으로 그분을 믿는 사람은 누구나 들어갈 수 있습니다.

그가 주님의 집에 들어가려는 목적은 무엇입니까? "주를 경외함으로 성전을 향하여 예배하리라." '성전'은 '주님의 집'이고, '주님의 집'은 주님께서 사시는 곳입니다. 그는 성전을 향하여 예배합니다. 하지만 그의 예배 대상은 성전 자체가 아니라, 그곳에 계시는 여호와이십니다. 그는 주님을 경외함으로 예배하기를 바랍니다.

하나님께 예배하기를 원하는 그는 무엇을 위해 기도합니까? 8절입니다. "여호와여 나의 원수들로 말미암아 주의 의로 나를 인도하시고 주의 길을 내 목전에 곧게 하소서." 시인은 원수 때문에 여호와께 도움을 청합니다. 시인에게는 원수가 많습니다. 왜냐하면 그는 하나님의 길을 따라 살기 때문입니다. 하나님의 길을 따라 살면 시기하고 괴롭히는 사람이 생깁니다. 그는 그때 그 사람과 다투거나 갈등하지 않고 하나님께 기도합니다. 첫째로, 그는 여호와께서 자신을 악인의 길에 빠지지 않고 주님의 뜻을 행하도록 인도해 주시길 기도합니다. 둘째로, 그는 여호와께서 자기에게 바른길을 보여주시도록 기도합니다.

그는 왜 그렇게 기도합니까? 악인들 때문입니다. 그들의 입에는 신실함이 없습니다. 그들은 거짓말쟁이고 올바르지 못합니다. 그들은 하나님과 사람에게 신실하지 못합니다. 하나님께 신실하지 못하니 사람에게도 신실하지 못합니다. 그들의 가장 깊은 자아는 멸망입니다. 그들은 본성적으로 악한 존재입니다. 따라서 그들 속에서 나오는 것은 멸망뿐입니다. 그들의 목구멍은 열린 무덤 같습니다. 그들의 말은 죽음의 냄새를 풍기고 죽음으로 이끕니다. 그들의 혀로는 아첨합니다(9). 아첨에는 남을 죽이는 독이 있습니다. 그들은 아첨하는 말로 사람을 혼란에 빠뜨리고 무너지게 만듭니다. 그들은 말로 사람에게 상처 주고 죽음에 이르게 합니다.

시인은 하나님께서 그들을 어떻게 하도록 기도합니까? 10절입니다. "하나님이여 그들을 정죄하사 자기 꾀에 빠지게 하시고 그 많은 허물로 말미암아 그들을 쫓아내소서 그들이 주를 배역함이니이다." 시인은 첫째로, 하나님께서 악인을 정죄하도록 기도합니다. '정죄한다.'라는 말은 '심판한다.'라는 뜻입니다. 보통은 하나님께서 악인을 용서하도록 기도하는데, 시인은 하나님께서 악인을 심판하도록 기도합니다. 그만큼 악인이 못되었기 때문입니다.

둘째로, 시인은 악인이 자기들 꾀에 빠지도록 기도합니다. 악인은 죄 없는 사람을 죽이려고 했는데, 그 꾀에 빠질 수 있습니다. 여호와의 의로우심은 악한 자의 꾀를 이기기 때문입니다. 하나님의 공의는 악인의 꾀가 자기에게 역효과를 가져오도록 합니다.

그 유명한 에스더 때 하만이라는 높은 사람이 유대인을 없애려고 음모를 꾸몄습니다. 그는 유대인의 대표자인 모르드개를 높은 장대에 달려고 자기 집 뒤뜰에 높이가 오십 규빗, 약 22.5m의 장대를 만들었습니다. 그런데 에스더가 이 사실을 알고 왕에게 하만을 고발했습니다. 그때 왕은 하만의 술책을 알고는 그가 만든 그 장대에 매달도록 했습니다(에 7:9-10). 악인이 자기 꾀에 빠진 전형입니다.

05(5:1-12)

시인은 셋째로, 악인을 쫓아내도록 기도합니다. 이것은 언약 공동체와 그 예배에서 쫓아내는 것을 뜻합니다. 그들이 여호와께 반역했기 때문입니다. 그들은 의인을 대적할 뿐만 아니라, 하나님께 반역했습니다. 그런 사람은 교회 공동체에서 쫓아내야 합니다.

그러나 누가 기뻐합니까? 11절을 읽읍시다. "그러나 주께 피하는 모든 사람은 다 기뻐하며 주의 보호로 말미암아 영원히 기뻐 외치고 주의 이름을 사랑하는 자들은 주를 즐거워하리이다." 하나님께서 악인을 심판하실 때 그분께 피하는 자는 기뻐할 겁니다. 왜냐하면 주님은 당신께 피하는 사람을 보호하시기 때문입니다. '보호'는 새가 그 날개를 펴서 그 새끼를 보호하는 그림에서 왔습니다.

주님의 보호를 체험한 사람은 즐거워 외칠 겁니다. 세상 기쁨은 안개처럼 사라지지만, 하나님한테서 오는 기쁨은 굳건한 뿌리가 있어서 풍요롭게 영속적입니다. 여호와께 피하는 사람은 여호와의 이름을 사랑하는 사람입니다. 그분의 이름을 부르고 높이고 자랑하며 전파하는 사람입니다. 그런 사람은 주님 안에서, 주님과 함께 크게 기뻐할 겁니다.

왜 그렇게 기뻐할 수 있습니까? 12절을 읽읍시다. "여호와여 주는 의인에게 복을 주시고 방패로 함같이 은혜로 그를 호위하시리이다." 여호와는 의인에게 복을 주시고, 방패처럼 보호하십니다. 그리고 의인을 호위하십니다. '호위한다.'라는 말은 '에워싼다.' '관을 쓴다.'라는 뜻입니다. 하나님께서 의인을 은혜로 두르시고, 왕의 영광을 주실 겁니다. 그분의 은혜로 관을 쓰는 것은 그분의 축복에 없어서는 안 될 겁니다.

'복을 주시고,' '호위하시는' 여호와는 어떤 분입니까? 그분은 나의 왕이시며, 나의 하나님이십니다. 이 땅에서 삶의 현실은 의인의 온전한 기쁨을 좌절시킬 때가 있습니다. 우리가 삶의 혹독함을 생각하면

05(5:1-12)

두려움이 생깁니다. 그러나 우리의 하나님 여호와는 역경을 겪는 사람에게 용기를 줍니다. 오늘도 여호와께 피하는 사람, 여호와의 이름을 사랑하는 사람에게 복을 주십니다. 그리고 호위하십니다. 따라서 우리는 그분을 이렇게 부르며, 이렇게 기도할 수 있습니다. "나의 왕, 나의 하나님이여 내가 부르짖는 소리를 들으소서 내가 주께 기도하나이다"(2).

06
나의 영혼을 건지시며

말씀 시편 6:1-10
요절 시편 6:4
찬송 382장, 400장

"여호와여 돌아와 나의 영혼을 건지시며 주의 사랑으로 나를 구원하소서."

오늘 시편을 보통 '개인적 슬픔의 시'라고 부릅니다. 왜냐하면 시인은 뼈가 떨리는 고통을 겪고 있기 때문입니다. 그런 중에도 그는 포기하지 않고 여호와께 기도하기 때문입니다. 시인이 포기하지 않고 기도하는 힘은 무엇입니까? 그 기도의 열매는 무엇입니까?

1절을 봅시다. "여호와여 주의 분노로 나를 책망하지 마시오며 주의 진노로 나를 징계하지 마옵소서." '여호와의 분노'는 그분을 괴롭히며 매우 불쾌하게 하는 백성의 죄와 관련이 있습니다. '진노'는 언약 백성이 여호와께 충성하지 못할 때 나타나는 하나님의 반응입니다. '책망'과 '징계'는 잘못한 사람에게 그 책임을 묻는 겁니다. 지금 시인은 무슨 일인지는 알 수 없지만, 여호와한테서 책망과 징계를 받을 위기에 처했습니다.

그런데 여호와의 징계는 버리심으로 나타납니다. 따라서 그 징계는 매우 혹독합니다. 여호와께서 노아 시대 때 세상을 이렇게 징계하셨습니다. "여호와께서 이르시되 나의 영이 영원히 사람과 함께 하지 아니하리니 이는 그들이 육신이 됨이라 그러나 그들의 날은 백이십 년이 되리라 하시니라"(창 6:3). 사도 바울은 예수님을 믿지 않은 세상을 향한 징계를 이렇게 표현했습니다. "그러므로 하나님께서 그들을 마음의 정욕대로 더러움에 내버려 두사 그들의 몸을 서로 욕되게 하게 하셨으니"(롬 1:24). 시인은 여호와께서 자신을 책망하지 않도록 기도합니다. 그는 여호와께서 자신을 버리지 않도록 기도합니다.

그가 이렇게 기도하는 첫 번째 이유는 무엇입니까? 2절입니다. "여호와여 내가 수척하였사오니 내게 은혜를 베푸소서 여호와여 나의 뼈가 떨리오니 나를 고치소서." '수척하다.'라는 말은 '시들어 있는'을 뜻하고, '뼈가 떨린다.'라는 말은 '내면에서 나오는 깊은 절망', '존재 자체가 무너짐'을 뜻합니다. 시인은 몸과 마음이 약해져 극심한 고통을 겪고 있습니다. 시인은 자신의 원기 왕성함이 얼마나 쇠약해졌는지 말합니다. 하나님의 징계 앞에 설 사람은 아무도 없습니다. 하나님의 징계를 받으면 아무리 강한 사람도 잎이 시든 나무처럼 시들 수밖에 없습니다. 이런 그를 다시 치료하고 회복할 수 있는 분은 오직 여호와뿐입니다. 이것이 그가 여호와께 도움을 청하는 첫 번째 이유입니다.

그가 여호와께 기도하는 두 번째 이유는 무엇입니까? 3절입니다. "나의 영혼도 매우 떨리나이다 여호와여 어느 때까지니이까." 그는 '뼈가 떨린다.'(2)에서 '영혼이 매우 떨린다.'라고 말합니다. 그는 신체적 고통뿐만 아니라 영혼의 고통도 겪고 있습니다. 그는 지금 깊은 두려움과 절망에 빠졌습니다.

그가 이렇게 깊이 떠는 이유는 무엇입니까? "어느 때까지니이까?" 이 말은 '이 진노를 언제쯤 거두실 건가요?' '나는 언제까지 이 절망을 견뎌야 합니까?'라는 뜻입니다. 그는 여호와께서 자신을 언제 치료하실지를 묻습니다.

우리는 '어느 때까지니이까'라는 말을 통해 무엇을 알 수 있습니까? 시인이 가장 고통스러워하는 점이 무엇인지를 알 수 있습니다. 그는 고난 자체보다도 그 고난의 끝을 알 수 없음이 더 고통스러웠습니다. 그는 고통을 견딜 수 있도록 은혜를 구하는데, 한계에 이르렀습니다. 그는 그 한계에서 벗어나도록 기도합니다. 이것이 그가 기도하는 두 번째 이유입니다.

그가 여호와께 기도하는 세 번째 이유는 무엇입니까? 4절을 읽읍시다. "여호와여 돌아와 나의 영혼을 건지시며 주의 사랑으로 나를 구원하소서." 그는 여호와께서 자기에게로 다시 오시도록 담대하게 기도합니다. 그는 주님께서 자신을 버리고 멀리 떠났다고 생각했습니다. 그런데 바로 그때 그는 여호와께서 다시 오시도록 기도합니다. 왜냐하면 오직 여호와만이 깊은 절망에서 자신을 구원하셔서 회복하실 줄 믿기 때문입니다.

그가 이렇게 담대하게 기도하는 근거는 무엇입니까? '주의 사랑으로'입니다. '사랑'은 '끝없는 사랑'입니다. 그것은 '언약에 근거한 사랑'을 뜻합니다. 여호와는 시내 산에서 그 백성과 언약을 맺으셨고, 거룩한 제사장 나라로 삼으셨습니다(출 19:5-6). '언약을 맺음'은 '사랑의 표현'입니다. 시인은 그 '언약적 사랑'을 믿고, 그 사랑에 근거하여 기도합니다.

'주의 사랑으로'라는 말을 근거로 기도하는 그로부터 무엇을 배웁니까? 그는 자신의 노력이나 선행에 기초하여 기도하지 않습니다. 그는 여호와의 언약적 사랑, 끝없는 사랑을 절대적으로 의지합니다. 우리가 여호와의 사랑을 의지할 때 기도를 포기할 수밖에 없는 그런 현실에서도 기도할 수 있습니다.

06(6:1-10)

이 말씀 앞에서 우리의 삶을 돌아보면 무슨 생각이 듭니까? 우리가 믿음으로 산다고 할 때 그 핵심 중 하나는 기도입니다. 우리의 하나님 여호와께 이런저런 일에 관해 도움을 청하는 겁니다. 그런데 우리의 도움, 기도에 응답을 받은 것도 참 많지만, 그렇지 못한 것도 있습니다. 우리의 기대만큼 기도의 열매가 현실에서 나타나지 않으면 포기할 때가 있습니다. 그런데 이 대목에서 생각해야 할 점이 무엇인가요? 기도의 의미를 회의하는 것보다도 하나님의 사랑이 흔들리는 그것이 더 문제가 아닐까요? 오늘 시인의 기도를 통해 우리가 어떤 상황에서도 흔들리지 말아야 할 한 가지가 무엇입니까? 우리를 향한 여호와의 언약적 사랑입니다. 우리 기도의 뿌리가 여호와의 사랑이라는 겁니다. 우리가 기도를 포기할 수 없는 이유, 우리가 기도하는 근거, 바로 여호와의 언약적 사랑입니다. 우리가 하나님의 사랑에 대한 믿음이 흔들리지 않는다면, 어떤 상황에서도 끝까지 기도할 수 있습니다. 기도는 현실의 변화에 대한 표현이 아닌 여호와의 사랑을 의지함의 표현입니다.

시인이 네 번째로 기도하는 이유는 무엇입니까? 5절입니다. "사망 중에서는 주를 기억하는 일이 없사오니 스올에서 주께 감사할 자 누구리이까." 시인은 '사망'과 '스올'을 말합니다. '스올'은 '음부', '지옥'입니다. '기억하는 일', '감사할 자'라는 말은 '찬양한다.'라는 뜻입니다. 이 말은 '사람이 죽으면 아무것도 기억하지 못한다.'라는 뜻이 아닙니다. 죽은 사람, 즉 '지옥에서는 주님을 찬양할 수 없다.'라는 뜻입니다. 죽은 사람은 부정하여 거룩한 영역으로 들어올 수 없기 때문입니다.

'스올에서 주께 감사할 수 없다.'라는 말을 통해 무엇을 배웁니까? 사람이 죽으면 하나님과 관계성도 끊어집니다. 따라서 지금 이곳에서, 살아 있을 때 하나님과 관계성을 맺는 것이 중요합니다. 사람은 살아 있을 때 하나님을 기억하고 찬양할 수 있습니다. 이것이 그의 존재 의미이며 목적입니다. 따라서 그는 자신이 스올로 내려가는 것을 원하지 않습니다. 그는 살아서, 지금 주님을 기억하며 찬양하기를 바랍니다.

이 세상에서 하나님을 기억하며 찬양하는 일이 얼마나 소중합니까? 시인은 죽음을 생각합니다. 스올에 대해 생각합니다. 그런 중에 이 땅에서 하나님을 찬양하는 것의 특권에 관해 생각합니다. 그 특권을 생각할 때 절망을 이길 수 있습니다. 그리고 여호와께 기도할 수 있습니다. 이것이 그가 지금 여호와께 기도하는 네 번째 이유입니다.

하지만 그는 어떤 상태입니까? 그는 탄식을 너무 많이 하여 지쳤습니다. 그는 밤마다 눈물로 침상을 띄우며 요를 적시고 있습니다(6). '띄운다.'라는 말은 '헤엄친다.'라는 뜻인데, 얼마나 많은 눈물을 흘리는지를 표현한 겁니다. 그는 침상을 둥둥 띄울 만큼 눈물을 흘립니다. 그만큼 그의 고통이 큽니다. 그는 스스로 자신을 회복할 수 없습니다. 그는 밤에도 잘 수가 없습니다. 오히려 밤에 고통이 더 큽니다. 그는 극단적인 낙담에 빠져서 어찌할 바를 모릅니다. 따뜻한 격려와 위로가 절대적으로 필요합니다.

그의 눈은 어떠합니까? 그의 눈은 근심으로 쇠했습니다. 눈은 생명력과 건강의 척도입니다. 그는 너무나 속상하여 눈이 흐려졌습니다. 생명력을 잃었습니다. 그는 대적으로 어두워졌습니다(7). 그는 건강이 극도로 약해지며 늙어갔습니다.

그러나 그에게 어떤 역전이 일어났습니까? 8절을 읽읍시다. "악을 행하는 너희는 다 나를 떠나라 여호와께서 내 울음소리를 들으셨도다." '악을 행하는 너희는'은 시인에게 "넌, 하나님한테서 버림받았다."라고 말하며 괴롭히는 사람입니다. 시인은 그들에게 과감하게 선언합니다. "떠나라! 꺼져라!" 왜냐하면 여호와께서 자신의 울음소리를 들으셨기 때문입니다. 기도를 들으신 하나님에 대한 확신은 삶을 바꿉니다. 그의 안타까움은 확신으로, 쇠약함은 생명력으로 바뀌었습니다. 왜냐하면 그는 여호와께서 이전의 기도를 이미 들으신 것처럼, 앞으로의 기도도 들으실 줄 믿기 때문입니다(9).

그 결과 원수는 어떻게 되었습니까? 10절입니다. "내 모든 원수들이 부끄러움을 당하고 심히 떪이여 갑자기 부끄러워 물러가리로다." 앞에서는 시인이 부끄러움을 당하고 떨었는데, 이제는 원수가 부끄러움을 당하고 심히 떱니다. 시인과 원수 사이에 역전이 일어났습니다. 원수는 창피를 당하고 부끄러워 황급히 물러갈 겁니다.

앞에서 시인은 "여호와께서 나에게 돌아오소서"(4)라고 기도했습니다. 그러나 이제 원수가 물러갑니다. 시인은 자신감에 차 있습니다. 그 자신감은 단순한 심리적 현상이 아닙니다. 개인의 노력으로 얻은 것도 아닙니다. 그의 자신감은 여호와께서 그 상황을 바꾸셨기에 나온 겁니다. 여호와께서 상황을 바꾸신 데는 그의 기도가 있었습니다.

우리가 뼈가 떨리는 고통을 겪을지라도 어떻게 역전할 수 있습니까? 우리가 그분의 사랑에 의지하여 내 영혼을 구원해 주시도록 기도하면 역전할 수 있습니다. 저는 시편을 볼 때마다 시인의 기도가 내 기도요, 우리의 기도임을 깨닫습니다. 오늘의 현실을 생각하면 더욱 그러합니다. 물론 우리는 시인의 그것처럼 뼈가 떨리는 고통을 겪지는 않습니다. 하지만 오늘의 현실에 대한 답답함, 안타까움은 상대적이면서 절대적입니다. 다른 사람의 엄지발가락이 아픈 그것보다 내 새끼발가락이 아픈 그것이 나에게는 더 크게 다가옵니다. 내 삶의 전환점은 그 아픔 앞에서 포기하느냐, 아니면 희망을 품고 기도하느냐에 달려 있습니다. 그런데 그 기도의 힘은 여호와의 사랑에 대한 확신에서 옵니다.

우리가 시편 특강을 통해 우리를 향한 여호와의 사랑을 확신하고

06(6:1-10)

어떤 상황에서도 희망을 품고 기도하기를 바랍니다. 그리하여 우리의 원수들이 부끄러움을 당하고 물러가기를 바랍니다. "여호와여 돌아와 나의 영혼을 건지시며 주의 사랑으로 나를 구원하소서"(4)!

07
내가 주께 피하오니

말씀 시편 7:1-17
요절 시편 7:1
찬송 381장, 388장

"여호와 내 하나님이여 내가 주께 피하오니 나를 쫓아오는 모든 자들에게서 나를 구원하여 내소서."

'코로나19'는 우리 사회와 삶에 불확실성을 주었습니다. 우리의 경제와 사회 현상에 관해서 내로라하는 전문가의 답변이 가지각색입니다. 누구는 "위기이다."라고 말하고, 누구는 "기회이다."라고 말합니다. 왜냐하면 고려할 변수가 많고, 경우의 수가 늘어나기 때문입니다. 이런 변화무쌍한 세상에서, 또는 내 삶의 위기 상황에서 우리는 과연 누구에게로 피해야 합니까?

오늘 시편의 표제는 말합니다. "다윗의 식가욘: 베냐민 사람 구시의 말에 따라 여호와께 드린 노래." '식가욘'은 '고백', '애가'라는 뜻인데, '음악', '예전 용어'로 해석합니다. '베냐민 사람 구시'는 성경에 나오지 않습니다. 다만 다윗은 베냐민 사람에게 많은 고난을 받았습니다. 베냐민 지파 사울 왕은 다윗을 죽이려고 했습니다(삼상 19:10-11). 베냐민 지파 시므이는 다윗을 계속해서 저주했습니다(삼하 16:5).

07(7:1-17)

그런 중에 다윗은 무엇을 했습니까? 1절을 읽읍시다. “여호와 내 하나님이여 내가 주께 피하오니 나를 쫓아오는 모든 자들에게서 나를 구원하여 내소서.” 그는 여호와 하나님께 기도합니다. ‘여호와’는 ‘하늘의 아버지’로서 이 땅에 사는 그분의 아들딸을 돌보는 인격적인 분입니다. ‘하나님’은 천지 만물을 창조하신 전능하신 분이며, 만왕의 왕이십니다. 다윗은 아들로서 아버지에게, 그 백성으로서 만왕의 왕께 기도합니다.

그는 그분께 무엇을 기도합니까? “내가 주께 피하오니.” 이 말은 ‘보호받기 위해 도망한다.’라는 뜻입니다. ‘궂은 날씨를 피할 보호물을 찾거나’, ‘대적으로부터 은신처를 찾는 것’을 뜻합니다. 그는 쫓아오는 대적자가 있어서 여호와께로 피했습니다. 그는 스스로 그 대적을 막지 못하기 때문입니다. 그는 자신을 쫓는 자로부터 건져달라고 주님께 피했습니다.

“주께 피한다.”라는 말은 무엇을 뜻합니까? ‘하나님이 있으신 곳’, 즉 ‘성전에 숨는다.’라는 뜻입니다. 가장 힘든 순간에 여호와께 자신의 삶을 완전히 맡기는 것을 뜻합니다. 가장 절망적인 순간에 그 아버지 하나님께 자신을 건져주도록 기도하는 것을 뜻합니다. 그가 그렇게 할 수 있음은 그만큼 여호와 하나님을 깊이 신뢰하기 때문입니다.

여호와께서 그를 건져주지 않으면 어떻게 됩니까? 2절입니다. “건져낼 자가 없으면 그들이 사자 같이 나를 찢고 뜯을까 하나이다.” 여호와께서 그를 건져주지 않으면 그의 삶은 끝날 겁니다. 왜냐하면 원수는 사자처럼 시인을 찢으려고 하기 때문입니다. 사자는 빠른 발로 먹이를 덮치고 날카로운 이빨로 물어뜯습니다. 그는 그런 사자에게 쫓기는 심정입니다. 그는 극단의 무력감과 두려움에 빠졌습니다. 그러나 그때 그는 오직 여호와께 도움을 청합니다. 왜냐하면 여호와께서 그를 구원하지 않으면 아무도 건져낼 수 없기 때문입니다. 여호와께서 도와주지 않으면, 그의 현재는 물론이고 미래도 존재할 수 없기 때문입니다.

오늘 우리에게 주는 의미는 무엇인가요? 오늘 우리도 삶의 현장에서 대적자를 만납니다. 우리를 쫓아와서 해를 끼치는 자들이 있습니다. 그것이 사람일 수 있고, 환경일 수 있고, 질병이나 물질일 수 있습니다. 우리는 그 대적 앞에서 아무리 애써도 어찌할 수 없을 때가 있습니다.

그때 우리는 무엇을 해야 합니까? 어떤 사람은 저리로 가고, 어떤 사람은 이리로 옵니다. 그러나 정말로 우리가 해야 할 일은 여호와께 피하는 겁니다. 여호와를 우리의 피난처로 삼는 겁니다. 모든 것을 여호와께 맡기고 도움을 청해야 합니다. 그것이 삶의 기도입니다.

그런데 시인은 여호와께 기도할 때 무엇을 강조합니까? 그는 죄 짓지 않았음을 맹세합니다. 왜냐하면 그의 대적은 시인이 죄를 지었다고 고발했기 때문입니다. 하지만 시인은 '만일'이라는 표현을 통해 의로움을 강조합니다. "여호와 하나님이여, 만일 내가 그런 일을 했거나, 만일 내 손에 죄악이 있거나(3)."

그는 4절에서 계속 강조합니다. "화친한 자를 악으로 갚았거나 내 대적에게서 까닭 없이 빼앗았거든." '화친한 자'란 '친구'를 뜻합니다. 대적자는 시인이 "친구에게 악으로 갚았다."라고 고발했습니다. 그것은 친구를 팔아먹은 일로 큰 죄입니다. 최고의 덕은 우정이고, 가장 더러운 죄는 친구를 배반하는 일입니다. 그는 또 "이유 없이 적을 약탈했다."라는 고발을 당했습니다. 하지만 그는 죄를 짓지 않았습니다. 그런데도 그는 죄를 지은 사람 취급을 받고 있습니다. 언약 백성으로서 언약을 지키지 않은 사람, 악인처럼 대우받고 있습니다. 그런 그의 안타까움이 어느 정도입니까?

07(7:1-17)

그는 죄를 지었다면 세 가지 벌을 받겠다는 겁니다. 원수가 그 영혼을 쫓아와 붙잡아도 좋고, 자기 생명을 땅에 짓밟아도 좋고, 마지막으로 그 영광을 먼지 속에 살게 해도 좋다는 겁니다(5). "먼지 속에서 살게 하소서."라는 말은 철저한 패배를 뜻합니다. 시인은 죄를 지었다면, 언약 백성이 가장 큰 복으로 여기는 생명과 영광까지도 내놓고자 합니다. 그는 그만큼 죄짓지 않았음을 확신합니다.

그는 이제 여호와께 무엇을 위해 기도합니까? 6절을 보세요. "여호와여 진노로 일어나사 내 대적들의 노를 막으시며 나를 위하여 깨소서 주께서 심판을 명령하셨나이다." "여호와여 진노로 일어나소서."라는 말은 언약궤를 중심으로 이루어지는 거룩한 전쟁에서 사용하는 전투 구호였습니다. 언약궤와 하나님의 재판 사이에는 밀접한 관계가 있습니다. 여호와는 언약궤 위에 앉아서 왕권과 재판권을 행사하십니다. 그분은 법궤에서 그 백성을 다스리십니다. 시인은 대적의 분노가 일어날 때 여호와께서 더 크게 일어나서 그 대적을 막아주시길 기도합니다. 시인은 하나님께서 자신의 고통과 문제에 적극적으로 개입하시길 기도합니다.

시인이 이렇게 강하게 여호와께 요구하는 근거는 무엇인가요? 그는 죄짓지 않음을 확신하기 때문입니다. 그런데도 대적은 그를 고발했습니다. 그는 하나님께서 진노로 일어나서 대적을 막으시고 심판하기를 원합니다. 그는 그분이 진노하면 공의가 이루어질 것을 믿었습니다.

시인은 이제 자기 문제에서 벗어나 무엇에 관심을 품습니까? 그는 여호와께서 모든 백성을 한자리에 모으고, 그 가운데 높다랗게 자리 잡도록 기도합니다(7). 재판정에서 판사가 높은 자리에 앉는 것처럼 여호와께서 만민을 심판하기 위해 높은 자리로 돌아오시라는 겁니다. 시인은 그분의 의로움을 따라 심판을 받고자 합니다(8).

07(7:1-17)

그 심판의 결과는 무엇입니까? 9절을 봅시다. "악인의 악을 끊고 의인을 세우소서 의로우신 하나님이 사람의 마음과 양심을 감찰하시나이다." 시인은 하나님의 심판이 악인의 악을 끊고, 의인을 세우는 것으로 나타나기를 기도합니다. 악인의 죄를 끊는 것이 목적이 아니라, 의인을 굳게 세우는 것이 목적입니다. 의인이 굳게 서야 의로운 세상이 되기 때문입니다. 의로운 하나님은 사람의 가장 깊은 그곳에 있는 동기까지 다 시험하십니다. 하나님은 모든 사람의 생각을 보십니다. 하나님은 사람 속에 감춰진 것도 다 아십니다.

여호와께서 악인을 심판할 때 시인은 누구의 보호를 받습니까? 10절입니다. "나의 방패는 마음이 정직한 자를 구원하시는 하나님께 있도다." '방패'는 방어용 무기인데, 마음이 바른 사람에게 도움을 주는 힘을 상징합니다. 하나님은 마음이 바른 사람, 즉 하나님을 믿고 기도하는 사람을 구원하십니다. 시인은 하나님께서 자신을 구원하실 줄 믿고 기도합니다. 대적은 시인을 향해 거짓말의 창과 활을 쏩니다. 하지만 방패이신 하나님은 그를 보호하십니다.

방패인 그분은 어떤 분입니까? 그분은 의로우신 재판장이시며, 매일 분노하시는 하나님이십니다(11). 그분의 진노는 상당히 지속적인데, 그 진노는 회개하지 않은 사람에게 나타납니다.

이 하나님 앞에서 우리는 어떻게 살아야 합니까? 삶의 현장에서 문제를 만날 때 그분께 피해야 합니다. 그분을 의지하며 도움을 청해야 합니다. 물론 우리가 그분께 피할 수 있는 그것은 그분의 은혜 안에서 할 수 있습니다. 왜냐하면 우리에게는 허물이 있기 때문입니다. 여호와는 의로운 분이기 때문입니다. 그런데 그 의로운 분께서 우리의 허물을 가려주시고, 우리를 받아주십니다. 그리고 우리의 기도를 들으십니다. 따라서 우리는 의로우신 그분을 두려워하지 않습니다. 오히려 그분께 모든 것을 맡깁니다. 그러면 그분은 우리의 아버지처럼 우리를 아들딸로 여기며 안전하게 보호하십니다.

하지만 여호와는 사람이 회개하지 않으면 어떻게 하십니까? 12절을 봅시다. “사람이 회개하지 아니하면 그가 그의 칼을 가심이여 그의 활을 이미 당기어 예비하셨도다.” 여기서 ‘그가’를 두 가지로 생각할 수 있습니다.

첫째는, 하나님이십니다. 하나님은 사람이 회개하지 않으면 칼을 갈고 활을 당겨 쏠 준비를 하십니다. 회개하지 않은 사람은 누구일까요? 하나님께로 피하지 않은 사람입니다. 자기를 의지하고, 세상을 의지하고, 돈을 의지하는 사람이 아닐까요? 하나님은 그런 사람을 심판하려고 칼을 갈고 활을 쏘는 용사와 같습니다.

둘째는, ‘칼을 가는 사람’을 하나님이 아닌 ‘대적자’ 자신으로 볼 수 있습니다. 대적자는 죽음의 무기를 스스로 준비하고 있습니다. 만약 대적자가 회개하지 않으면, 스스로 죽일 겁니다. 그는 심판의 도구를 이미 준비했습니다(13). 아직 그 무기를 사용하지 않음은 회개하기를 기다리기 때문입니다.

그런데도 악인은 무엇을 합니까? 14절입니다. “악인이 죄악을 낳음이여 재앙을 배어 거짓을 낳았도다.” 악인은 마치 임산부가 아이를 품듯이 재앙을 품고 있습니다. 재앙은 거짓을 낳습니다. 악인은 자신의 악을 감추려고 온갖 거짓말을 합니다. 죄가 없는 사람에게 죄를 뒤집어씌우는 것처럼 큰 재앙도 없습니다.

여기서 볼 때, 악은 시작이 있고 성장이 있고 그 결과가 있습니다. 예수님도 악이 어디에서 왔는지를 말씀하셨습니다. “속에서 곧 사람의 마음에서 나오는 것은 악한 생각 곧 음란과 도둑질과 살인과, 간음과 탐욕과 악독과 속임과 음탕과 질투와 비방과 교만과 우매함이니”(막 7:21-22). 야고보는 ‘욕심’, ‘죄’, ‘죽음’의 순환에 관해 말했습니다. “욕심이 잉태한즉 죄를 낳고 죄가 장성한즉 사망을 낳느니라”(약 1:15).

그 악의 최후는 무엇인가요? 그 악의 최후는 악을 낳은 그 사람에게 돌아가는 겁니다(15). 짐승을 잡기 위해 함정을 팠는데, 그 함정에 그 사람이 빠지는 것과 같습니다. 돌을 위로 던지는 사람은 자기 머리에 던지는 겁니다. 잠언 26:27은 말씀합니다. “함정을 파는 자는 그것에 빠질 것이요 돌을 굴리는 자는 도리어 그것에 치이리라.” 악은 죄가 없는 사람에게 미치지 않고 악을 행한 그 사람에게 되돌아갑니다.

그 악이 어디로 돌아갑니까? 그의 재앙은 자기 머리로 돌아가고 그의 포악은 자기 정수리에 내립니다(16). ‘머리’와 ‘정수리’는 신체에서 가장 약한 부위여서 그곳에 문제가 생기면 치명상을 입습니다. 악인이 만든 그 악은 자기 자신에게로 돌아가 치명상을 입힙니다. 죄는 자기 자리로 돌아오는 부메랑(a boomerang)에 비유할 수 있습니다. 여호와는 의로운 심판장이기 때문입니다. 여호와는 악인이 득세하여 세상 질서가 무너지면 개입하십니다. 그리하여 의인을 구원하고 세상 질서를 세우십니다.

그러므로 시인은 무엇을 합니까? 17절을 읽읍시다. “내가 여호와께 그의 의를 따라 감사함이여 지존하신 여호와의 이름을 찬양하리로다.” 시인은 여호와의 의로 말미암아 감사하고, 의로운 그분께 찬양합니다.

여호와께 감사하며 찬양하는 시인한테서 무엇을 배웁니까? 그의 믿음입니다. 악인은 재앙을 받고 의인은 승리할 줄 믿었습니다. 왜냐하면 그는 의로우신 여호와께서 세상을 의로 다스리심을 확신했기 때문입니다. 그 확신에서 감사와 찬양이 나왔습니다. 그의 감사와 찬양은 예수 그리스도를 믿는 성도에게로 이어졌습니다. 예수님께서

07(7:1-17)

십자가에서 죽으시고 살아나심으로 인류의 악인 죄와 죽음은 무너졌습니다. 그분을 믿는 성도는 승리했습니다. 오늘의 성도는 그리스도를 통해 이 땅에 이루어질 공의를 기대하며 감사하며 찬양할 수 있습니다.

요즘 정치 세계에는 정말로 많은 사람이 대통령 후보로 나섰습니다. 모든 사람이 예상한 것처럼 허모 씨도 대통령 후보로 나섰습니다. 그들은 한결같이 "위기의 대한민국을 구원할 사람은 바로 나다." 라고 주장합니다. 그런 말을 그대로 믿는 국민은 많지 않은 줄 압니다. 이 대목에서 실존적으로 중요한 점은 무엇입니까? 누구는 "위기이다."라고 말하고, 누구는 "기회이다."라고 말할 때 정작 나는 무엇을 해야 하느냐입니다. 불확실성이 확실성으로 다가오고, 내 삶의 위기에서 나는 누구에게로 피해야 합니까? 우리의 하나님 여호와께 피해야 합니다. 여호와 하나님만이 우리를 모든 대적에서 구원하십니다. "여호와 내 하나님이여 내가 주께 피하오니 나를 쫓아오는 모든 자들에게서 나를 구원하여 내소서"(1).

08
사람이 무엇이기에

말씀 시편 8:1-19
요절 시편 8:4
찬송 63장, 292장

"사람이 무엇이기에 주께서 그를 생각하시며 인자가 무엇이기에 주께서 그를 돌보시나이까."

우리가 자주 쓰는 말 중 하나입니다. "사람이면 다 사람이냐, 사람다워야 사람이지." 그런데 여기서 잠깐, '사람다운 사람이란' 어떤 존재입니까? 그 기준이 분명하지 않습니다. 그 기준을 밝혀보려고 애쓴 학문을 우리는 '인간학(anthropology)'이라고 부릅니다. 그런데 오늘 시인은 그 사람의 존재를 어떻게 봅니까?

1절을 봅시다. "여호와 우리 주여 주의 이름이 온 땅에 어찌 그리 아름다운지요 주의 영광이 하늘을 덮었나이다." '여호와'는 어제나 오늘이나 영원토록 계신 구원자 하나님이십니다. 그분은 '우리 주님', 즉 주인님이십니다. 그분은 온 세상을 만드신 창조주 하나님이십니다. 그분은 우리와 온 세상을 다스리는 왕이십니다. 시인은 구원자이며 창조주이며 왕이신 그분을 찬양합니다. 왜냐하면 그분의 이름이 온 땅에 아름답기 때문입니다. 여기서 '아름다움'은 '장엄함'을 뜻합니다. 그분의 장엄함은 피조물을 통해 나타납니다. 모든 피조물은 그분의 영광과 능력을 나타냅니다.

그분의 영광은 어디까지 이르렀습니까? 그분의 영광이 하늘을 덮었습니다. 그분의 장엄함은 땅에만 넘치지 않고 하늘까지 가득합니다. 여호와는 땅뿐만 아니라, 하늘도 다스립니다.

그분의 다스림이 어떻게 나타납니까? 2절입니다. “주의 대적으로 말미암아 어린아이들과 젖먹이들의 입으로 권능을 세우심이여 이는 원수들과 보복자들을 잠잠하게 하려 하심이니이다.” ‘어린아이들과 젖먹이들’은 ‘연약하고 겸손한 사람’을 뜻합니다. 하나님께서 온 세상을 다스리는 왕이심을 믿는 사람입니다. ‘입’은 ‘찬양’을 뜻합니다. 여호와를 왕이요 창조주로 믿는 사람은 그분을 찬양합니다. 여호와는 그들의 찬양으로 힘을 세우셨습니다.

그 목적은 무엇입니까? 원수들과 보복자들을 잠잠하게 하려 하심입니다. ‘원수’와 ‘보복자’는 하나님의 다스림과 그 손길을 거부하는 사람입니다. 어린아이와 젖먹이와는 결이 다른 사람입니다. 여호와께서 어린아이의 찬양으로 위엄을 세우셨습니다. 그리하여 원수를 잠잠하게 하셨습니다. 여호와는 진정한 왕이십니다.

그때 시인은 무엇을 봅니까? 그는 주님의 손가락으로 만드신 주님의 하늘과 주님께서 베풀어 두신 달과 별들을 봅니다(3). ‘손가락으로 만드셨다.’라는 말은 섬세함을 뜻합니다. 조각가로서의 하나님의 모습을 그립니다. 창조주 하나님은 하늘과 땅의 두 영역을 섬세하게 만드셨습니다. 그 세계는 위대한 왕의 영광과 지혜와 능력을 드러냅니다. 달과 별은 하나님께서 정하신 곳에 매달려 있습니다. 시인은 하나님께서 만드신 장엄한 하늘의 세계를 묵상합니다.

시인은 하늘을 보면서 무엇을 생각합니까? 4절을 읽읍시다. “사람이 무엇이기에 주께서 그를 생각하시며 인자가 무엇이기에 주께서 그를 돌보시나이까." '사람'은 하나님의 피조물로서 연약하고 하잘것 없는 존재입니다. 시인은 그 사람의 실존에 관해 여호와께 묻습니다. "사람이 무엇이기에?" 하지만 그 물음은 물음이 아니라, 오히려 깨달음입니다. 그는 하나님 앞에서, 하늘 앞에서 사람의 실존에 관해 깨달았습니다. 더 나아가 그 사람에 대한 하나님의 마음을 깨달았습니다. "주님께서 그를 생각하시며." 하나님은 사람을 잊지 않고 마음에 두십니다. 그것은 하나님과 사람이 계속해서 관계성을 맺고 있음을 뜻합니다. 이런 말입니다. "주님, 당신이 기억하는 사람은 무엇인가요?"

그는 다시 묻습니다. "인자가 무엇이기에?" '인자'는 '사람의 아들'인데, '흙으로 돌아가는 존재', 즉 '죽을 존재'입니다. 앞에서 말한 '사람'과 같은 뜻인데, 중복을 피한 겁니다. 주님께서 그 인자를 돌보십니다. '돌보신다.'라는 말은 '찾아와서 챙겨준다.'라는 뜻입니다. 하나님께서 인자를 찾아와서 돌봐주십니다.

"무엇이기에", "생각하시며"라는 말을 통해 무엇을 배울 수 있습니까? 첫째로, 하나님 앞에서의 인간 실존에 대해 깨닫습니다. 하늘을 하나님과 비교하면 그분의 손가락으로 만들어진 작은 작품에 불과합니다. 오늘의 과학이 발달하면서 정말로 크고 놀라운 우주를 상상할 수 있고, 볼 수 있습니다. 우리가 아는 우주조차도 우리의 생각을 넘어 저 멀리 있습니다. 그런데 그 우주를 하나님과 비교하면 정말 작습니다.

하지만 그 작은 하늘을 사람과 비교하면 어떠합니까? 그 우주는 상상할 수 없을 정도로 넓고 큽니다. 그 광대한 우주와 천상의 질서 속에서 사람을 보면 정말로 작고 하찮은 존재에 불과합니다. 그리고 이 땅에서 오래 산다고 해도 100년을 살다가 사라질 존재에 불과합니다. 시인은 창조주 하나님의 위대함을 생각할 때, 또 넓은 우주를 볼 때, 사람이 아무것도 아님을 알았습니다. 그리고 그것이 사람, 인간 실존임을 깨달았습니다.

여기서 볼 때, 사람을 사람답게 아는 길은 무엇입니까? 하나님을 알 때입니다. 하나님을 알 때 사람을 압니다. 따라서 "사람다워야지 사람이지."라는 말에서 사람다움의 기준은 하나님 앞에 선 사람입니다. 그 사람은 정말로 아무것도 아니고, 하찮은 존재에 불과합니다. 이 사실을 모르면 '우물 안의 개구리처럼' 배를 내밀고 교만할 수 있습니다. 그러므로 우리는 언제, 어디서나 하나님 앞에서 나를 봐야 합니다. 그러면 나의 모습을 알 수 있습니다. 하나님에 대한 앎과 사람에 대한 앎은 순환 관계에 있습니다.

둘째로, 하나님의 사랑을 깨닫습니다. 하나님은 아버지가 아이를 잊지 않고 찾아와서 돌보는 것처럼 사랑으로 돌보십니다. 사람은 태생적으로 세상에서 살지만, 하나님의 특별한 관심의 대상입니다. 주님은 끝없는 우주를 만드신 분인데, 너무나 작은 나 한 사람을 돌보십니다. 하나님은 죽을 수밖에 없는 사람을 기억하고 돌보십니다. 하나님께서 사람을 기억하고 돌보신다는 사실이 너무나 놀랍습니다.

현대인의 가장 심각한 문제 중 하나는 외로움입니다. 외로움은 사춘기에 겪는 성장통만은 아닙니다. 나이를 먹어서도, 인생의 황혼기에도 겪는 삶의 아픔입니다. 겉으로만 보면, 외로움의 원인은 사람으로부터의 소외입니다. 내 주위에 함께할 사람이 없는 그것이 가장 큰 문제처럼 보입니다. 그래서 인구 감소를 외로움의 원인 중 하나로 꼽습니다. 하지만 외로움의 본질 문제는 하나님과의 소외입니다. 사람의 외로움을 사람과의 사귐만으로 해결하지 못합니다. 하나님과의 소외를 해결할 때 외로움을 해결합니다.

그런데 사실 우리 하나님은 우리 한 사람 한 사람을 찾아오셔서 돌보십니다. 문제는 우리가 그 사실을 깨닫지 못한 데 있습니다. 하나님은 우리에게 말씀을 통해서 찾아오십니다. 말씀을 가까이할 때

08(8:1-9)

우리는 하나님의 사랑의 손길을 느낄 수 있습니다. 외로움을 이길 수 있습니다. 더 나아가, 외로움에 방황하는 주위 사람에게 하나님 사랑의 손길을 전할 수 있습니다.

하나님은 사람을 어느 정도로 보살피십니까? 5절입니다. "그를 하나님보다 조금 못하게 하시고 영화와 존귀로 관을 씌우셨나이다." '그를', 즉 사람을 말하는데, 죄가 세상에 들어오기 전의 존재이면서 현재의 사람을 뜻합니다. 하나님은 사람을 하나님보다 조금 못하게 만드셨습니다. 사람은 하나님은 아니고 그분의 형상을 가졌을 뿐입니다(창 1:26-27). 사람은 하늘이 아닌 땅에 존재합니다. 그렇지만 사람은 짐승과는 다릅니다.

당시 메소포타미아의 세계관에 따르면, 일에 관심이 없는 신들이 자기 시중을 들게 하려고 사람을 창조했습니다. 그러니까 그들 세계관에 의하면, 사람은 신을 섬기는 종에 불과합니다. 그러나 시편은 사람을 어떤 존재로 봅니까? 하나님께서 영화와 존귀로 관을 씌웠습니다. 이 모습은 사람을 왕손으로 대하는 것, 즉 세상을 다스리는 지배권을 주셨음을 뜻합니다. 창조주 하나님은 피조물인 사람을 만물의 지배자로 세우셨습니다.

하나님은 사람에게 무엇을 다스리도록 하셨습니까? 6절은 말씀합니다. "주의 손으로 만드신 것을 다스리게 하시고 만물을 그의 발아래 두셨으니." 위대한 왕이신 하나님은 손수 지으신 만물을 사람에게 다스리도록 하셨습니다. 온 우주의 왕이신 하나님께서 사람에게 피조물을 다스리는 지위를 주셨습니다(창 1:28). 타락 후에도 그것을 빼앗지 않으셨습니다(창 9:1-3, 7).

'다스린다.'라는 말은 구체적으로 어떻게 하는 겁니까? 하나님의 이름, 권위, 영광을 드러내는 것을 뜻합니다. 청지기는 주인의 이름, 권위, 영광을 드러내야 합니다. 자기 이름, 권위, 영광을 드러내서는 안 됩니다. 여호와께서는 사람을 당신의 '전권대사(Yahweh's plenipotentiary)'이며 세상의 청지기로 세우셨습니다. 따라서 사람은 그분의 영광을 드러내야 합니다. 해, 달, 별들만 하나님의 영광을 드러내는 것이 아니라 사람도 그분의 영광을 드러내야 합니다.

사람은 무엇을 다스립니까? 모든 소와 양과 들짐승입니다. 공중의 새와 바다의 물고기와 바닷길에 다니는 겁니다(7-8). 인간의 문화는 이 세상의 피조물을 다스리므로 시작했습니다.

이상에서 볼 때, 사람은 어떤 존재입니까? 온 우주와 하나님 앞에서의 사람은 하찮은 존재에 불과합니다. 하지만 다른 피조물 앞에서의 사람은 하나님의 대리자입니다. 다스리는 존재입니다. 사람은 하나님을 왕으로 섬기면서 세상의 피조물을 다스리는 양면적 존재입니다. 우리가 그 양면적 존재로 살 때 하나님의 영광을 드러낼 수 있습니다.

시인은 다시 누구에게로 돌아갑니까? 9절입니다. "여호와 우리 주여 주의 이름이 온 땅에 어찌 그리 아름다운지요." 이 시는 1절과 9절에서 '수미(머리와 꼬리)일치(inclusio)' 형식으로 여호와를 찬양합니다. 시인은 여호와의 이름을 찬양하다 사람의 하찮음과 함께 영화를 깨달았고, 다시 여호와의 이름으로 돌아갑니다.

시인을 통해 무엇을 배웁니까? 여호와에 대한 찬양은 사람에 대한 깨달음으로 나타납니다. 사람에 대한 깨달음은 여호와의 영광으로 돌아갑니다. 따라서 찬양은 창조주와 상관없이 피조물만의 기쁨의 표현은 아닙니다. 찬양은 하나님을 알고 나를 알 때 그분을 높이는 일입니다.

요즘 같은 사회 분위기에서 사람은 보통 두 가지로 반응합니다. 어떤 사람은 현실에 코를 박고 땅만 쳐다봅니다. 그리고 낙심하며 슬퍼합니다. 반면 어떤 사람은 눈을 들어 하늘을 보고 말씀을 통해 하나님을 바라봅니다. 그리고 희망을 품고 찬양합니다. 한편, 범신론(Pantheism)은 피조물을 창조주와 분리하여 신격화하고 영광을 돌립니다. 그들은 인격신이 아닌 우주, 세계, 자연의 모든 것과 자연법칙을 신으로 여기기 때문입니다. 하지만 하나님을 믿는 유신론(Theism)은 즐거운 마음으로 하나님을 바라보는데, 그분은 선한 창조주이고 통치자이고 세상을 다스리는 분이기 때문입니다. 여기서 '하나님을 바라봄'은 하나님의 말씀을 배우는 것으로 나타납니다.

우리는 그분의 말씀을 통해 그분을 깨닫습니다. 그분을 깨달으면 나를 깨닫습니다. 그리고 그분께 영광 돌리며 찬양합니다. 우리는 이런 선순환의 과정을 통해 현실을 이기고, 품격 있는 신자, 세상의 소금과 빛으로 자랍니다. "사람이 무엇이기에 주께서 그를 생각하시며 인자가 무엇이기에 주께서 그를 돌보시나이까"(4).

09
공의로 세계를 심판하심이여

말씀 시편 9:1-20
요절 시편 9:8
찬송 516장, 543장

"공의로 세계를 심판하심이여 정직으로 만민에게 판결을 내리시리로다."

우리 사회에서 얼마 전까지만 해도 '공의'라는 단어가 인기가 있었습니다. 하지만 최근에는 이런저런 정치적 일을 겪으면서 '공의'라는 말이 인기 없는 단어가 되었습니다. '공의'를 말하면서도 실제로는 '선택적 공의'를 행한 것처럼 보였기 때문입니다. 누가 '절대적 공의'를 실천할 수 있습니까?

시편 9편과 10편은 한 편으로 생각할 수 있는데, 히브리어 알파벳의 연속 문자로 시작하는 형식을 따릅니다. 9:1을 히브리어 알파벳 첫 글자인 '알렙'으로 시작하여 중간에 몇 글자를 빼긴 했지만, 10:17에서 마지막 글자인 '타우'로 마칩니다. 9편은 개인적 슬픔의 시인데, 온 세상을 공의로 다스리는 하나님에 대한 찬양과 기도를 담고 있습니다.

시인은 어떻게 찬양합니까? 그는 온 마음으로 여호와께 찬양하며,

09(9:1-20)

그분의 놀라운 일들을 전합니다(1). 그는 주님을 기뻐하고 즐거워합니다(2a). '기뻐하고 즐거워하는 모습'은 사랑하는 사람의 습관입니다. 사랑에 빠진 사람은 그 연인에게 노래를 부릅니다. 그 연인이 보이지 않아도 노래로서 스스로 위로합니다. 시인은 하나님을 볼 수 없으니 그분께 노래를 지어 바치고, 노래로 그분과 대화하며 꿈을 일으키고, 그분을 뵙는 효과를 얻습니다. 또 찬송함으로 많은 사람의 열망을 불러일으킵니다. 마치 사랑하는 사람이 연인의 칭찬을 늘어놓고 그 이름을 퍼뜨리듯이, 그도 그렇게 합니다.

그는 지존하신 그분의 이름을 찬송합니다(2b). '지존하신'이란 '가장 높으신 분(Most High)'입니다. 여호와는 가장 높으신 왕이십니다. 가나안 종교에서 '창조주(*El*)'는 가나안 신전(pantheon)에서 최고의 신이었습니다. 가나안 종교의 신 '바알(Baal)'과 창조주 하나님은 분명한 차이가 있습니다. 하나님은 '바알'과는 '구별된 신'이었습니다. 살렘 왕이며 '지극히 높으신 하나님의 제사장' 멜기세덱은 '천지의 주재이며 지극히 높으신 하나님'을 섬겼습니다(창 14:18-19). 이스라엘은 오직 여호와만이 '지존하신 하나님'으로 믿었습니다. 시인은 그분을 기뻐하고 즐거워하며, 지존하신 그분의 이름을 찬송합니다.

지존하신 여호와께서 하신 기이한 일은 무엇입니까? 3절을 봅시다. "내 원수들이 물러갈 때에 주 앞에서 넘어져 망함이니이다." '원수들이 뒤로 물러간다.'라는 말은 '싸움에서 패배했다.'라는 뜻입니다. 그 모습은 군인이 싸움터에서 겁에 질려 놀라 도망하는 것을 나타냅니다. 원수는 하나님의 나타나심을 보고 놀라 도망치다 비틀거리고 쓰러졌습니다.

왜 그런 일이 일어났습니까? 왜냐하면 주님께서 시인의 의로운 주장을 지지하셨기 때문입니다. 하나님께서 왕으로서 재판관으로서 시인의 삶에 개입하셨기 때문입니다(4). 시인이 원수에게 승리한 것은 자기 능력이 아니라 재판장이신 여호와께서 개입하셨기 때문입니다. 하나님은 그의 변호사이면서 재판장이십니다. 시인은 그분의 의로운 심판을 찬양합니다.

그분은 이방 나라를 어떻게 심판하십니까? 그분은 이방 나라를 책망하시고, 악인을 멸하시며, 그들의 이름을 영원히 지우셨습니다(5). 원수가 끊어져 영원히 멸망했습니다. 주님께서 무너뜨린 성읍을 기억할 수 없습니다(6). 그들은 더는 존재하지 않으니 기억도 끝났습니다.

그러나 여호와께서 무엇을 준비하셨습니까? 7절입니다. “여호와께서 영원히 앉으심이여 심판을 위하여 보좌를 준비하셨도다.” 여호와께서 심판하기 위해 자리에 앉으셨습니다.

그 심판의 기준은 무엇입니까? 8절을 읽읍시다. “공의로 세계를 심판하심이여 정직으로 만민에게 판결을 내리시리로다.” 여호와의 심판은 우주적이고, 공의롭습니다. 그리고 정직으로 만민에게 판결을 내리십니다.

‘공의로 심판하는’ 여호와를 통해 무엇을 배웁니까? 첫째로, 여호와의 왕권은 세상 왕권과 다릅니다. 여호와의 왕권은 ‘영속성’, ‘공의’, 그리고 ‘정직’의 특징이 있습니다. 여호와는 세상을 공의로 통치하고 악인을 공의로 심판하는 분입니다. 악인이 의인을 위협해도 이 여호와에 대한 믿음이 있으면 그분께 기도할 수 있고, 그분이 하신 일을 찬양할 수 있습니다. 여호와께 기도할 수 있는 근거는 공의로 세계를 심판하시는 그분에 대한 믿음입니다. 여호와께서 공의로운 심판을 위하여 보좌에 계신다는 믿음이 있으면 여호와께 기도할 수 있습니다. 여호와는 공의로 세계를 심판하시고, 정직으로 만민에게 판결을 내리는 왕이십니다.

둘째로, 여호와의 왕권은 그 백성에게 희망을 줍니다. 왜냐하면 공의와 정직으로 다스리고 판단하기 때문입니다. 여호와의 왕국에서만 "기회는 평등하고 과정은 공정하고 결과는 정의롭다."라고 말할 수 있습니다. 왜냐하면 오직 여호와만이 실제로 그렇게 하기 때문입니다.

많은 사람이 하나님의 사랑은 좋아하지만, 심판은 싫어합니다. '공의로운 심판'이라는 말은 인기를 잃은 지 오래되었습니다. 하지만 생각해 보십시오. 죄에 대해, 잘못한 사람에 관해 심판이 없다면, 공의를 세울 수 있을까요? 공의가 무너지면 질서가 무너지고, 삶의 터전이 무너집니다. 따라서 선진국일수록 자기 마음에 들지 않고 자기 이념과 다를지라도 사법부의 판단을 존중합니다. 국민이 스스로 공의를 세우려고 하기 때문입니다.

저는 어제 TV에서 '코로나19'로 생존 문제에 시달리면서 눈물을 흘리는 '소상공인'을 보았습니다. 그들 대부분은 월세를 내려주지 않은 건물주에 대해서 불의함을 토로하더군요. 그뿐만 아니라, 정부 정책에 대해서도 볼멘소리를 했습니다. "거리두기를 '짧고 굵게 끝낸다.'라던 약속이 무색하게 언제까지일지도 모를 영업 제한을 '길고 굵게' 겪고 있다." 그런데 건물주는 건물주대로 자기주장이 있고, 정부는 정부대로 정책이 있습니다. 그들 모두는 다 공의를 강조했습니다. 하지만 어쩔 수 없이 그들이 말하는 공의는 '선택적 공의'일 수밖에 없었습니다. 그런 모습을 보니 정말로 안타까웠습니다. 동시에 우리 사회의 태생적 한계를 절감했습니다.

그러므로 우리는 눈과 마음을 어디로 향해야 합니까? 공의로 세계를 심판하시는 여호와께로 가야 합니다. 그럴 때 우리 교회가 눈물을 흘리는 세상에 희망을 줄 수 있습니다. 소금과 빛으로서 역할을 할 수 있습니다. 그리고 우리는 그분께서 우리의 세계를 공의와 정직으로 다스려주시도록 기도해야 합니다. 예수님께서 제자들에게 가르쳐 주신 기도가 생각납니다. "그러므로 너희는 이렇게 기도하라

09(9:1-20)

하늘에 계신 우리 아버지여 이름이 거룩히 여김을 받으시오며, 나라가 임하시오며 뜻이 하늘에서 이루어진 것 같이 땅에서도 이루어지이다”(마 6:9-10). 여호와의 공의가 하늘에서 이루어진 것 같이 오늘 우리 땅에서 이루어지도록 기도합니다.

그러면 여호와는 압제를 당하는 자에게는 어떤 분입니까? 여호와는 압제를 당하는 사람의 요새이며, 환난 때의 요새입니다(9). 하나님은 압제를 당한 사람에게 피할 곳입니다. 악인에게는 두려운 심판자로 나타나시는 하나님이 억눌린 사람에게는 피난처이십니다. 악인으로부터 박해를 당하거나 어려움에 부닥친 사람은 여호와께 피할 수 있습니다. 삶 속에서 그분의 도움이 필요할 때 그분께 피할 수 있습니다.

여호와는 당신을 찾는 자를 어떻게 하십니까? 10절을 봅시다. “여호와여 주의 이름을 아는 자는 주를 의지하오리니 이는 주를 찾는 자들을 버리지 아니하심이니이다.” 여호와의 이름을 아는 사람은 그분을 의지합니다. 그분의 능력, 사랑 등을 아는 사람은 요새이신 여호와를 신뢰합니다. 여호와는 당신께 피하는 사람, 찾는 사람을 버리지 않습니다.

‘버리지 아니하시는’ 하나님을 통해 무엇을 배웁니까? 하나님은 심판장이면서 은혜로운 아버지이십니다. 하나님은 악인을 심판하지만, 의인을 버리지 않습니다. 하나님은 공의롭고 은혜로운 분입니다. 하나님은 이 세상에 공의를 이루십니다. 이 하나님이 있으셔서 대적자가 더는 존재하지 않습니다. 오늘 교회의 희망은 이 세상을 다스리는 하나님의 통치에 있습니다.

시인은 어떤 여호와를 찬송합니까? 11절입니다. “너희는 시온에 계신 여호와를 찬송하며 그의 행사를 백성 중에 선포할지어다.” ‘시온’은 예루살렘인데, 그곳에는 하나님의 집, 성소가 있습니다. 본래

09(9:1-20)

여호와는 하늘 보좌에 계셨습니다. 그런데 이제 그 백성과 함께하기 위해 시온에 계십니다. 하늘의 통치자가 지상에 나타나셨습니다. 그분은 하늘뿐 아니라 이 땅에도 계십니다. 그분은 온 우주의 통치자이시며, 그 백성의 목자요 왕이십니다. 여호와는 시온에 계시면서 그 백성을 보호하고 사랑하고 인도하십니다. 따라서 그 백성은 그분을 찬송해야 합니다. 그분을 향한 찬송은 그분께서 행하신 일을 전하는 것으로 이어집니다. 그들은 그분이 하신 사랑, 능력, 그리고 놀라운 일을 전해야 합니다.

그 이유는 무엇입니까? 왜냐하면 피 흘림을 심문하시는 이가 그들을 기억하기 때문입니다(12a). '심문하시는 이'는 '피를 복수하는 이', 즉 '살인자에게 보복하는 이'를 뜻합니다. 구약 시대 때 죄를 짓지 않은 사람을 피 흘려 살해하면 그 복수를 친족이 할 수 있었습니다. 그런데 여기서는 하나님이 그 친족 역할을 합니다. 의로운 심판장이신 여호와는 죄 없는 자를 죽인 살인자를 심판하십니다. 주님은 생명을 주셨기에 그 생명을 이유 없이 뺏는 사람을 심판하십니다.

그분은 또 무엇을 하십니까? 가난한 자의 부르짖음을 잊지 않습니다(12b). 가난한 자는 자신이 처한 환경을 스스로 이길 수 없습니다. 따라서 그들은 여호와께 부르짖습니다. 여호와는 그들의 부르짖음을 모르는 체하지 않습니다.

시인은 자신을 위해 무슨 기도를 합니까? 13절입니다. "여호와여 내게 은혜를 베푸소서 나를 사망의 문에서 일으키시는 주여 나를 미워하는 자에게서 받는 나의 고통을 보소서." 시인은 주님께서 자신의 형편에 은혜를 주시고 돌봐주시기를 바랍니다. 그는 지옥이 온 것처럼 느낍니다. 그의 삶은 소외, 고통, 그리고 재난의 시련을 맞았습니다. 그는 지금 죽음의 문턱에 섰습니다.

09(9:1-20)

당시 사람은 '죽음의 세계'가 지상의 도시와 비슷하여 집도 있고 성벽도 있다고 생각했습니다. 메소포타미아 신화 『이쉬타르의 하강』 *The Decent of Ishtar*에는 저승 세계의 문이 일곱 개이며, 문마다 접근을 막는 문지기가 있었습니다. 구약에서 질병과 재앙을 경험하는 일은 저승이나 죽음의 문턱에 있는 그것과 같았습니다. 그런 그를 죽음의 문턱에서 건져줄 분은 오직 여호와뿐입니다.

그는 여호와께서 건져주시면 무엇을 합니까? 그는 주님의 찬송을 전할 겁니다. 딸 시온의 문에서 주님의 구원을 기뻐할 겁니다(14). 그는 죽음의 성문에서 생명의 성문으로 넘어왔음을 믿고 찬송을 전파합니다. 그는 고난에서 구원하신 여호와의 은총을 기뻐합니다.

악인은 어떻게 됩니까? 이방 나라는 자기가 판 웅덩이에 빠집니다(15a). 사냥꾼이 짐승을 잡으려고 판 웅덩이에 그가 빠진 것과 같습니다. 악인은 자기가 숨긴 그물에 자기 발이 걸렸습니다(15b). 원수는 하나님께 충성한 백성을 없애려고 함정을 팠습니다. 하지만 그들이 그 불행 속으로 끌려갔습니다. 이처럼 이방은 그 끝이 있습니다.

그 이유가 무엇입니까? 16절을 봅시다. "여호와께서 자기를 알게 하사 심판을 행하셨음이여 악인은 자기가 손으로 행한 일에 스스로 얽혔도다(힉가욘, 셀라)." 여호와는 그 행하시는 심판으로 당신을 알리셨습니다. 악인은 스스로 행한 일에 걸려듭니다. '힉가욘'이란 '음악 소리', '묵상'을 뜻합니다. 악인의 죽음을 묵상 분위기로 노래합니다. 악인은 스올로 돌아갑니다. 하나님을 잊어버린 모든 이방 나라가 이와 같습니다(17). 그들은 지옥으로 떨어집니다.

반면 궁핍한 자는 어떻게 됩니까? 18절입니다. "궁핍한 자가 항상 잊어버림을 당하지 아니함이여 가난한 자들이 영원히 실망하지 아니하리로다." '궁핍한 자', '가난한 자'는 영적으로 가난한 사람, 자신의 연약함을 아는 사람입니다. 여호와를 의지하고 찾는 사람입니다. 여호와는 그런 사람을 잊지 않습니다. 가난한 사람이 끝까지 잊히는 일은 없습니다. 가난한 사람의 희망은 영원히 사라지지 않습니다.

'잊어버림을 당하지 않는다.'라는 말을 통해 무엇을 배웁니까? 여호와는 요새로 피하는 사람, 의지하는 사람, 찾는 사람을 항상 잊지 않습니다. 그분께 도움을 청하고 기도하는 사람이 영원히 실망하지 않도록 하십니다. 이 하나님을 믿는 자는 어떤 상황에서도 기도할 수 있습니다. 가장 힘들 때 물러서지 않고 그분을 의지할 수 있습니다. 이 하나님을 믿는 사람은 악인이 심판받을 때와 자신의 고난이 끝날 때를 예상할 수 있습니다.

그분 앞에서 인생은 어떤 존재입니까? 여호와께서 일어나시면 인생으로 승리를 얻지 못합니다. 여기서 '인생'은 '죽을 인간'인데, 강조점은 '약함', '무능함', '가치 없음'입니다. 하나님을 믿지 않은 사람이나 그 나라는 심판을 받을 수밖에 없습니다(19).

하나님께서 이방 나라를 심판하는 목적은 무엇입니까? 20절을 읽읍시다. "여호와여 그들을 두렵게 하시며 이방 나라들이 자기는 인생일 뿐인 줄 알게 하소서(셀라)." 두려움은 사람이 여호와 앞에서 아무것도 아닌 존재임을 알 때 느끼는 감정입니다. 사람은 한낱 사람에 지나지 않은 존재임을 알아야 합니다.

여기서 우리는 하나님께서 이방 나라를 심판하시는 목적을 알 수 있습니다. 심판의 목적은 온 세상에 하나님의 존재를 드러내고, 사람이 얼마나 연약하고 무능하여 도움이 필요한 존재인지를 알리는 데 있습니다. 하나님은 공의로우십니다. 만일 하나님이 이방을 심판하지 않으면 그들은 창조주이며 왕이신 하나님께 대항한다는 사실을 결코 깨닫지 못합니다. 그들은 '한낱 인생', 즉 연약한 사람, 죄인에 불과하다는 사실을 알지 못합니다. 인간은 자신의 나약함과 아무것도 할 수 없음을 깨닫지 않고서는 하나님을 알 수 없습니다. 사람은 하나님과 본질에서 다릅니다. 사람은 죽음, 연약함, 그리고 태생적 한계를 가졌습니다. 따라서 하나님에 대한 사람의 도전은 하나님의 정당한 반응을 요구합니다. 그것은 하나님의 공의로운 심판입니다.

우리는 개인적으로, 사회적으로 공의롭지 못한 일을 겪으면서 안타깝고 답답함을 느낍니다. 하지만 우리에게 희망이 있습니다. 왜냐하면 공의로 세계를 심판하시고, 정직으로 판결을 내리시는 여호와 하나님이 우리와 함께하시기 때문입니다. 오늘 우리가 시인처럼 기도하고 찬송하여 이 하나님을 체험하기를 기도합니다. 더 나아가, 오늘 우리 사회에 공의의 하나님의 다스림이 임하기를 기도합니다.

10
영원무궁한 왕

말씀 시편 10:1-18
요절 시편 10:16
찬송 541장, 542장

"여호와께서는 영원무궁하도록 왕이시니 이방 나라들이 주의 땅에서 멸망하였나이다."

오늘 말씀은 지난주 9편을 이어받습니다. 9편에서 우리는 공의의 하나님에 관해 배웠습니다. 오늘 시인은 하나님의 공의와 악인의 번영 사이에서 갈등하고, 기도합니다. 그의 갈등과 기도가 힘이 지배하는 사회에 사는 우리에게 주는 의미는 무엇입니까?

1절을 읽읍시다. "여호와여 어찌하여 멀리 서시며 어찌하여 환난 때에 숨으시나이까?" '여호와'는 이스라엘의 하나님이시고, 그 시인의 하나님이십니다. 그는 그분께 두 번 '왜'라고 묻습니다. 첫 번째 물음은 무엇입니까? "어찌하여 멀리 서시며?" '멀리 서시며'는 '거리 두기'를 뜻합니다. 여호와는 그와 함께하지 않습니다. 그가 여호와께 '왜?'라고 질문하는 첫 번째 이유는 여호와께서 그와 거리 두기를 하기 때문입니다.

그가 두 번째로 '왜?'라고 묻는 이유는 무엇입니까? "어찌하여 환난 때에 숨으시나이까?" 그는 지금 환난을 겪고 있습니다. 여호와는 환난의 때 피난처요 요새이십니다(9:10). 그런데 여호와는 그 환난의 때 숨으셨습니다. 여호와는 시인의 고통에 관심을 품지 않으신 것처럼 보입니다.

여기서 볼 때 시인이 겪는 갈등의 핵심은 무엇입니까? 그는 환난을 겪는 그 자체를 갈등하지 않습니다. 그는 환난 중에 하나님께서 '멀리 계시고', '숨으신 것'에 관해 갈등합니다. 왜냐하면 하나님께서 자신의 환난에 관심이 없고, 자기의 기도를 듣지 않으신 것처럼 보이기 때문입니다. 그는 지금 하나님의 도움이 절실히 필요합니다. 하지만 하나님은 거리를 두고 멀리 숨으신 것처럼 보입니다.

그는 어떤 환난을 겪습니까? 2절입니다. "악한 자가 교만하여 가련한 자를 심히 압박하오니 그들이 자기가 베푼 꾀에 빠지게 하소서." 악한 사람의 특징은 교만인데, 그는 신처럼 행동합니다. 그는 가련한 사람, 즉 믿음의 사람을 심히 압박합니다. 악인은 믿음의 사람을 악착스레 뒤쫓아 불길처럼 덮으려는 기세입니다. 악인은 믿음의 사람을 마음대로 괴롭혀도 하나님의 벌을 받지 않을 것으로 생각합니다. 시인은 그런 악인이 자기 꾀에 빠지도록 기도합니다.

왜냐하면 악인은 그 마음의 욕심을 자랑하기 때문입니다. 탐욕을 부리는 사람은 여호와를 배반하여 멸시하기 때문입니다(3). 그는 하나님을 경외하지 않고, 그분의 말씀을 듣지 않습니다. 그는 자기를 믿고 자기를 자랑합니다.

악인은 헛된 자부심이 가득하여 무엇을 말합니까? 4절입니다. "악인은 그의 교만한 얼굴로 말하기를 여호와께서 이를 감찰하지 아니하신다 하며 그의 모든 사상에 하나님이 없다 하나이다." '감찰하지 않는다.'라는 말은 '책임을 묻지 않는다.'라는 뜻입니다. 그들은 믿음의 사람을 괴롭혀도 하나님께서 그 어떤 책임도 묻지 않는다고 생각했습니다. 왜냐하면 그들 생각에는 하나님이 없기 때문입니다.

그렇다고 해서 그들이 하나님의 존재 자체를 부인하는 것은 아닙니다. 그들은 하나님의 존재를 인정하지만, 실제 삶에서 하나님이 아무 일도 하지 않는다고 생각했습니다. 그들은 무신론자는 아닙니다. 그들은 하나님을 인정하면서도 실제 삶에서는 하나님 없이 편하게 살려고 합니다. 그들은 창조주에 대한 예배 대신에 자기를 예배합니다. 그들은 하나님이 인간 역사에 개입하지 않는다고 주장합니다. 그들 삶의 목표는 하나님을 의도적으로 피하는 겁니다. 우리는 그들을 '실천적 무신론자(practical atheists)'로 부릅니다.

그런데도 악인은 어떻게 삽니까? 그의 길은 언제든지 견고하고, 주님의 심판은 높아서 미치지 못합니다(5a). 하나님의 심판은 세상과 그 백성에게 당신의 살아 계심과 인도하심을 보여주는 표시입니다. 그러나 악한 사람은 하나님의 심판을 멀리 있는 것, 자기와는 상관없는 것으로 여겼습니다. 왜냐하면 하나님께서 그들을 즉시 심판하지 않기 때문입니다. 그런 그는 모든 대적을 멸시합니다(5b). 그런 악인의 모습은 시인에게 갈등을 일으킵니다. 악인은 하나님의 심판에서 벗어나 견고하고 안전하게 살기 때문입니다. 악인은 환난이나 역경에 빠지지 않고 평안하게 살기 때문입니다. 악인은 강한 힘으로 의인을 조롱하기 때문입니다.

그런 악인은 속으로 무엇을 합니까? "나는 흔들리지 아니하며 대대로 환난을 당하지 아니하리라"(6). 성경의 가르침 중 하나는 "의롭게 살면 삶이 흔들리지 않고 대대로 환난을 겪지 않는다."입니다. 하지만 여기서는 악인이 그런 삶을 삽니다. 보통 사람은 돈이 많고 사회적 지위가 높고 잘살면 자부심을 품습니다. 그런데 악인이 돈이 많고 사회적 지위가 높고 잘 살면 자부심은 하늘 높은 줄 모릅니다. "나는 망하지 않는다. 나에게는 불행이 없다." 그러나 그런 모습은 하나님을 모독하는 행위입니다.

그의 실상은 어떠합니까? 7절을 봅시다. "그의 입에는 저주와 거짓과 포악이 충만하며 그의 혀 밑에는 잔해와 죄악이 있나이다." 그의 말은 다른 사람을 해치고 불법적인 일로 가득합니다. 악인은 혀를 무기로 사용합니다. 그의 말은 유혹적이고 힘이 강해 보입니다. 하지만 결과적으로 그의 말은 사람을 해칩니다.

악인은 어떻게 사람을 해칩니까? 그는 마을의 길목을 지켰다가 죄 없는 사람을 쳐죽이고, 두 눈을 부릅뜨고 가엾은 사람을 노립니다. 그는 굴속에 숨어서 먹이를 기다리는 사자와 같습니다. 그는 가련한 것을 사로잡기 위해 그물을 설치하는 사냥꾼과 같습니다. 그 결과 가련한 사람은 넘어집니다(8-10).

악인은 속으로 무엇을 합니까? 11절입니다. "그가 그의 마음에 이르기를 하나님이 잊으셨고 그의 얼굴을 가리셨으니 영원히 보지 아니하시리라 하나이다." 악인은 하나님으로부터 자기 행동에 대해 아무런 제재를 받지 않자 겁 없이 말했습니다. "하나님께서 인생사에 관심이 없다." "하나님은 아예 얼굴을 돌려 보지 않으셨다."

여기서 볼 때 악인의 문제는 무엇입니까? 하나님을 완전히 무시하는 겁니다. 그는 하나님께서 공의를 행하지 않는다고 생각한 겁니다. 그런 그는 점점 더 뻔뻔스러워집니다. 왜냐하면 여호와께서 그들을 즉시 벌하지 않기 때문입니다.

이런 악인을 보는 시인의 고민은 무엇입니까? 악인은 잘나가고, 악인이 의인을 괴롭히고, 의인은 환난을 겪는 데 있습니다. 그뿐 아니라 하나님의 공의가 나타나지 않은 데 있습니다. 그는 현실적인 악에 대한 고민과 함께 신앙적 질문에 빠졌습니다.

그런 중에 시인은 무엇을 합니까? 12절을 읽읍시다. "여호와여 일어나옵소서 하나님이여 손을 드옵소서 가난한 자들을 잊지 마옵소서." 시인은 여호와께서 일어나 악인과 싸우기를 기도합니다. 시인은 여호와께서 고통당하는 사람을 잊지 않도록 기도합니다.

'일어나소서'라고 기도하는 시인으로부터 무엇을 배웁니까? 여호와의 함께하심을 믿는 믿음입니다. 시인은 '왜'(1절)라고 질문했는데, 이제는 적극적으로 여호와를 깨웁니다. 왜냐하면 악이 너무 커져서 지금 여호와께서 일어나야만 하기 때문입니다. 그는 여호와께서 행동하기를 바랍니다. 그는 여호와께서 자기 삶 속에 즉시 개입하기를 바랍니다. 그만큼 그는 여호와의 도움을 절박하게 기다립니다. 그는 여호와의 공의를 믿기 때문입니다. 그 환난에서 건질 분은 오직 여호와 한 분뿐임을 믿기 때문입니다.

시인은 또 무엇을 위해 기도합니까? 13절입니다. "어찌하여 악인이 하나님을 멸시하여 그의 마음에 이르기를 주는 감찰하지 아니하리라 하나이까?" 그는 악인이 하나님을 무시하는 것을 참지 못합니다. 하나님의 명예가 손상하는 것을 참지 못합니다. 하나님께서 그 점을 아시고 행동하도록 기도합니다.

그러나 하나님은 무엇을 보십니까? 14절을 봅시다. "주께서는 보셨나이다 주는 재앙과 원한을 감찰하시고 주의 손으로 갚으려 하시오니 외로운 자가 주를 의지하나이다 주는 벌써부터 고아를 도우시는 이시니이다." 주님은 재앙과 원한을 친히 처리하려고 살피십니다. 외로운 사람은 주님을 의지하는데, 주님은 벌써 고아를 도우십니다. 주님은 악을 뿌리 뽑고 그분의 아들딸을 보호하십니다. 주님은 악인의 팔을 꺾으시는데, 악을 더는 찾아낼 수 없을 때까지 찾습니다(15).

여기서 볼 때 악인의 주장과 시인의 기도를 어떻게 대조합니까? 악인은 이렇게 주장했습니다. "여호와께서 이를 감찰하지 아니하신다”(4). “악인의 길은 언제든지 견고하고”(5). “하나님은 그의 얼굴을 가리셨으니”(11). 그러나 시인은 이렇게 기도했습니다. “여호와여 일어나옵소서, 가난한 자들을 잊지 마옵소서”(12). “주님은 재앙과 원한을 감찰하시고”(14). “악인의 팔을 꺾으소서”(15).

그러면 우리는 어떻게 해야 합니까? 하나님의 공의를 믿고 기다려야 합니다. 하나님의 인내심은 공의의 지연처럼 보입니다. 하지만 이에 관해 칼뱅(Jean Calvin)은 말했습니다. “그러나 하나님의 손에 복수가 유보된 한, 우리를 돕기 위해 팔을 뻗을 때까지 끈기 있게 기다리는 것이 우리의 의무이다.”

우리는 어떻게 여호와의 일어나심을 기다릴 수 있습니까? 16절을 읽읍시다. “여호와께서는 영원무궁하도록 왕이시니 이방 나라들이 주의 땅에서 멸망하였나이다.” 여호와는 영원한 왕이십니다. 그분의 왕권은 이스라엘 나라에만 해당하지 않습니다. 이 땅, 온 세상은 물론이고 온 우주까지 속합니다. 여호와는 온 세상을 다스리며, 악인을 재판하십니다. 가난한 자, 연약한 자를 아버지처럼 돌보십니다. 그분의 왕권은 영원합니다. 그러나 세상 나라는 여호와의 왕국에서 사라질 겁니다.

여호와께서 영원무궁한 왕이심을 통해 무엇을 배웁니까? 여호와의 왕권은 그 힘이 없는 것 같을지라도 영원합니다. 반면 악한 자의 권세는 영원할 것 같아도 사라집니다. 악인은 여호와의 땅에서 멸망할 것이지만, 여호와의 백성은 영원히 살 겁니다.

불의한 세상에서 의인의 희망은 어디에 있습니까? 왕이신 여호와께 있습니다. 이 세상을 누가 다스립니까? 세상 왕이 아닙니다. 여호와께서 우리를 다스리고 세상을 다스리는 영원한 왕이십니다. 악인이 형통할지라도 세상의 왕은 악인이 아니라 여호와이십니다. 여호와는 성도의 억울함을 아십니다. 겸손한 자의 소원을 들으십니다.

10(10:1-18)

따라서 우리는 모순으로 가득 찬 세상에서 좌절하지 않고 믿음의 길을 갈 수 있습니다. 특히 '실천적 무신론'의 강한 영향 속에서도 '실천적 유신론'의 길을 갈 수 있습니다.

오늘 아침 캐나다 선교사와 통화 중에 들었습니다. "캐나다 사람 중에도 백신을 맞지 않은 사람이 많은데, 그중 어떤 사람은 백신 안에 사탄이 몰래 숨겨놓은 표시가 들어 있어서 맞지 않는다." 교회에 다니지 않은 사람은 그렇다고 치더라도, 믿음이 좋은 사람이라면서 그런 말을 한다면 문제입니다. 믿음은 무엇입니까? 설사 사탄이 그런 못된 짓을 한다고 치더라도, 하나님을 믿는다면 그 사탄도 하나님의 손안에 있음을 믿는 겁니다. 바울 사도의 말을 빌린다면, "사망이나 생명이나 천사들이나 권세자들이나 현재 일이나 장래 일이나 능력이나 높음이나 깊음이나 다른 어떤 피조물이라도"(롬 8:38-39a) 다 영원무궁한 왕의 다스림을 받습니다. 만일 이 사실을 믿지 못하면, '실천적 무신론자'입니다. 하지만 삶에서 이 사실을 믿으면 '실천적 유신론자'입니다.

여호와는 누구의 기도를 들으십니까? 17절입니다. "여호와여 주는 겸손한 자의 소원을 들으셨사오니 그들의 마음을 준비하시며 귀를 기울여 들으시고." 여호와는 불쌍한 사람의 소원을 들으셨습니다. 주님은 가난한 사람에게 용기를 주시고 그들의 부르짖음에 귀를 기울이셨습니다.

그 목적은 무엇입니까? 18절을 읽읍시다. "고아와 압제당하는 자를 위하여 심판하사 세상에 속한 자가 다시는 위협하지 못하게 하시리이다." '고아와 압제당하는 자'는 사회적 약자를 대변합니다. 그들은 기본적 인권을 충분히 보장받지 못한 사람입니다. 그들은 여호와의 특별한 관심의 대상이었습니다. 여호와는 고아와 압박당하는 자를 위해 심판하십니다. 그들의 권리를 되찾아 주십니다. 여호와는 이 땅에 억압하는 사람이 다시는 없도록 하신다.

10(10:1-18)

이 여호와를 통해 무엇을 배웁니까? 우리는 삶 속에서 만나는 갈등 중에 눌리지 않고 기도할 수 있습니다. 악인이 아무리 잘나갈지라도 낙심하지 않고 여호와의 공의를 기대하며 희망 중에 기다릴 수 있습니다. 왜냐하면 여호와는 때가 오면 반드시 당신의 공의를 나타내시기 때문입니다.

선지자 하박국도 처음에는 세상의 악만 생각하다가 여호와께 불평했습니다. "주님은 눈이 맑으시므로 악을 보시고 참지 못하시며, 패역을 보고 그냥 계시지 못합니다. 그런데 어찌하여 배신자들을 보고만 있으십니까? 악한 민족이 착한 백성을 삼켜도 조용히만 계십니까"(합 1:13)? 그때 여호와께서 그에게 대답하셨습니다. "이 묵시는 정한 때가 있나니 그 종말이 속히 이르겠고 결코 거짓되지 아니하리라 비록 더딜지라도 기다리라 지체되지 않고 반드시 응하리라"(합 2:3). 그는 그 약속을 믿고 기다렸고, 여호와께서는 그 약속대로 공의를 이루셨습니다.

최근 아프가니스탄의 여인은 눈까지 망사로 가려 온몸을 덮은 푸른색 '부르카(Burka)'를 입어야 합니다. 그것을 어떤 사람은 '천으로 된 감옥'으로 부릅니다. 그런 현실을 보면서 어떤 사람은 심각하게 고민합니다. '은혜롭고 사랑으로 가득한 하나님은 어디에 계실까?' '하나님은 아프가니스탄의 여성에게는 일하지 않으시는가?'

우리는 그런 질문을 '신정론'에 관한 질문이라고 합니다. '신정론(神正論, theodicy)'은 헬라어로는 '하나님(θεός, *theós*)'과 '의로움(δίκη, *díke*)'의 합성어입니다. 즉 '하나님의 정당함을 주장하는 이론'을 뜻합니다. 그 이론은 "하나님이 전능하고 좋은 분이라면, 왜 이 세상에 고통이 있는 것인가?"라는 물음에 대한 다양한 대답입니다. 사실 이 질문과 답은 역사 이래 계속 이어지고 있습니다. 왜냐하면 역사 이래 세상의 악은 계속해서 이어지기 때문입니다. 악한 사람이 믿음으로 사는 사람보다 상대적으로 잘사는 것처럼 보입니다. 그래서 우리는 하나님의 공의와 악인의 번영 사이에서 갈등합니다.

하지만 오늘 말씀에서 우리는 무엇을 배웁니까? 우리의 하나님 여호와께서 영원무궁하도록 왕이십니다. 시인의 갈등이 우리의 갈등이면서, 동시에 시인의 기도가 우리의 기도이기를 바랍니다. 우리가 시인이 믿은 그분, 영원무궁한 왕 여호와를 믿고 기도하여 이 땅에 공의가 이뤄지기를 기도합니다.

11
도망할 것인가? 피할 것인가?

말씀 시편 11:1-7
요절 시편 11:4
찬송 343장, 344장

"여호와께서는 그의 성전에 계시고 여호와의 보좌는 하늘에 있음이여 그의 눈이 인생을 통촉하시고 그의 안목이 그들을 감찰하시도다."

누군가가 오늘을 사는 사람에게 이렇게 물으면 뭐라고 대답할까요? "당신은 위기의 순간에 누구에게 피합니까?" 어떤 사람은 대답할 겁니다. "엄마 아빠에게 피한다." "돈을 의지한다." 그러면 예수님을 믿는 우리는 뭐라고 대답합니까? 우리는 위기의 때 누구에게 피합니까?

1절을 읽읍시다. "내가 여호와께 피하였거늘 너희가 내 영혼에게 새같이 네 산으로 도망하라 함은 어찌함인가." 여기서 '나'는 다윗입니다. 따라서 이 시의 배경은 다윗이 사울에게 도망 다녔을 때입니다. 다윗은 여호와를 보호자요 돕는 분으로 믿었습니다. 그는 여호와께 피하면 위험으로부터 보호받을 수 있다고 믿었습니다. 그래서 그는 여호와께 피했습니다. 그는 여호와와 함께 걷고 있습니다.

그러나 그에게 무슨 유혹이 있습니까? "너희가 내 영혼에게 새같이 네 산으로 도망하라 함은 어찌함인가?" 악인이 시인에게 "여호와 대신에 산으로 도망하는 것이 안전하다."라고 말합니다. 유다에 있는 산에는 많은 동굴과 가파른 절벽과 접근하기 힘든 바위들이 많았습니다. 따라서 산은 좋은 피난처였습니다. 그러므로 악인은 시인에게 "새처럼 날아서 그 좋은 산으로 도망가라."라는 겁니다. 악인의 충고는 매우 현실적이고 합리적인 것처럼 보입니다. 그래서 시인에게 유혹입니다.

하지만 악인은 왜 시인에게 산으로 도망하도록 권합니까? 2절입니다. "악인이 활을 당기고 화살을 시위에 먹임이여 마음이 바른 자를 어두운 데서 쏘려 하는도다." 왜냐하면 악인은 활을 당기고 화살을 메겨 마음이 바른 사람, 즉 의인을 쏘려 하기 때문입니다. 여기서 '활'은 악인의 말입니다. 악인은 말로 의인을 죽이려고 합니다. 악인의 속임수, 악한 말, 상처 주는 말은 살인 도구와 같습니다. 악인은 시인을 은밀하게 해치려 합니다. 악인이 의인에게 산으로 도망하도록 말한 첫 번째 이유는 말로 의인을 죽이려는 겁니다.

두 번째 이유는 무엇입니까? 3절을 봅시다. "터가 무너지면 의인이 무엇을 하랴." '터'는 '기초', '토대'입니다. 이것은 '사회의 질서', 즉 '확립된 제도, 공동체의 사회와 시민 질서'입니다. 이 질서를 여호와께서 창조 때 세우셨습니다. 그리고 유지하십니다. 그런데 그 터가 무너졌습니다. 악인은 의인에게 말합니다. "기초가 바닥부터 흔들리는 이 마당에 의인인들 무엇을 할 수 있겠는가?" 법과 질서가 무너지면 의인이 할 수 있는 일은 없습니다. 의인이 한 일도 의미가 없습니다. 유혹자는 의인에게 "사회적 책임을 포기하라." "여호와께 피하는 일도 의미가 없다."라고 말합니다. 이것이 악인이 의인에게 "산으로 도망하라."라고 말하는 두 번째 이유입니다.

이제 그는 '여호와께 피할 것인가? 아니면 산으로 도망할 것인가?'의 갈림길에 섰습니다. 그는 무엇을 합니까? 4절을 읽읍시다.

11(11:1-7)

"여호와께서는 그의 성전에 계시고 여호와의 보좌는 하늘에 있음이여 그의 눈이 인생을 통촉하시고 그의 안목이 그들을 감찰하시도다." 시인은 갈림길에서 불안과 위험을 뛰어넘어 여호와를 바라봅니다. 그는 위기의 때 산으로 도망가지 않고 여호와께로 피합니다.

그분은 어디에 계십니까? 그분은 시온의 성전에 계십니다. 여호와는 성전에서 당신의 종을 만나고, 기도를 들으시고, 함께하십니다. 이것을 우리는 '하나님의 내재성'이라고 부릅니다. 그리고 여호와의 보좌는 하늘에 있습니다. 하나님은 세상과 사람을 초월하여 계십니다. 이것을 우리는 '하나님의 초월성'이라고 부릅니다. 여호와는 이 땅의 성전에 계시지만 동시에 하늘 보좌에 계십니다.

여호와는 하늘 보좌에서 인생을 어떻게 하십니까? 그분은 인생을 통촉하십니다. 그분은 사람을 보십니다. 그리고 그들을 감찰하십니다. '감찰한다.'라는 말은 금이나 은을 단련하여 정제하는 것을 뜻합니다. 여호와는 성전에서, 하늘 보좌에서 사람을 눈으로 보고 눈꺼풀로 일일이 판단하십니다.

그리고 여호와는 의인과 악인을 어떻게 하십니까? 5절입니다. "여호와는 의인을 감찰하시고 악인과 폭력을 좋아하는 자를 마음에 미워하시도다." 여호와는 의인을 살피고 단련하고 보호하십니다. 반면 여호와는 악인과 폭력을 좋아하는 사람을 미워하십니다. 여호와는 악인에게 그물을 던집니다. 올가미를 씌웁니다. 소돔과 고모를 심판했을 때 내렸던 불과 유황을 내립니다(창 19:24). 그리고 뜨거운 사막 바람이 불어서 아름다운 꽃이나 채소 등을 마르게 하는 그것처럼 악인을 그렇게 하십니다. 그것은 그들 잔의 소득입니다(6). 하나님은 악인이 받을 벌을 그 몫으로 정하셨습니다. 시인은 유혹 앞에서 이분을 바라보았습니다.

유혹 앞에서 여호와를 바라보는 시인을 통해 무엇을 배웁니까?

11(11:1-7)

그의 렌즈와 믿음입니다. 그는 악인을 보지만 동시에 여호와를 보았습니다. 거룩하신 하나님은 악인을 즉시 심판하지 않습니다. 하지만 그분의 거룩하심은 폭력을 사랑하는 사람에 관해 어떤 사랑도 베풀지 않습니다. 여호와는 때가 오면 악인을 반드시 심판하십니다. 따라서 그분께 피할 때 가장 안전합니다.

유다 왕 아하스는 아람 왕과 에브라임 왕이 동맹을 맺어 침략했을 때 몹시 두려워했습니다. 그때 선지자 이사야는 여호와께 피하도록 권면했습니다. "주 여호와의 말씀이 그 일은 서지 못하며 이루어지지 못하리라." "...만일 너희가 굳게 믿지 아니하면 너희는 굳게 서지 못하리라 하시니라"(사 7:7, 9b). 여호와만이 가장 믿을만한 피난처입니다. 따라서 그분을 굳게 믿고 그분께로 피하면 구원을 받습니다.

우리는 삶 속에서 만나는 악인이나 시련 앞에서 어떻게 해야 합니까? 현실에서 마땅한 뾰족한 수가 보이지 않을 때 무엇을 해야 합니까? 현실에서 도망해야 합니까? 성전에 계시는 여호와, 인생을 통촉하시는 여호와를 믿고 그분께 피해야 합니다. 우리는 삶에서 어딘가로, 누군가에게로 도망하고 싶을 때가 있습니다. 세상 사람의 말을 듣고 그 말대로 하고 싶을 때가 있습니다. 그 말이 상당히 합리적이고 상식적으로 들리기 때문입니다. 우리의 눈과 마음이 현실의 어려움에만 머물기 쉽습니다.

이런 우리를 향해 누군가가 이렇게 도전했습니다. "당신은 영혼의 구원을 위해 주님을 의지할 수 있지만, 삶의 필요를 위해서는 주님을 의지할 수 없습니까? 하나님은 당신의 필요에 관해 충분한 분입니까? 아니면 옹색한 분입니까? 만일 당신이 주님의 팔이 피곤하다고 생각한다면 다른 하나님께 피하십시오. 그러나 하나님을 전능하고 사랑이 가득한 분으로 믿으면 그분께 피하는 일을 포기하지 마십시오." 우리는 이제껏 모든 무게를 충분히 견딜 강한 터 위에 삶의 집을 세웠는데, 왜 다른 터가 필요하다고 생각합니까? 사람을 의지하고 세상으로 도망하는 일은 모래의 터에 집을 짓는 사람처럼 대단히 어리석습니다. 그러므로 우리는 삶에서 눈을 들어 여호와를 바라봐야 합니다. 현실도 보지만 동시에 여호와도 봐야 합니다. 우리의 삶은 물론이고 악인도 통촉하심을 믿어야 합니다. 그리고 우리는 그분께 피해야 합니다. 그러면 현실의 어려움을 이길 수 있습니다.

여호와는 어떤 분입니까? 7절입니다. "여호와는 의로우사 의로운 일을 좋아하시나니 정직한 자는 그의 얼굴을 뵈오리로다." 여호와는 의로운 분입니다. 여호와는 의로운 일을 하는 사람을 사랑합니다. 따라서 정직한 사람은 그분의 얼굴을 뵙게 될 겁니다. '정직한 사람'이란 여호와를 의지하고 그분께 피하는 사람입니다. '얼굴을 뵙는다.'라는 말은 '대적으로부터 구원받음', '이 세상과 오는 세상에서 하나님의 복된 임재를 체험함'을 뜻합니다. 오직 바른 사람만 위기에서 구원받고 안전하게 보호받습니다. 오직 여호와께로 피하는 사람만 그분을 뵙니다. 예수님도 말씀하셨습니다. "마음이 청결한 자는 복이 있나니 그들이 하나님을 볼 것임이요"(마 5:8).

그러므로 오늘 우리도 삶에서 위기를 만날 때, 또는 세상으로부터 유혹을 받을 때 어떻게 해야 합니까? 세상으로 도망가지 말고 여호와께 피해야 합니다. 그리하여 그분의 얼굴을 뵙기를 기도합니다.

12
거짓말과 순결한 말씀

말씀 시편 12:1-8
요절 시편 12:6
찬송 200장, 206장

"여호와의 말씀은 순결함이여 흙 도가니에 일곱 번 단련한 은 같도다."

오늘 함께 은혜받으려는 말씀의 제목은 "거짓말과 순결한 말씀"입니다. '거짓말'은 사람의 말이고, '순결한 말씀'은 하나님의 말씀입니다. 왜 이런 대조를 하며, 오늘 우리에게 주는 의미는 무엇입니까?

1절을 읽읍시다. "여호와여 도우소서 경건한 자가 끊어지며 충실한 자들이 인생 중에 없어지나이다." 시인은 여호와께 도움을 청합니다. 많은 사람은 '그 시인'을 다윗으로 여깁니다. 다윗이 어떤 역사적 상황에서 여호와께 도움을 청하는지 알지 못합니다. 다만 그가 처한 현재 상황만 알뿐입니다.

그는 지금 어떤 상황에 부닥쳤습니까? 경건한 자가 끊어지며 충실한 자들이 인생 중에 없어졌습니다. '경건한 사람', '충실한 사람'은 여호와의 말씀에 순종하는 사람입니다. 시인이 사는 세상은 하나님의 말씀대로 사는 사람을 잃어버렸습니다. 이런 현실은 매우 심각한 상황입니다.

어떤 점에서 매우 심각합니까? 2절을 봅시다. "그들이 이웃에게 각기 거짓을 말함이여 아첨하는 입술과 두 마음으로 말하는도다." '그들은' 하나님의 말씀대로 살지 않은 사람입니다. 시편은 그들을 '악인'이라고 부릅니다. 경건한 사람, 충실한 사람이 사라지니 악인이 나타났습니다. 악인을 호랑이가 없는 산에 여우가 대신 왕 노릇을 하는 그것에 비유할 수 있을까요?

악인은 이웃에게 각기 거짓을 말하고, 아첨하는 입술과 두 마음으로 말합니다. '마음'은 존재를 상징하는데, 두 마음이니 두 존재가 있는 겁니다. 그들은 겉과 속이 다릅니다. 그들은 이중 잣대를 가졌습니다. 그들은 자기와 자기 편에는 무조건 넓지만, 상대에게는 무조건 좁았습니다. 그들의 입술에서는 진실이 사라졌습니다. 그들은 혀로 진리를 거스르고 하나님께 순종하지 않습니다. 그들의 목표는 거짓말하고 아첨하여 권력을 얻는 데 있습니다.

사람은 언제부터, 왜 거짓말을 했습니까? 사람의 말이 본래는 진리를 전달하고, 생명을 살리는 역할을 했습니다. 하지만 사탄이 하와를 속였고, 아담이 죄를 지어 인간 세상에 거짓말이 들어왔을 때부터 거짓말을 했습니다(창 3:4-5). 그때부터 사람은 말로 자신을 속이고 이웃을 속이고 하나님을 속였습니다. 그리고 바벨탑 사건을 거치면서 사람의 말은 더는 서로에게 의사를 전달할 수 없을 정도로 혼잡했습니다(창 11:9). 말의 오염이 갈수록 심각합니다. '아무 말 잔치'에서 '막말 대전'으로 이어지고 있습니다. 경건한 사람이 끊어지며 충실한 사람이 인생 중에 없어졌기 때문입니다.

거짓말이 왜 심각합니까? 거짓말은 인간관계를 깨뜨리고, 사회의 기초를 흔들기 때문입니다. 인간관계, 사회관계의 기초는 신뢰입니다. 그런데 거짓말은 그 신뢰를 깹니다. 신뢰가 깨지면 세상의 터가 무너집니다.

12(12:1-8)

그래서 시인은 여호와께서 '두 마음으로 말하는 사람'을 어떻게 하기를 바랍니까? 그는 여호와께서 간사한 모든 입술과 큰소리치는 모든 혀를 끊어주도록 기도합니다(3).

그들은 얼마나 교만합니까? 4절에서 말합니다. "그들이 말하기를 우리의 혀가 이기리라 우리 입술은 우리 것이니 우리를 주관할 자 누구리요 함이로다." 그들은 "우리의 혀가 이긴다. 우리 입술은 우리 것이다. 우리를 지배할 사람이 누구인가?"라며 자랑합니다. 그들은 누구에게도 순종하지 않습니다. 그들은 절제의 아름다움을 애당초 모릅니다. 그들은 자기 욕심대로 살려고 할 뿐입니다. 그들은 '이론적 무신론자'는 아니지만, 그 행위는 '실천적 무신론'임을 선언합니다. 시인은 여호와께서 이 교만한 사람을 제거하도록 기도합니다.

여호와는 그에게 무엇을 약속합니까? 5절을 봅시다. "여호와의 말씀에 가련한 자들의 눌림과 궁핍한 자들의 탄식으로 말미암아 내가 이제 일어나 그를 그가 원하는 안전한 지대에 두리라 하시도다." 여호와는 시인에게 약속합니다. "나는 가련한 사람의 눌림과 궁핍한 사람의 탄식을 듣고 이제 일어날 것이다. 그들의 문제에 직접 개입하여 안전한 지대로 옮길 것이다." 시인은 이 여호와의 말씀을 그대로 믿었습니다.

그는 왜 여호와의 말씀을 믿었습니까? 6절을 읽읍시다. "여호와의 말씀은 순결함이여 흙 도가니에 일곱 번 단련한 은 같도다." '순결함'이란 '순수한'이라는 뜻인데, 불순물이 섞이지 않음입니다. 여호와 말씀의 순결함을 무엇에 비유합니까? "흙 도가니에 일곱 번 단련한 은 같도다." '일곱 번'이라는 숫자는 완전한 숫자로 충분히 단련했음을 뜻합니다. '은'은 고대에서 가장 귀한 금속 중 하나였습니다. 은은 교환 수단이었는데, 서로에게 신뢰를 주기 때문입니다. 여호와의 말씀은 은처럼 귀합니다. 동시에 여호와의 말씀은 용광로에서 일곱 번 녹여서 거른 순은처럼 순수합니다.

악인의 거짓말과 여호와의 말씀은 어떤 차이가 있습니까? 악인의 말과 여호와의 말씀은 본질에서 다릅니다. 악인의 말은 거짓으로 가득합니다. 그러나 여호와의 말씀은 순결합니다. 여호와의 말씀은 거짓, 기만, 배반, 비뚤어짐, 그리고 악인의 책략에 대항합니다. 악인의 말은 믿을 수 없지만, 여호와의 말씀은 믿을 수 있습니다. 여호와 말씀의 신뢰도가 최고입니다.

오늘 우리에게 주는 의미는 무엇입니까? 우리의 정치계나 연예계에 '거짓 뉴스(fake news)'라는 말이 있습니다. 일부에서는 '비열한 거짓말'이라는 말까지 나왔습니다. '비열한(卑劣漢, mean/ vile)'이란 '하는 짓이나 성품이 천하고 졸렬하다.'라는 뜻입니다. '거짓 뉴스', '비열한 거짓말'이 나온 이유는 사람 사이에 신뢰를 잃었기 때문입니다. 우리는 정말로 서로에 대해 신뢰를 회복해야 합니다. 신뢰를 회복하면 '거짓 뉴스' 대신 '참 뉴스', '비열한 거짓말' 대신 '순결한 말'을 할 수 있습니다.

언제부터인지 우리 사회는 '극단적 이념적 편향성'이 강해지고 있습니다. 어떤 사람은 옳고 그름을 판단하기 전에 진영과 이념 논리를 먼저 따집니다. 여기에는 '유튜브(YouTube)'의 역기능이 한몫합니다. '유튜브'를 자극적으로 만들어야 사람이 들어오고, 그래야 돈을 벌 수 있습니다. 그래서인지 사실 자체를 과장하고 왜곡하는 경우가 많습니다. 또 '유튜브'는 '알고리즘(algorithm)' 형태로 있어서 한 번 검색하면 그것과 관련한 내용이 자동으로 따라옵니다. 그래서 어떤 사람은 비슷한 내용만 계속 보면서 세뇌당할 수 있습니다.

그러므로 우리는 이념과 사상에서 객관화가 필요합니다. 특히 기독교나 성경에 관해서는 더욱 그러합니다. 우리는 좀 어려울지라도 성경 본문에 관심을 가져야 합니다. 동시에 바른 해석, 즉 역사적이면서 정통성 있는 성경해석을 배워야 합니다. 왜냐하면 하나님의 말씀만이 순결하기 때문입니다. 하나님의 말씀만이 우리 이념과 사상을 분변하고 판단할 수 있는 절대적 기준이기 때문이다.

우리 한 사람, 우리 교회가 여호와의 순결한 말씀을 믿을 때 사람 사이에도 신뢰의 말을 할 수 있습니다. 인간관계, 사회관계에 신뢰를 쌓을 수 있습니다. 세상은 '언어의 조직망'을 갖고 있습니다. 우리가 아는 "www(world wide website)"를 "www(world wide words, 언어의 조직망)"로 말할 수 있습니다. 'world wide website'가 찢어지면 세상도 찢어질 수 있습니다. 'world wide words', 즉 '언어의 조직망'이 무너지면 세상은 스스로 지탱할 수 없습니다. 언어 조직망의 뿌리는 신뢰입니다. 그 신뢰는 말의 신뢰에 있습니다. 오늘 우리 사회, 인간관계에 말의 신뢰가 흔들립니다.

말의 신뢰를 어떻게 탄탄하게 할 수 있습니까? 여호와를 의지하고 그분의 약속을 믿어야 합니다. 그때 우리의 말도 신실할 수 있습니다. 세상이 신실함을 회복할 수 있습니다.

미국의 국가표어는 "In God We Trust(우리는 하나님을 믿는다/우리가 믿는 하나님 안에서)"입니다. 미국은 화폐에 이 문구를 새겼습니다. 그것은 돈의 가치를 사람이나 정부가 아닌 하나님이 약속한다는 뜻입니다. 그들은 하나님의 약속을 믿음으로 사람과의 약속도 믿은 겁니다. 그들은 삶에서 '약속의 소중함', '약속의 중요성'을 강조합니다. 대단히 중요한 일 앞에서 이렇게 말합니다. "내가 약속한다. 나는 돌아온다(I promise. I will be back)." 그들의 서로에 대한 신뢰는 하나님께 대한 신뢰에서 왔습니다. 하나님의 약속을 믿는 사람은 사람의 약속도 믿습니다.

이런 공동체가 있으니, 곧 교회입니다. 교회는 하나님의 약속을 믿는 사람의 모임입니다. 서로를 신뢰하는 교회는 세상에 신뢰를 전하는 역할을 할 수 있습니다. 교회는 신실한 사회를 만드는 일에 쓰임 받을 수 있습니다.

여호와의 말씀을 믿는 시인은 무엇을 위해 기도합니까? 7절입니다. "여호와여 그들을 지키사 이 세대로부터 영원까지 보존하시리이다." '그들'은 '여호와의 약속을 신실하게 믿는 성도'입니다. 여호와는 그 백성을 지키십니다. 하나님의 백성은 삶의 환경에 상관없이 이 악한 세상에서 하늘 아버지로부터 특별한 보호를 받습니다. 신실하신 하나님은 그 백성을 지금 이곳에서부터 영원토록 신실하게 지키십니다.

그런데 이 세상은 어떠합니까? 8절을 봅시다. "비열함이 인생 중에 높임을 받는 때에 악인들이 곳곳에서 날뛰는도다." '비열함'은 '쓸모없음'이며, '인생 중에'는 '사람의 아들딸', 즉 악인입니다. 비열한 사람이 높임을 받으면 악인이 곳곳에서 날뜁니다. 세상에서 추한 일이 판을 칠 때 악인은 곳곳에서 우글거립니다. 시인은 악이 날뛰는 그런 상황에서 완전한 구원의 길이 멀리 있음을 알았습니다.

그런데도 그는 어떻게 기도할 수 있습니까? 악인이 왕처럼 세상을 돌아다닐지라도 하나님은 그 백성을 보호하신다는 믿음이 있습니다. 여호와의 말씀은 흠이 없기 때문입니다. 여호와의 말씀은 순결하여 믿을 수 있기 때문입니다. 그는 현실을 보지 않고 여호와의 말씀, 그분의 약속을 믿었습니다.

엘리야는 원수와 싸우다 지쳐서 불평했습니다. "오직 나만 남았거늘 그들이 내 생명을 찾아 빼앗으려 하나이다"(왕상 19:10b). 그러나 여호와께서 그에게 말씀하셨습니다. "그러나 내가 이스라엘 가운데에 칠천 명을 남기리니 다 바알에게 무릎을 꿇지 아니하고 다 바알에게 입 맞추지 아니한 자니라"(왕상 19:18). 엘리야는 현실보다 여호와의 말씀을 믿고 희망을 품었습니다. 여호와의 말씀은 어떤 절망적인 상황에서도 희망을 줍니다. 여호와의 말씀을 믿으면 비열한 세상에서도 신실한 삶을 살 수 있습니다. 여호와의 말씀은 순결하기 때문입니다.

우리와 교회는 순결한 여호와의 말씀을 믿고 삽니다. 그러므로 우리는 불신의 세상에서도, 악한 사람이 잘나가는 것처럼 보이는 세상에서도 희망을 품을 수 있습니다. 그리고 캠퍼스 복음 사역과 이 세상을 위해 기도할 수 있습니다.

13
나를 생각하사

말씀 시편 13:1-6
요절 시편 13:3
찬송 370장, 372장

"여호와 내 하나님이여 나를 생각하사 응답하시고 나의 눈을 밝히소서 두렵건 대 내가 사망의 잠을 잘까 하오며."

내가 형편이 좋을 때이든지 힘들 때이든지 나를 생각하는 사람이 있다면 어떨까요? 좋은 일은 더 좋을 것이고, 힘든 일은 반으로 줄 겁니다. 하지만 나를 생각하는 사람이 없다면, 그 결과는 완전 다를 겁니다. 그렇다면 오늘 우리에게 나를 생각하는 사람이 있습니까? 그분은 누구입니까?

1절을 봅시다. "여호와여 어느 때까지니이까 나를 영원히 잊으시나이까 주의 얼굴을 나에게서 어느 때까지 숨기시겠나이까." 시인은 하늘과 땅을 지으신 분이며, 이스라엘의 하나님 여호와께 기도합니다. 그런데 그는 1절과 2절에서 '어느 때까지니이까(How long)?'라는 말을 네 번이나 반복합니다. 그 반복은 시인의 고통과 절망을 강조합니다. 그는 깊이 절망하고 있습니다. 그는 참을 수 없는 고통을 겪고 있습니다.

그 이유가 무엇입니까? 첫째로, 시인은 여호와께서 자신을 잊으신 것처럼 느낍니다. 그는 여호와께 호소합니다. "여호와여, 어느 때까지 나를 영원히 잊으시나이까?"

둘째로, 시인은 여호와께서 그 얼굴을 그에게서 숨기신 것으로 생각합니다. '얼굴을 숨긴다.'라는 말은 '미워서 얼굴을 돌린다.' '그 곁을 떠난다.'라는 뜻입니다. 그는 여호와께 묻습니다. "주의 얼굴을 어느 때까지 숨기시겠나이까?"

시인은 지금 하나님한테서 멀어지고, 소외당하고 있음을 느낍니다. 하나님께서 그의 삶에 전혀 개입하지 않으심을 느낍니다. 그는 지금 몹시 외롭고 고통스럽습니다. 그는 외적인 어려움보다도 여호와께서 자신을 잊은 그것이 더 아픕니다. 하나님의 무관심, 침묵이 가장 큰 고통입니다. 하나님과 관계에서 하나님의 침묵, '거리감'이 가장 힘든 부분입니다. 왜냐하면 그는 하나님의 보호하심, 은총, 그리고 평화를 체험하지 못하기 때문입니다.

시인이 절망하고 고통을 겪는 세 번째 이유는 무엇입니까? 2절입니다. "나의 영혼이 번민하고 종일토록 마음에 근심하기를 어느 때까지 하오며 내 원수가 나를 치며 자랑하기를 어느 때까지 하리이까." 그는 "언제까지 영혼이 번민하고 근심해야 합니까?"라고 토로합니다. '영혼이 번민하고'라는 말은 '영혼에 충고한다.'라는 뜻입니다. 그는 고통에서 벗어나기 위해 영혼에 충고하며 깊은 생각에 빠졌습니다.

그는 마지막으로, "내 원수가 나를 치며 자랑하기를 어느 때까지 하리이까?"라며 토로합니다. 이 말은 '원수가 언제까지 내 위에 있을 것인가?' '원수가 언제까지 내 위에서 우쭐대야 하는가?'라는 뜻입니다. 원수는 시인의 번민을 보고 자신을 자랑합니다. 원수는 의기양양합니다. 그것은 하나님께서 시인을 잊으신 것을 뜻할 수 있습니다. 그래서 그는 "언제까지 원수의 의기양양한 모습을 봐야 합니까?"라고 묻습니다.

시인은 하나님의 침묵, 마음에 근심, 원수의 의기양양한 모습을 보면서 괴로워하고 있습니다. 하나님과의 관계성에 대한 갈등, 삶에서 만나는 아픔 등 이중의 번민을 하고 있습니다.

그때 그는 누구에게 도움을 호소합니까? 3절을 읽읍시다. "여호와 내 하나님이여 나를 생각하사 응답하시고 나의 눈을 밝히소서 두렵건 대 내가 사망의 잠을 잘까 하오며." 그는 여호와 하나님께 도움을 청합니다. 그는 하나님께서 무관심한 것처럼 보일지라도 그분께 기도합니다. 그만큼 그는 그분을 믿기 때문입니다.

그는 여호와 하나님께 명령법으로 무슨 세 가지를 기도합니까? 첫째로, "생각하사." 시인은 여호와께서 "영원히 잊으셨다." "얼굴을 숨기셨다."라고 말했는데, 이제 "나를 생각해 주십시오." "나를 보십시오."라고 기도합니다. 그는 여호와께서 자기한테서 얼굴을 감추신데서 자기를 보기를 바랍니다. 그는 여호와의 은혜를 구합니다. 하나님으로부터의 소외와 버림받음은 절망을 낳습니다. 그러나 하나님의 '생각하심'은 희망과 새로운 삶을 낳습니다.

둘째로, "응답하시고." 그는 자기 기도를 들어달라고 기도합니다. 응답은 하나님께서 시인을 영혼의 번민에서 구원하는 적극적인 표현입니다. 그는 여호와께서 자기에게 적극적인 은총을 주도록 기도합니다.

셋째로, "눈을 밝히소서." '눈'은 활력의 척도입니다. 슬픔, 병, 고난은 눈을 어둡게 합니다. 건강, 힘, 기쁨은 눈을 밝게 합니다. 그는 오직 여호와만이 자기 눈을 밝혀 주실 줄 믿었습니다. 그는 하나님께서 근심을 없애서 눈을 밝게 하실 줄 믿었습니다. 그는 하나님의 보호하심, 평화, 그리고 은총을 마음 깊이 체험하려고 합니다.

13(13:1-6)

그는 왜 이렇게 기도합니까? 첫째로, 그는 죽음의 잠에 빠지는 것을 두려워합니다. "두렵건 대 내가 사망의 잠을 잘까 하오며." 그는 고통과 슬픔으로 죽음의 영역에 이미 들어왔습니다. 여호와께서 기도에 응답하지 않으면 죽음에 빠질 수밖에 없습니다. 그가 죽음에 빠지면, 의인이 실패하는 것은 물론이고 그 백성과 맺은 여호와의 언약도 실패합니다. 따라서 여호와는 의인에게 더 많은 문제가 오기 전에, 악인이 의인을 이기고 더 많은 기쁨을 누리기 전에 당신의 명예를 위해 의인을 생각해야 합니다. 그래서 시인은 여호와 하나님께서 자기를 '생각하시고', '응답하시고', '눈을 밝혀 주시도록' 간절하게 기도합니다.

삶의 현장에서 참 많이 힘들 때가 언제인가요? 환경 자체가 힘든 것도 문제이지만, '아무도 내 형편을 몰라주는 것 같다.'라는 생각이 들 때 더 힘듭니다. '가뜩이나 힘든데 기댈 사람이 없다.'라는 단절감이 들 때 더 힘듭니다. 이런 지경에 이르면 희망을 잃고 포기하기 쉽습니다.

한편 그 어려움을 이기기 위해 현대인은 돈을 모읍니다. 돈으로 친구를 만들기도 합니다. 하지만 잠언은 말씀합니다. "재물은 많은 친구를 더하게 하나 가난한즉 친구가 끊어지느니라"(잠 19:4). 돈의 한계, 친구의 한계를 말합니다. 그래서 이런 말이 나왔습니다. "어려울 때 친구가 진짜 친구다(A friend in need is a friend indeed)." 예수님도 "사람이 친구를 위하여 자기 목숨을 버리면 이보다 더 큰 사랑이 없나니."(요 15:13)라고 말씀하셨습니다. 그런데 삶에서 아무리 좋은 친구도 사람이라는 태생적 한계가 있습니다.

그러므로 내 삶에서 정말 어려울 때 누가 진짜 친구입니까? 예수님은 또 말씀하셨습니다. "너희는 내가 명하는 대로 행하면 곧 나의 친구라"(요 15:14). 예수님은 당신의 말씀대로 사는 사람을 친구로 삼으셨습니다. 예수님은 그 친구를 위해 당신의 목숨을 버리셨습니다. 예수님은 그 친구가 어려울 때 진짜 친구이십니다. 그러므로 우리는 삶에서 아무리 힘든 일을 만날지라도 우리의 친구 예수님이 계심을 믿어야 합니다. 그분은 우리를 생각하시고, 우리의 기도를 들으십니다. 그리고 우리의 눈을 밝히십니다. 따라서 우리는 힘들고 외로울 때 그분께 기도할 수 있습니다.

요즘 젊은 친구들이 중요하게 여기는 가치 중 하나가 '워라밸(Work and Life Balance)'입니다. 즉 '일과 삶의 균형'입니다. 예전에는 돈만 많이 벌면 행복할 것으로 여기고 열심히 일했습니다. 하지만 지금은 돈과 함께 삶의 질도 중요하게 여깁니다. 그것을 우리는 '균형 있는 삶'이라고 말합니다. 그런데 그런 균형 있는 삶은 '일과 삶'으로만 이루어지지 않습니다. 하나님과의 관계성이 절대적으로 필요합니다. 일과 삶, 그리고 하나님과의 관계성에서 균형을 잡을 때 진정한 '워라벨'을 이룰 수 있습니다. 그러므로 우리는 삶에서 힘들고 어려운 일을 만날 때 하나님께 기도해야 합니다. 그러면 우리는 사망의 잠을 잘까 두려워하지 않습니다.

시인이 여호와께 기도하는 두 번째 이유는 무엇입니까? 4절입니다. "두렵건 대 나의 원수가 이르기를 내가 그를 이겼다 할까 하오며 내가 흔들릴 때에 나의 대적들이 기뻐할까 하나이다." 시인은 그 원수가 "내가 시인을 이겼다."라는 말을 듣는 것을 두려워합니다. 시인이 흔들리면 그 대적은 기뻐합니다. 교회가 흔들리면 세상이 기뻐합니다. 하지만 시인은 그런 일이 절대로 일어나지 않도록 기도합니다. 그는 죽음에서 구원받을 뿐만 아니라, 보통의 대적들이 날뛰는 데서 구원받기를 바랍니다.

시인은 오직 누구를 의지합니까? 5절을 봅시다. "나는 오직 주의 사랑을 의지하였사오니 나의 마음은 주의 구원을 기뻐하리이다." 그는 깊은 절망을 경험했으나 포기하지 않았습니다. 그의 발은 절망의 늪에 절대로 빠지지 않습니다. 그는 여호와의 사랑을 의지했습니다. 그는 여호와의 사랑에 든든히 섰습니다. 놀라운 일이 아닐 수 없습니다. 흔들리지 않고 여호와의 사랑에 든든히 서 있는 그의 마음은 기쁩니다. 그는 여호와의 구원을 기뻐합니다. 여호와의 사랑은 구원의 기쁨을 줍니다. 구원은 하나님 자녀의 완전한 안녕입니다.

기뻐한 그는 무엇을 합니까? 그는 여호와를 찬송합니다. 왜냐하면 주님께서 그에게 은덕을 베푸셨기 때문입니다(6). 그가 여호와께 노래하는 이유는 그분께서 그를 너그럽게 대해주셨기 때문입니다.

그분은 어떤 분입니까? 그분은 당신의 사랑을 의지하는 사람에게 은덕을 베푸시는 분입니다. 여호와는 당신께 기도하는 그 사람을 돌보시고, 원수로부터 이기게 하시고, 열악한 환경에서 이기게 하십니다. 여호와께서 번민과 연민을 치료하십니다. 그러므로 내 고통을 하나님께 아뢰는 사람은 고통 안에 더는 머물지 않습니다. 희망을 품고 기뻐하며 여호와를 노래합니다.

오늘 우리를 생각하고, 우리의 기도를 응답하고, 우리의 눈을 밝게 하는 분은 누구입니까? 우리의 하나님 여호와이십니다. 우리의 친구이신 예수님이십니다. 오늘도 변함없이 우리와 함께하시는 성령님이십니다. 그러므로 우리는 삶에서 무슨 문제를 만나든지 그분을 믿고 그분께 기도해야 합니다. 그리하여 아무리 힘들고 어려운 현실일지라도 희망을 품고 기쁨으로 노래하기를 기도합니다.

14
어리석은 사람은

말씀 시편 14:1-7
요절 시편 14:1
찬송 86장, 505장

“어리석은 자는 그의 마음에 이르기를 하나님이 없다 하는도다 그들은 부패하고 그 행실이 가증하니 선을 행하는 자가 없도다.”

삶의 현장에는 두 종류의 사람이 있습니다. ‘어리석은 사람’과 ‘지혜로운 사람’입니다. 우리가 아는 한, 그 어떤 사람도 어리석은 사람이 아닌 지혜로운 사람으로 살려고 합니다. 대부분 사람은 “나는 지혜로운 사람이다.”라고 말하지 “어리석은 사람이다.”라고 말하지 않습니다. 심지어 말로는 “어리석다.”라고 할지라도 실제로는 ‘지혜롭다.’라고 생각합니다. 여기서 중요한 점은 어리석음과 지혜로움의 기준입니다. 시편 14편에서 가르치는 ‘어리석은 사람’은 누구입니까?

1절을 읽읍시다. “어리석은 자는 그의 마음에 이르기를 하나님이 없다 하는도다 그들은 부패하고 그 행실이 가증하니 선을 행하는 자가 없도다.” ‘어리석은 자’는 ‘분별이 없는 사람’, ‘뻔뻔하고 건방진 사람’입니다. 분별이 없고, 뻔뻔하고 건방진 사람은 누구입니까? 그의 마음에 ‘하나님이 없다.’라고 말하는 사람입니다. 이것이 시편에서 가르치는 어리석은 사람의 기준입니다.

14(14:1-7)

그러면 '하나님이 없다.'라는 말은 무슨 뜻입니까? 문자적으로는 '하나님의 존재 자체를 인정하지 않음', 즉 '무신론'을 뜻합니다. 하지만 내용으로는 '하나님의 존재를 인정하면서도 실제 삶에서는 그분의 존재를 인정하지 않음'을 뜻합니다. 그러니까 그 마음에서 '하나님이 없다.'라고 말하는 사람은 이론적 교리적 무신론자가 아니라 '실천적 무신론자'입니다. 그들은 하나님의 존재를 부인하기보다 실제 삶에서 하나님의 살아계심, 인도하심을 부인합니다. 그들은 삶에서 하나님을 중요하게 여기지 않습니다. 그들은 유신론의 흔적을 붙잡으면서 인간적이면서 세속적으로 삽니다.

그들의 실제 삶은 어떠합니까? 그들은 부패했습니다. 그들의 행실은 가증합니다. 그들은 몹시 혐오스러운 일을 합니다. 그들은 선을 행하지 않습니다. 그들은 하나님의 말씀대로 살지 않습니다. 그들은 하나님과 그 말씀에 의도적으로 마음을 닫고 귀를 막습니다. 하나님 없이 사는 인간의 죄악 된 본성을 뜻합니다.

삼상 25장에는 '목축 기업인' '나발'이 나옵니다. 그 이름의 뜻은 '어리석은', '분별없는'입니다. 그가 부자로 살 수 있었던 이유는 다윗이 목장을 지켜주었기 때문입니다. 다윗은 그에 대한 대가로 군인을 먹일 양식을 바랐는데, 나발은 거절했습니다. 그는 다윗이 베푼 은혜를 몰랐고, 다윗을 왕으로 세우시는 하나님을 몰랐기 때문입니다. 다윗은 그런 그를 치려고 했는데, 그의 아내 아비가일이 그 사실을 알고 음식을 준비했습니다. 하지만 나발은 아무것도 모른 채 즐기기만 했습니다. 하나님께서 그를 쳐서 죽이셨습니다(삼상 25:2-38). 하나님을 믿는다고 하면서도 하나님이 없는 것처럼 사는 그 나발이야말로 가장 어리석은 사람이었습니다.

믿음의 사람이 좋아하는 말 중 하나는 라틴어 '코람 데오(*Coram Deo*)', 즉 '하나님 앞에서(Before God)'입니다. 세상이나 사람 앞에서 살지 않고 하나님 앞에서 살자는 다짐입니다. 그런데 독일교회 목사이면서 반나치 운동을 했던 본회퍼(Dietrich Bonhoeffer, 1906~1945)는 말했습니다. "코람 데오, 즉 '하나님 앞에서'만이 아니라 '하나님 없이' 살아야 한다." 그런데 "하나님 없이 하나님 앞에(Without God Before God)"라는 말은 모순처럼 들립니다.

그는 왜 그렇게 말했을까요? 그가 볼 때 '하나님 앞에서 산다.'라는 사람 속에 하나님이 없었습니다. 반면 '하나님 없이 사는 사람' 속에서 하나님 앞에서 사는 모습을 보았습니다. 물론 우리는 그 모습을 예수님께서 꾸짖고 칭찬하셨던 바리새인과 세리에게서 볼 수 있습니다. '하나님 앞에서 산다.'라며 목에 힘을 주었던 바리새인 속에는 하나님이 없었습니다. 반면 세상에서 손가락질받던 세리의 마음에는 하나님이 있으셨습니다(눅 18:14). 이것이 본회퍼가 말했던 "하나님 없이 하나님 앞에서 살라."라는 뜻입니다. 그런데 시편 당시 사람들은 '하나님 앞에서 사는' 그것처럼 말을 했으나, 실상은 '하나님 없이' 살았습니다.

여호와께서 그 세상에서 무엇을 하십니까? 2절입니다. "여호와께서 하늘에서 인생을 굽어살피사 지각이 있어 하나님을 찾는 자가 있는가 보려 하신즉." 여호와께서 하늘에서 사람을 보고 판단하십니다. 창조주 왕께서 그 피조물과 그 백성을 보십니다. 바벨탑 사건과 소돔과 고모라에 대한 여호와의 방문을 기억나게 합니다. "여호와께서 사람들이 건설하는 그 성읍과 탑을 보려고 내려오셨더라"(창 11:5). "내가 이제 내려가서 그 모든 행한 것이 과연 내게 들린 부르짖음과 같은지 그렇지 않은지 내가 보고 알려 하노라"(창 18:21). 여호와께서 삶의 현장을 정확하게 알려고 살피십니다.

그 목적은 무엇입니까? "지각이 있어 하나님을 찾는 자가 있는가 보려 하신즉." 여호와께서는 당신을 찾는 사람, 당신의 말씀대로 살려는 사람을 주의하여 찾으십니다.

14(14:1-7)

여호와는 살피신 후에 무슨 판결을 내리십니까? 3절을 보십시오. “다 치우쳐 함께 더러운 자가 되고 선을 행하는 자가 없으니 하나도 없도다.” 여호와께서 보실 때 당시 사람 모두가 바른길을 떠나 잘못된 길로 갔습니다. 그들은 함께 부패했습니다. 그들은 삶에서 선을 행하지 않았습니다. 본문을 보면, ‘다’, ‘함께’, ‘하나도’를 강조합니다. 그것은 그 사회, 인류가 공동으로 타락했음을 뜻합니다. 그것은 노아 홍수 직전의 세상 모습과 같습니다. “여호와께서 사람의 죄악이 세상에 가득함과 그의 마음으로 생각하는 모든 계획이 항상 악할 뿐임을 보시고”(창 6:5). 바울 사도가 지적한 로마 사회의 모습과도 같습니다. “깨닫는 자도 없고 하나님을 찾는 자도 없고, 다 치우쳐 함께 무익하게 되고 선을 행하는 자는 없나니 하나도 없도다”(롬 3:11-12).

그러면 그들의 문제가 무엇입니까? 4절입니다. “죄악을 행하는 자는 다 무지하냐 그들이 떡 먹듯이 내 백성을 먹으면서 여호와를 부르지 아니하는도다.” 어리석은 사람의 문제는 ‘알지 못함’, ‘이해하지 못함’에 있습니다. 그들은 하나님을 모르고, 인생을 모릅니다. 하나님의 말씀을 모르고, 사람의 죄악 된 본성을 모릅니다. 그들은 의인을 박해하는 일을 마치 밥을 먹듯이 쉽고 습관적으로 합니다. 그들은 하나님을 부르지 않습니다.

그러나 그들의 마음은 어떠합니까? 5절을 읽읍시다. “그러나 거기서 그들은 두려워하고 두려워하였으니 하나님이 의인의 세대에 계심이로다.” 그들은 삶에서 두려워하고 또 두려워합니다. 그들은 “하나님이 없다.”라고 말하면서도 두려워하고 두려워합니다. 왜냐하면 그들은 하나님의 심판을 마음으로 느끼기 때문입니다.

그 두려움은 에덴동산에서부터 왔습니다. 아담과 하와는 ‘선악을 알게 하는 나무의 열매’를 따먹고 여호와 하나님의 낯을 피하여 동산 나무 사이에 숨었습니다. 왜냐하면 두려웠기 때문입니다(창 3:6, 8). 그 후부터 하나님의 말씀을 어긴 사람은 두려움에 시달립니다.

14(14:1-7)

그래서 "하나님이 없다."라고 말하는 사람은 그 주장을 뒷받침할 만한 이론을 만들어내기 위해 몸부림칩니다. 하지만 몸부림치면 칠수록 두려움은 커집니다. 따라서 삶에서 하나님을 부정하는 일이 얼마나 심각합니까?

하나님은 어디에 계십니까? 그들이 아무리 말로 "하나님은 없다."라고 할지라도 그분은 의인의 세대에 계십니다. 하나님은 예나 지금이나, 그리고 앞으로도 계속해서 의인과 함께하십니다. 하나님은 없는 존재가 아니라, 엄연히 의인과 함께하는 존재이십니다.

그러므로 어리석은 사람이 가난한 사람, 즉 의인의 계획을 부끄럽게 할지라도 오직 여호와께서 의인의 피난처가 되십니다(6). 여호와께서 적극적으로 가난한 사람을 감싸주십니다.

그러면 구원은 어디에서 옵니까? 7절을 읽읍시다. "이스라엘의 구원이 시온에서 나오기를 원하도다 여호와께서 그의 백성을 포로된 곳에서 돌이키실 때에 야곱이 즐거워하고 이스라엘이 기뻐하리로다." 시온은 '다윗성', 즉 '예루살렘'을 말합니다. 더 나아가, 이스라엘 전 국가, 즉 언약 공동체를 함축하기도 했습니다(사 1:27). 시온은 하나님이 있으신 곳입니다.

이스라엘을 위한 구원은 그 시온에서 나옵니다. 이사야와 사도 바울도 말했습니다. "여호와의 말씀이니라 구속자가 시온에 임하며 야곱의 자손 가운데에서 죄과를 떠나는 자에게 임하리라"(사 59:20). "그리하여 온 이스라엘이 구원을 받으리라 기록된바 구원자가 시온에서 오사 야곱에게서 경건하지 않은 것을 돌이키시겠고"(롬 11:26).

구원은 구체적으로 무엇을 말합니까? "여호와께서 그의 백성을 포로된 곳에서 돌이키실 때에." 여호와께서 그 백성을 바벨론에서 이스라엘로 되돌려 보내신 일입니다. 이스라엘은 바벨론에서 70년 동안 포로로 살았습니다. 그런데 여호와께서 때가 되자 그들을 해방하셨습니다. 그들은 고국으로 돌아왔는데, 그때 즐거워하고 기뻐했습니다.

이 말씀을 통해서 인간의 본질과 구원의 희망에 관해 무엇을 생각할 수 있습니까? 우리는 죄인으로서 인간의 본질과 구원의 희망을 배울 수 있습니다. 어리석은 사람은 여호와를 믿지 않은 이방 사람이며, 유대인 안에서 경건하지 않은 사람입니다. 어리석은 사람은 말로는 하나님을 말하지만, 삶에서는 하나님이 없는 그것처럼 사는 사람입니다. 그들은 죄인의 표상입니다.

그런 그들에게 구원의 희망이 있습니까? 구원은 어디에서 옵니까? 그들에게도 구원의 희망이 있습니다. 그리고 구원의 희망은 시온에 있습니다. 하나님께 있습니다. 예수 그리스도께 있습니다.

따라서 이 시는 바울의 인간론과 구원론에 영향을 끼쳤습니다. 그는 인간에 대해 이렇게 선언했습니다. "그러면 어떠하냐 우리는 나으냐 결코 아니라 유대인이나 헬라인이나 다 죄 아래에 있다고 우리가 이미 선언하였느니라. 기록된바 의인은 없나니 하나도 없으며"(롬 3:9-10). 그는 구원의 희망을 어디에서 찾았습니까? "이제는 율법 외에 하나님의 한 의가 나타났으니 율법과 선지자들에게 증거를 받은 것이라, 곧 예수 그리스도를 믿음으로 말미암아 모든 믿는 자에게 미치는 하나님의 의니 차별이 없느니라"(롬 3:21-22). 이제는 누구든지 예수님을 믿음으로 구원받습니다. 구원받으면 즐거워하고 기뻐합니다.

세상 기준에 따르면 누가 어리석습니까? 지식이 부족하거나 삶의 지혜가 부족한 사람, 극단적 이념에 치우친 사람 등입니다. 현대인을 인식론적으로 보면 어리석지 않습니다. 날로 발전하는 과학 지식과 인문학을 배우기 때문입니다.

14(14:1-7)

하지만 시편 기준에 따르면 누가 어리석습니까? 그 마음에 '하나님이 없다.'라고 하는 사람입니다. 그 사람이 여러 가지 지식과 첨단 지식을 가졌을지라도 하나님을 모르면 어리석습니다. 왜냐하면 하나님을 모르면, 또는 하나님을 믿지 않으면 삶이 부패하기 때문입니다. 두려움에 시달리기 때문입니다.

그러므로 우리는 어떻게 살아야 합니까? 우리는 예수님을 믿음으로 이미 구원받았습니다. 우리는 하나님의 살아계심, 함께하심을 믿습니다. 그런데도 어떨 때는 '실천적 무신론자'처럼 살기 쉽습니다. 하지만 우리는 어떤 상황에서도 '실천적 유신론자'로 살아야 합니다. 즉 '하나님 없이 하나님 앞에서' 살아야 합니다. 그리하여 "두려워하고 두려워하였으니"에서 "즐거워하고 기뻐하리로다"를 실제 삶에서도 체험하기를 기도합니다.

15
누구입니까

말씀 시편 15:1-5
요절 시편 15:1
찬송 424장, 429장

"여호와여 주의 장막에 머무를 자 누구오며 주의 성산에 사는 자 누구오니이까."

지금 고등학교 3학년들은 대학에 가기 위해 열심히 공부합니다. 왜냐하면 아무나 대학에 갈 수 없고, 일정한 자격을 갖춰야 하기 때문입니다. 물론 직장도 그렇고, 우리 삶의 많은 부분은 그 자격을 요구합니다. 그러면 우리가 여호와께 예배할 때도 그 자격이 있습니까? 어떤 자격을 요구합니까?

1절을 읽읍시다. "여호와여 주의 장막에 머무를 자 누구오며 주의 성산에 사는 자 누구오니이까." '주의 장막'은 '천막으로 만든 주님의 집'입니다. '머무를 자'란 '그곳에서 사는 사람'입니다. '혈족이 아닌 사람들 사이에서 산다.' '손님으로 산다.'라는 뜻입니다. 그곳에서 누가 살 수 있습니까? 주님의 장막에 손님으로 머물면서 하나님을 예배할 자격을 가진 사람이 누구인지를 묻습니다.

또 '주의 성산'은 '거룩한 산'인데, '여호와께서 계시는 곳', 즉 예루살렘 성전입니다. '사는 자'는 잠시 머무는 것이 아니라 장기적이

거나 영구적으로 사는 사람입니다. 성소 안에서 하나님과 함께하며 보호를 받는 사람, 하나님께 예배하고 교제하며 거룩한 삶을 사는 사람입니다. 그런 사람이 누구입니까? 하나님께 예배하는 사람의 자격을 묻습니다.

'누구인가?'라는 말을 통해 무엇을 배웁니까? 주님의 성전에는 아무나 들어갈 수 없고, 일정한 자격이 있어야 들어갈 수 있음을 배웁니다. 오늘의 교회는 누구나 와서 예배할 수 있습니다. 말 그대로 '남녀노소', '빈부귀천'에 상관없이 예배할 수 있습니다. 그러나 당시에는 아무나 성전에 들어가 예배할 수 없었습니다. 특히 육체적으로 흠이 있는 사람, 혈통적으로 정통 유대인이 아닌 사람은 아예 여호와의 총회에 들어갈 수 없었습니다(신 23:1-3). 문지기를 여호와의 전 여러 문에 세워 부정한 사람을 들어오지 못하도록 했습니다(대하 23:19).

당시 이스라엘 남자는 1년에 세 번은 예루살렘 성전으로 반드시 가서 예배해야 했습니다. 그 세 번은 유월절, 오순절(초실절), 그리고 초막절(장막절)입니다. 그들이 성전 안으로 들어가려면 반드시 거쳐야 할 의식이 있었습니다. 그것을 '성전 입장 의식'이라고 하는데, 가장 먼저 제사장에게 큰소리로 물었습니다. "주의 장막에 머무를 자 누구입니까?" 다시 말하면 "예배할 수 있는 자격이 무엇입니까?"라는 뜻입니다.

그러면 그에 관해서 제사장이 대답합니다. 제사장이 대답하는 자격 조건은 무엇입니까? 2절입니다. "정직하게 행하며 공의를 실천하며 그의 마음에 진실을 말하며." '정직하게'란 동물 제사를 지낼 때 흠이 없는 온전한 상태를 뜻합니다. 즉 완전한 윤리적 삶을 말합니다. 주님의 전에서 예배할 수 있는 첫째 조건은, 완전하게, 즉 흠 없이 사는 사람입니다.

15(15:1-5)

둘째 조건은, 공의롭게 사는 사람입니다. 예배자는 한쪽으로 치우치지 않고 말씀대로 살아야 합니다.

셋째 조건은, 진실을 마음으로 말하는 사람입니다. 예배자는 그 마음의 생각이 하나님 앞에서 믿을만하고, 생각과 말이 같아야 합니다. 그는 믿을 수 있는 사람이어야 합니다.

넷째 조건은 무엇입니까? 3절입니다. "그의 혀로 남을 허물하지 아니하고 그의 이웃에게 악을 행하지 아니하며 그의 이웃을 비방하지 아니하며." 하나님을 예배하는 사람은 그 혀로 다른 사람의 허물을 말하지 않습니다. 다른 사람의 비밀을 캐서 과장하거나 왜곡하지 않습니다. 다른 사람의 허물을 들춰내지 않습니다. 하나님을 찬양하는 입술로 다른 사람을 비방한다면 얼마나 큰 모순입니까?

다섯째 조건은, 그 이웃에게 악을 행하지 않는 사람입니다. 예배하는 사람은 주위 사람에게 나쁜 행동을 해서 그 사람의 마음에 상처 주지 않습니다. 해를 끼치지 않습니다.

여섯째 조건은, 그 이웃을 비방하지 않는 사람입니다. 예배자는 다른 사람에 관해 없는 말을 지어서 말하거나 나쁜 말로 모욕하지 않습니다.

일곱째 조건은, 망령된 사람을 무시하고, 여호와를 두려워하는 사람을 높이는 사람입니다. '망령된 사람'이란 '하나님을 대적하는 사람', '여호와를 두려워하지 않는 사람'입니다. 예배자는 그런 사람을 무시하고, 오히려 하나님을 두려워하는 사람을 높입니다.

여덟째 조건은, 서원한 그것을 손해가 나도 바꾸지 않는 사람입니다(4). 예배자는 한번 서원했으면 끝까지 그 마음을 바꾸지 않습니다.

15(15:1-5)

아홉째 조건은, 이자를 받으려고 돈을 꿔주지 않는 사람입니다(5a). 모세의 법에 따르면 같은 이스라엘 사람에게서 이자 받는 그것을 금지했습니다(출 22:25). 이자를 받는 일은 이방 사람에게만 허용했습니다(신 23:20). 동족이 가난하면 돕는 기회이지 돈을 버는 기회가 아닙니다. 성전에 들어가는 사람은 이웃에게 돈을 빌려주되, 그 이자를 받아서는 안 됩니다.

마지막 열 번째 조건은, 죄 없는 사람을 해치려고 뇌물을 받지 않는 사람입니다. 뇌물은 부정부패의 온상입니다. 뇌물을 받으면 공의가 굽게 되고 정당한 대우를 받아야 할 사람이 억울하게 됩니다.

징역형을 선고받고 복역 중인 사람이 자기를 심문했던 검사를 비판했습니다. "혼자 깨끗한 척했는데, 거액의 뇌물을 받았다." 세상은 그럴지라도 하나님께 예배하는 사람은 뇌물을 받지 않아야 합니다.

이상에서 볼 때 열 가지 조건은 그 원리에서 '열 가지 말씀', 즉 십계명을 닮았습니다. 정직, 공의, 그리고 진실 등 세 가지 조건은 하나님과의 관계성을 말합니다. 그리고 그 후에 나오는 일곱 가지 조건은 이웃과의 관계성을 말합니다. 예배자는 하나님과의 관계성은 물론이고 이웃과의 관계성도 중요합니다. 하나님 앞에서 산다고 해서 이웃과의 관계성을 무시할 수 있습니다. 정말로 하나님 앞에서 살면, 즉 하나님과의 관계성이 바르면 이웃과의 관계성도 바를 수밖에 없습니다. 그런 사람이 참 예배자입니다.

오늘 우리에게 주는 의미는 무엇입니까? 우리는 하나님의 은혜로, 예수님을 믿음으로 의롭다 함을 받았습니다. 그 은혜로 하나님의 성전에서 예배할 수 있습니다. 그런데 우리는 삶에서 윤리적 부족함을 깨닫습니다. 그래서 마음이 아플 때도 있고, 몹시 절망할 때도 있습니다. 반면 어떤 사람은 그런 자신의 삶을 합리화하기도 합니다. 하지만 우리는 절망해서도 안 되고, 합리화해서도 안 됩니다. 우리는 예수님의 은혜로 구원받아 예배에 참석하니 그 은혜받은 사람답게 살아야 합니다. 하나님과의 관계는 물론이고 이웃과의 관계에도 힘써야 합니다. 하나님의 기준에 맞는 예배자로 삶의 현장에서 살아야 합니다. 왜냐하면 우리의 삶은 예배의 연장이며, 예배를 실천하는 현장이기 때문입니다.

그런데 우리는 삶의 현장, 즉 일상을 소홀히 하기 쉽습니다. 하지만 오늘의 시편은 일상의 삶이 곧 예배임을 역설합니다. 일상의 삶은 나와 하나님, 나와 이웃의 관계를 점검하는 현장입니다. 시인은 예배의 중요성을 말하면서 예배의 장소로서 삶의 현장을 강조합니다. 우리의 예배 장소는 예배당이라는 좁은 장소가 아니라 삶의 현장이라는 넓은 장소입니다. 우리는 세상과 섞여 사는 생활 영역에서 예배하는 사람입니다.

예수님은 그런 사람을 '소금과 빛'으로 비유하셨습니다. "너희는 세상의 소금이니 소금이 만일 그 맛을 잃으면 무엇으로 짜게 하리요 후에는 아무 쓸데 없어 다만 밖에 버려져 사람에게 밟힐 뿐이니라, 너희는 세상의 빛이라 산 위에 있는 동네가 숨겨지지 못할 것이요 (마 5:13-14). 물론 그런 삶은 쉽지 않습니다. 그런데도 삶의 영역에서 예배자답게 살라는 겁니다. 그것이 곧 하나님과 바른 관계성을 맺고, 사람과의 바른 관계성을 맺는 일입니다.

어떻게 그렇게 살 수 있습니까? 하나님의 말씀 앞에서 살고자 하고, 예수님의 은혜를 믿고, 성령님을 의지해야 합니다. 그러면 우리는 좀 더 성숙한 하나님의 사람으로 자랄 수 있습니다. 하나님께 예배할 수 있는 자격을 갖출 수 있습니다.

우리가 그렇게 살면 어떤 은총을 받습니까? 5절을 다시 읽읍시다. "이자를 받으려고 돈을 꾸어 주지 아니하며 뇌물을 받고 무죄한 자를 해하지 아니하는 자이니 이런 일을 행하는 자는 영원히 흔들리지 아니하리이다." '흔들리지 않는다.'라는 말은 '안전하고 행복하게 산다.'라는 뜻입니다. 우리가 하나님을 예배하면 이 세상에서 안전하고 행복하게 삽니다.

오늘 우리의 삶은 정말로 급변하고 있습니다. 우리는 삶에서 그 변화를 피부로 느낍니다. 전기자동차(Battery Electric Vehicle)는 우리 사회의 운송체계의 일대 변혁을 가져오고 있습니다. 자동차 부품을 만들었던 작은 회사는 점점 사라질 겁니다. 주유소와 자동차 정비소 등도 함께 사라질 겁니다. 여기에 '코로나19'는 우리가 좋든 싫든 일반 사회는 물론이고 교회에까지 더 빠른 변화를 이끌고 있습니다. 그 급격한 변화 탓에 경제적, 심리적, 그리고 신앙적 위기를 겪는 사람이 늡니다. 우리도 '비대면 예배'에 적응하면서 동역자들과 오순도순 사귐을 가졌던 그 시절이 그립습니다.

이런 변화무쌍한 세상에서 흔들리지 않는 삶의 비결은 무엇입니까? 여호와의 장막에 들어가 여호와께 예배하는 겁니다. 그런데 우리는 때로 세상이 어떻게 돌아가든 상관없이 그저 예배만 하면 되는 건지 고민합니다. 하나님께 예배하는 일이 소극적으로 보이고, 세상과 상관없는 일처럼 보일 수 있습니다. 하지만 시편은 분명하게 말씀합니다. "이런 일을 행하는 자는 영원히 흔들리지 아니하리이다."

그러므로 우리는 예배를 아무리 강조해도 지나치지 않습니다. 그 예배는 예배당 예배는 물론이고 삶의 예배까지를 포함합니다. 물론 우리는 삶의 예배는 말할 것도 없고 예배당 예배도 쉽지 않습니다. 예배자의 자격을 갖추는 일도 만만하지 않습니다. 그럴지라도 우리가 하나님의 말씀과 예수님 구원의 은혜, 그리고 성령님을 의지하면 예배자의 자격을 갖출 수 있습니다. 우리는 예배당 예배는 물론이고 삶의 예배까지 할 수 있습니다. 그리하여 우리와 교회가 영원히 흔들리지 않기를 기도합니다.

16
생명의 길을 보이시리니

말씀 시편 16:1-11
요절 시편 16:11
찬송 542장, 488장

"주께서 생명의 길을 내게 보이시리니 주의 앞에는 충만한 기쁨이 있고 주의 오른쪽에는 영원한 즐거움이 있나이다."

'생명은 어디에 있는가?' '어디에서 생명을 얻는가?'라는 문제는 인류의 거대 담론입니다. 그 거대 담론을 현대과학이나 철학, 종교 등이 해결할 수 없습니다. 그런데 오늘 시편은 무엇을 말합니까?

1절을 봅시다. "하나님이여 나를 지켜 주소서 내가 주께 피하나이다." 시인은 하나님께 자신을 지켜 주시도록 기도합니다. 시인은 신앙적으로 혼합주의의 위험과 죽음의 위험에 처했습니다. 그는 그런 위험에서 지켜 주도록 하나님께 기도합니다. 왜냐하면 그가 주님께 피하기 때문입니다.

그는 여호와께 무엇을 고백합니까? 2절입니다. "내가 여호와께 아뢰되 주는 나의 주님이시오니 주밖에는 나의 복이 없다 하였나이다." 그는 '여호와'와 '주님'을 반복합니다. 이 말은 당시 세상을 지배한 '바알'과 대조하는 겁니다. 많은 사람이 '바알'을 주인님으로 믿었지만, 시인은 여호와를 주님으로 믿습니다. 그는 여호와께 "나는 당신의 종입니다. 당신은 나의 주님이십니다."라고 고백합니다. 그는 여호와의 종으로서 자기 인식이 분명합니다.

그런 그는 주님밖에는 복이 없음을 고백합니다. 여기서 '복'은 '선한', '좋은'이라는 뜻입니다. '좋은 것'은 무엇일까요? 삶에서 누리는 선물입니다. 즐거움, 소득, 그리고 생명입니다. 시인의 좋은 것은 오직 주님에게만 달려 있습니다. 주님을 떠나서는 좋은 것을 가질 수 없습니다. 왜냐하면 여호와는 모든 좋은 것의 근원이시기 때문입니다. 그래서 그는 오직 여호와께 피했습니다.

땅에 있는 성도는 어떤 존재입니까? 그들은 위대한 사람입니다. 이 땅에서 여호와를 주님으로 믿고, 그분께 피하여 사는 사람은 위대합니다. 위대한 그들이 시인의 기쁨입니다(3). 왜냐하면 그들은 시인과 함께 여호와께 피하며 기도하기 때문입니다. 믿음의 동역자가 함께한다는 사실 자체만으로도 얼마나 큰 기쁨입니까? 우리가 함께 모여 예배할 때 얼마나 큰 즐거움입니까?

반면 다른 신에게 예물을 드리는 사람은 어떠합니까? 4절입니다. "다른 신에게 예물을 드리는 자는 괴로움이 더할 것이라 나는 그들이 드리는 피의 전제를 드리지 아니하며 내 입술로 그 이름도 부르지 아니하리로다." 다른 신을 따르는 사람의 슬픔은 커집니다. 여기에 역설이 있습니다. 다른 신을 따르는 사람은 '다른 신을 따르면 슬픔은 사라지고 기쁨이 커질 것이다.'라고 생각합니다. 얼핏 보면 그렇게 보입니다. 그래서 보통 사람은 물론이고, 유명 경제인이나 정치인도 다른 신을 찾습니다. 요즘은 '그 다른 신'을 '무슨 도'나 '철학'으로 말합니다. 하지만 '도'이든지, '철학'이든지 그것을 따르면 슬픔이 커지는 것만은 분명합니다. 왜냐하면 그 다른 신은 아무것도 아닌 우상이기 때문입니다.

그러나 시인은 무엇을 했습니까? 그는 다른 신을 따르는 사람이 드리는 피의 전제를 드리지 않았습니다. '전제'는 '신에게 바친 술'인데, '피의 전제'는 '우상에게 피를 쏟아 바치는 제사', '피로 빚은 제삿술'을 뜻합니다. 그들은 피에 특별한 힘이 있다고 믿고, 사람의 피를 부어 드렸습니다. 이것은 '몰록(몰렉, Moloch)' 신에게 암몬 족속이 했던 제사입니다. 그들은 어린아이를 죽여 그 피를 제단에 바치거나 어린아이를 불 가운데 지나게 했습니다(레 18:21; 20:4). 또 고대 혼합 종교에서 동물의 피를 온몸에 뿌리고 춤추던 의식을 말합니다.

그러나 시인은 그런 피를 드리지 않았습니다. 그는 입술로 우상의 이름도 부르지 않았습니다. 이방 사람은 신의 이름을 부를 때 소원을 이룰 수 있다고 여겼습니다. 하지만 시인은 의도적으로 그런 관습을 거부했습니다. 이교는 주권자 하나님을 신뢰하지 않는 삶의 방식입니다. 시인은 우상에 대한 혐오를 말했습니다. 대신에 그는 주님이 자기에게 얼마나 좋은 분인지를 깨달았습니다. 주님께 대한 충성은 그분이 주신 좋은 것에 대한 반응입니다.

주님이 시인에게 주시는 좋은 그것은 무엇입니까? 5절을 읽읍시다. "여호와는 나의 산업과 나의 잔의 소득이시니 나의 분깃을 지키시나이다." '나의 산업'은 '몫'이고, '나의 잔'은 '생명을 건강하게 유지해 주는 것'입니다. '나의 잔의 소득'은 '생명을 유지해 주는 몫'입니다. 여호와는 그가 받을 유산의 몫이고, 생명을 건강하게 유지해 주는 자양분입니다. 그분이 시인의 분깃을 지켜 주십니다. '분깃'은 '제비뽑기'인데, 이스라엘은 제비뽑기를 통해 땅을 기업으로 받았습니다. 여호와께서 그 땅을 지켜 주십니다.

그러면 여호와께서 제비뽑아 주신 땅은 어떠합니까? 여호와께서 줄로 재어서 주신 그 땅은 아름답습니다. 그가 받은 기업은 아름답습니다(6). 이스라엘은 가나안 땅을 주님으로부터 받았습니다. 그곳은 아름답습니다.

16(16:1-11)

시인은 그 기업을 생각하면서 누구를 송축합니까? 7절을 봅시다. “나를 훈계하신 여호와를 송축할지라 밤마다 내 양심이 나를 교훈하도다.” 그는 충고하는 여호와를 찬양합니다. 여호와는 밤마다 양심을 통해 그를 가르치십니다.

그는 삶의 현장에서 어떻게 삽니까? 8절입니다. “내가 여호와를 항상 내 앞에 모심이여 그가 나의 오른쪽에 계시므로 내가 흔들리지 아니하리로다.” 그는 자기를 충고하는 여호와와 언제나 함께합니다. 그는 항상 자기 앞에 주님을 모셨습니다. 주님은 그런 그를 굳게 잡아주시고, 늘 도와주십니다. 주님의 도움이 언제나 가까이에 있습니다. 그러므로 그는 흔들리지 않습니다. 그는 어떤 위험을 만나든지 하나님의 도움을 확신합니다. 그는 생명의 위험 앞에서도 흔들리지 않습니다. 주님께서 죽음도 해결하실 줄 믿기 때문입니다.

그러므로 그의 마음은 어떠합니까? 9절을 읽읍시다. “이러므로 나의 마음이 기쁘고 나의 영도 즐거워하며 내 육체도 안전히 살리니.” 그의 마음은 기쁨으로 가득합니다. 그의 영혼이 즐거워합니다. 그의 육체도 안전히 삽니다. 이 말을 ‘몸이 썩지 않는다.’ 즉 ‘죽지 않는다.’라고 해석할 수 있습니다. 그는 이 땅에서 죽음에 관해 걱정하지 않습니다. 그는 삶의 현장에서 부활 신앙으로 삽니다.

그는 왜 부활 신앙으로 살 수 있습니까? 주님께서 그 영혼을 스올에 버리지 않기 때문입니다. 주님의 거룩한 자를 멸망하지 않기 때문입니다(10). 이 말씀을 두 가지로 생각할 수 있습니다. 첫째로, 시인은 에녹과 엘리야처럼 죽지 않고 하나님 앞으로 직접 나갈 것을 믿었습니다. 시인은 죽음을 통과하지 않고 하나님 나라로 바로 올라가기를 기대합니다. 둘째로, 시인은 수명을 다하고 죽을 때까지 하나님께서 죽음의 위험에서 건져주실 것을 바라봅니다. 그리고 죽음 후에 부활할 그것에 대한 희망을 품었습니다.

16(16:1-11)

그는 어떻게 그 희망을 품었습니까? 11절을 읽읍시다. "주께서 생명의 길을 내게 보이시리니 주의 앞에는 충만한 기쁨이 있고 주의 오른쪽에는 영원한 즐거움이 있나이다." 주님께서 그에게 생명의 길을 알려주십니다. 주님 앞에는 충만한 기쁨이 있고, 주님의 오른쪽에는 영원한 즐거움이 있습니다. 시인은 생명의 길을 보이신 주님 안에서 죽음 앞에서도 희망을 품었습니다.

'생명의 길을 보이신 주님'을 통해 무엇을 배웁니까? 주님은 당신께 피하는 사람에게 생명의 길을 보여주십니다. 주님은 어떤 절망적인 상황에서도, 죽음의 위험 앞에서도 생명에 대한 희망을 품도록 도와주십니다. 시인은 생명의 길을 보이신 주님 안에서 '죽음의 극복', 즉 '죽음의 상대화'의 수준에 이르렀습니다. 그는 삶과 죽음은 다른 기원이 있지 않고 하나의 기원만 있음을 알았습니다. 그 기원은 여호와 하나님이십니다. 그는 여호와께 생명의 희망이 있음을 알았습니다.

사도 베드로는 다윗이 영접한 그 말씀이 예수 그리스도를 통해 이루어졌음을 증언했습니다. 그는 그 말씀을 예수 그리스도의 부활을 가리키는 그것으로 인용했습니다(행 2:27, 31). 사도 바울도 다윗이 부활을 바라보았음을 말할 때 이 말씀을 인용했습니다(행 13:35-37). 다윗의 예언이 그리스도를 통해 이루어졌습니다. 예수 그리스도는 죽음에 처했습니다. 그리고 죽으셨습니다. 그러나 그분께 죽음이 끝은 아니었습니다. 새로운 시작이었습니다. 예수님은 죽음을 이기고 부활하셨습니다. 다윗은 물론이고, 베드로와 바울도 예수님의 부활에서 온 인류를 향한 희망을 보았습니다. 하나님은 예수님을 통해 생명의 길을 알려주셨습니다.

오늘 우리에게 주는 의미는 무엇입니까? 하나님은 오늘 우리에게도 생명의 길을 보여주십니다. 누구든지 예수님을 믿음으로 생명의 길을 볼 수 있습니다. 오늘도 하나님께 피하는 사람, 주님을 항상 모시는 사람에게는 생명의 길이 있습니다. 멸망하지 않습니다. 주님을 모시고 사는 삶에 기쁨이 넘칩니다. 주님께서 내 오른쪽에 계시니, 이 큰 즐거움이 영원토록 이어집니다.

우리는 삶에서 그 생명의 길을 어떻게 깨달을 수 있습니까? 바로 말씀을 통해서 깨닫습니다. 오늘 우리는 시편을 통해서 그 생명의 길을 알고, 삶에서 깨달을 수 있습니다. 그 점에서 말씀을 배우는 일은 매우 중요합니다. 우리는 말씀을 통해 생명의 길을 보고, 그 안에서 기쁨과 즐거움을 누릴 수 있습니다. 더 나아가, 죽음 앞에서도 희망을 품을 수 있습니다. 여기에 믿는 사람의 행복, 특권이 있습니다.

현대인은 삶에서 누리는 소소하지만 확실한 행복, 즉 '소확행'을 찾습니다. 요즘은 소소하지만 확실한 성취감을 뜻하는 '소확성'이 그 자리를 꿰찼다고 해요. 그런데 우리는 이 지점에서 삶의 모순을 찾을 수 있습니다. 많은 사람이 좀 더 오래 살려고 애를 씁니다. 그런데 영원히 사는 길에 관해서는 관심이 상대적으로 적습니다. 눈에 보이는 '소확행', '소확성'에는 관심이 큰데, 미래에 나타날 '대확행', '대확성'에는 관심이 덜합니다. 이 세상에서 좀 더 오래 사는 길만 있지 않고, 우리가 지옥의 형벌을 받지 않고 영원히 사는 생명의 길도 있습니다.

종헌 목자는 매주 몇 번씩 하늘의 길로 다녀옵니다. 그런데도 만일 어떤 사람이 그 하늘의 길을 보지 못하고 땅의 길만 고집한다면 어떨까요? 안타깝고 답답하지 않을까요? 영원히 사는 생명의 길이 있고, 기쁨과 즐거움이 영원한 길이 있는데, 그 길을 보지 못하고 이 세상의 길만 고집한다면 어떨까요? 가장 슬프고 가장 불행한 삶이 아닐까요? 일찍이 다윗은 그 생명의 길을 보았습니다. 베드로와 바울도 그 길을 알았습니다. 물론 하나님께서 그들에게 그 길을 보여주셨기 때문입니다. 성경은 오늘 우리에게도 그 길을 보여주십니다. 그리고 그 길로 걷기를 바라십니다.

생명은 어디에 있습니까? 어디에서 생명을 얻을 수 있습니까? 이 거대 담론의 답은 하나님께 있습니다. 하나님은 당신께 피하는 사람, 당신을 믿는 사람에게 그 길을 보여주십니다. 하나님은 예수님을 통해 생명의 길을 알려주셨습니다. 누구든지 예수님을 믿음으로 생명의 길을 갈 수 있습니다. 예수 그리스도를 통해서 우리에게 보여주신 그 생명의 길로 힘차게 걸어가기를 기도합니다.

17
주님의 얼굴을 뵈오리니

말씀 시편 17:1-15
요절 시편 17:15
찬송 359장, 400장

"나는 의로운 중에 주의 얼굴을 뵈오리니 깰 때에 주의 형상으로 만족하리이다."

우리가 지금까지 배운 시편 대부분의 표제는 '다윗의 시'였습니다. 그런데 오늘 표제는 '시'라는 말 대신에 '기도'라고 했습니다. '기도'는 '강한 간청'을 뜻합니다. 이 기도는 다윗이 마온 황무지에서 사울에게 추격을 받았을 때의 정황을 반영합니다(삼상 23:25-26). 그는 부정한 일을 하지 않았는데도 원수가 그를 에워싸고 넘어뜨리려고 합니다. 그러나 그는 그때 무엇을 합니까?

1절을 봅시다. "여호와여 의의 호소를 들으소서 나의 울부짖음에 주의하소서 거짓 되지 아니한 입술에서 나오는 나의 기도에 귀를 기울이소서." 시인은 여호와께 호소합니다. 여호와는 언약의 하나님이십니다. 그분은 그 아들딸과 약속하셨고, 그 약속을 이루십니다. 다윗은 그분의 약속을 믿고 확신 가운데 기도로 다가갑니다.

그는 무엇이라고 기도합니까? "의의 호소를 들으소서… 거짓 되지 아니한 입술에서 나오는 나의 기도에 귀를 기울이소서." 그는 자신의 기도를 '의의 호소'라고 합니다. 왜냐하면 그는 의로운 삶을 살기 때문입니다. 다윗은 사울에게 쫓길 만큼 나쁜 짓을 하지 않았습니다. 그는 사울과 비교할 때 의로웠습니다. 그는 또 자신의 기도를 "거짓되지 아니한 입술에서 나오는 기도이다."라고 말합니다. 그는 하나님 앞에서 거짓말을 하지 않았습니다. 하나님은 거짓말하는 입술로 하는 기도를 듣지 않습니다. 하나님은 진실한 삶에서 나오는 진실한 기도를 들으십니다.

그는 무엇을 위해 기도합니까? 2절입니다. "주께서 나를 판단하시며 주의 눈으로 공평함을 살피소서." 그는 여호와의 판단과 조사를 받고자 합니다. 그는 자신의 삶이 의롭고, 거짓을 말하지 않았음을 주님께서 판단하고 조사해주기를 기도합니다. 그는 여호와께서 자신을 판단하고 조사하면 자신의 의로움을 아실 줄 믿었습니다.

그는 어떻게 판단을 받고자 합니까? 3절입니다. "주께서 내 마음을 시험하시고 밤에 내게 오시어서 나를 감찰하셨으나 흠을 찾지 못하셨사오니 내가 결심하고 입으로 범죄하지 아니하리이다." 당시 서로 피를 흘렸거나 다투었거나 구타하였거나, 서로 간에 고소하여 판결하기 어려운 일이 생기면 하나님 여호와께서 택하신 곳으로 올라갔습니다. 즉 성전으로 가서 레위 사람 제사장과 재판장에게 나아가서 물었습니다. 그리하면 그들이 어떻게 판결할지를 가르쳤습니다(신 17:8-9). 이처럼 시인도 여호와의 판결을 묻고자 성전으로 갔습니다. 그곳에서 여호와께서 그를 시험하시고 감찰하셨습니다. 하지만 흠을 찾지 못하셨습니다. 왜냐하면 그는 죄를 짓지 않았기 때문입니다.

그는 어떤 길을 걸었습니까? 4절입니다. "사람의 행사로 논하면 나는 주의 입술의 말씀을 따라 스스로 삼가서 포악한 자의 길을 가지 아니하였사오며." 남들이야 어떠했든지, 그는 주님께서 하신 말씀을 따랐습니다. 그런 그는 약탈하는 무리의 길로 가지 않았습니다. 그 발걸음이 주님의 발자취만을 따랐기에 그분의 길에서 벗어난 일이 없었습니다(5).

그런 시인은 왜 하나님께 기도합니까? 그는 하나님께서 응답하실 것이기에 불렀습니다. 하나님께서 그에게 귀를 기울여 말을 들으실 줄 믿기에 기도했습니다(6).

그분은 어떤 분입니까? 7절을 보십시오. "주께 피하는 자들을 그 일어나 치는 자들에게서 오른손으로 구원하시는 주여 주의 기이한 사랑을 나타내소서." 그분은 당신의 보호를 받기 위해 오는 사람, 당신께 소망을 둔 사람을 일어나서 치는 사람한테서 오른손으로 구원하십니다. 그분은 기이한 사랑을 나타내십니다. '기이한 사랑'은 '한결같은 사랑', '변함없는 사랑'입니다. 그분은 당신께로 오는 사람에게 기이한 사랑을 보여주시며 악한 사람의 손에서 건지십니다.

그분은 그 백성을 어떻게 돌보십니까? 8절을 읽읍시다. "나를 눈동자 같이 지키시고 주의 날개 그늘 아래에 감추사." '눈동자 같이'라는 말의 문자적 의미는 '작은 사람', '눈이 작은 사람'입니다. '눈동자'는 '매우 신경을 써서 보호해야 하는 귀중한 어떤 존재', '눈에 넣어도 아프지 않은'을 뜻합니다. 그런데 '눈의 사과(the apple of eye)'라고도 합니다. 그것은 '다른 모든 것보다 가치가 있는 무엇이나 누군가'를 뜻합니다. 일찍이 여호와께서 광야에서 야곱을 찾으셨고, 짐승의 울음소리만 들려 오는 황야에서 그를 만나, 감싸 주고, 보호하고, 당신의 눈동자처럼 지켜 주셨습니다(신 32:10).

그리고 날개 그늘에 감추십니다. '날개 그늘'은 첫째로, 계약에 기초한 보살핌이나 보호를 뜻합니다. 언약궤를 덮고 있는 '그룹'의 날개를 생각나게 합니다.

둘째는, 어미 새가 새끼를 보호하고 인도하는 모습을 뜻합니다. 독수리는 그 보금자리를 뒤흔들고 새끼들 위에서 퍼덕이며, 날개를 펴서 새끼들을 받아 그 날개로 업어 나릅니다. 이처럼 여호와께서 그 백성을 애굽에서 구원하고 광야로 인도하실 때 홀로 그 백성을 인도하셨습니다(신 32:11-12a). 시인은 위협에 처했을 때 출애굽의 하나님, 시내 산에 계신 그분을 기억하고 그분께 도움을 청했습니다. 그분의 놀라운 사랑을 의지했습니다.

그는 어떤 어려움을 겪습니까? 9절입니다. “내 앞에서 나를 압제하는 악인들과 나의 목숨을 노리는 원수들에게서 벗어나게 하소서.” 마치 적군이 성을 파멸하려는 것처럼 악인이 시인을 파멸하려고 합니다. 다윗을 쫓는 사울의 모습을 생각할 수 있습니다. 사울은 숨어 있는 다윗을 찾고자 말했습니다. “그가 숨어 있는 모든 곳을 정탐하고 실상을 내게 보고하라 내가 너희와 함께 가리니 그가 이 땅에 있으면 유다 몇천 명 중에서라도 그를 찾아내리라 하더라”(삼상 23:23). 다윗은 사울한테서 벗어나도록 기도합니다.

그런데 악인의 실체는 어떠합니까? 그들의 마음은 기름에 잠겼습니다. 이것은 ‘냉담한 마음’, ‘반항적인 마음’을 뜻합니다. 그들은 탐욕스럽고 이기적이고 무감각합니다. 그들의 입은 교만하게 말합니다(10). 그들의 반항적인 마음은 교만으로 나타납니다. 그것은 하나님과 사람에게 나타났습니다.

그들은 믿음의 사람을 어떻게 합니까? 그들은 믿음의 사람에 달려들어 에워싸고는 땅에다 메어치려 노려보고 있습니다(11). 오만한 그들은 말로 그치지 않고, 경건하게 사는 사람을 넘어뜨립니다. 그런 그들은 먹이에 굶주린 사자와 같고, 숨어서 먹이를 노리는 기운 센 사자와 같습니다(12).

시인은 위기의 순간에 누구에게 도움을 청합니까? 13절을 보십시오. “여호와여 일어나 그를 대항하여 넘어뜨리시고 주의 칼로 악인에게서 나의 영혼을 구원하소서.” 그는 악인의 기세가 등등하여 싸움이 불가피할 때 여호와께 일어나셔서 악인을 물리쳐 주도록 기도합니다. 주님께서 칼로 악인에게서 그 영혼을 구원하도록 기도합니다. 그는 여호와를 전쟁 용사로 묘사합니다. 그는 사자와 같은 악인이 위협할 때 여호와께로 눈을 돌렸습니다.

악인은 어떻게 삽니까? 그들은 이 세상에서 받을 몫을 다 받고 삽니다. 그들은 주님의 재물로 자기 배를 채우고 남은 것을 그 아들딸에게 물려줍니다. 그래도 남으면 자식의 자식들에게까지 물려줍니다(14). 그들은 물질 중심으로 삽니다.

예수님은 이런 비유를 들어 말씀하셨습니다. "어떤 부자가 많은 곡식을 수확하자 궁리했습니다. '이 많은 곡식을 쌓아 둘 곳이 없으니 어떡하지? 내 창고를 헐고 더 크게 지어 그곳에 두면 되는구나. 그리고 내 영혼에 말해야지, 여러 해 동안 쓸 많은 물건을 쌓아 두었으니 너는 마음 놓고 먹고 마시고 즐겨라.' 그러나 하나님께서 말씀하셨습니다. '어리석은 사람아, 오늘 밤에 네 영혼을 도로 찾을 것이다. 그러면 네가 장만한 그것이 누구의 것이 되겠느냐?' 자기를 위해서는 재산을 모으면서 하나님께 인색한 사람은 바로 이처럼 될 것이다"(눅 12:16-21). 시인은 주님의 손으로 이런 사람한테서 구원해 주시도록 기도합니다.

그는 누구에게 희망을 둡니까? 15절을 읽읍시다. "나는 의로운 중에 주의 얼굴을 뵈오리니 깰 때에 주의 형상으로 만족하리이다." 여기서 '의로운 중에'란 하나님께서 악인을 심판하시는 것을 깨달은 때입니다. 시인은 그때 하나님의 얼굴을 봅니다. 시인은 앞에서 하나님의 판결을 구했습니다(2). 그는 주님의 은총을 구했습니다(7). 그는 이 두 가지를 다 이루었습니다. 왜냐하면 하나님의 얼굴을 보았기 때문입니다.

또 그는 깰 때 주님의 형상으로 만족합니다. '깰 때'는 성전에서 자고 깨어남을 말합니다. 그것은 하나님으로부터 죄가 없음을 인정받는 영광의 순간입니다. 그뿐만 아니라, 부활의 순간도 뜻합니다. 죽음에서 살아날 때 주님의 형상으로 만족합니다.

여기서 우리는 '주님의 얼굴을 뵈오리니'라는 말을 통해 무엇을 배웁니까? 하나님을 만남이 모든 문제의 해결이고, 가장 큰 행복의 순간임을 배웁니다.

다윗은 어떤 상태에 있었습니까? 그는 악인한테 고발을 당했습니다. 그는 자기를 찢으려는 원수 앞에 서 있었습니다. 그의 원수는 말과 행동으로 그를 에워싸고 갈기갈기 찢으려고 했습니다. 그의 삶은 밤처럼 시험으로 가득 차 있었습니다. 그때 그는 주님을 바라보았습니다. 주님께 희망을 품었습니다. 그리고 그는 그 희망을 이루었습니다. 주님의 얼굴을 뵈었기 때문입니다.

문자적으로 누구든지 주님의 얼굴을 볼 수 없습니다. 따라서 '주님의 얼굴을 본다.'라는 말은 주님께서 함께하심을 체험하는 것을 뜻합니다. 주님의 살아계심, 도와주심을 깨닫는 것을 뜻합니다. 그분이 우리의 기도를 들으시고, 내 어려운 문제를 해결하심을 깨닫는 것을 뜻합니다.

주님은 어떤 분인가요? 주님은 당신을 찾는 사람을 구원하는 분입니다. 주님은 위기에 처한 사람에게 도움이십니다. 그분께 부르는 짖는 사람에게 기이한 사랑을 베푸는 분입니다. 눈동자처럼 지키는 분입니다. 그분의 날개 아래 감추는 분입니다. 주님은 당신이 창조한 이 우주와 이 역사에서 절대로 졸지도 아니하고 주무시지도 않습니다. 여호와는 지금부터 영원까지 함께하며 지키십니다(시 121:4, 8).

어떤 사람은 "우리의 역사에, 내 삶에 하나님의 손길이 없다."라고 말합니다. 하지만 하나님은 우리의 역사와 내 삶에서 행동하십니다.

우리의 오감을 진동하기까지 하십니다. 그분의 행동은 '기이한 사랑'으로 나타납니다.

그러므로 우리가 삶의 현장에서 애매하게 아픔을 겪을 때 무엇을 해야 합니까? 현장과 싸우고 갈등하기 쉽습니다. 연약하고 부족한 자신을 탓하며 낙심하기 쉽습니다. 그러나 어떤 상황에서도 우리가 붙들어야 할 그것은 '본질'입니다. 그 본질은 하나님이고, 그분의 말씀입니다. 그리고 그분의 사랑을 믿고 기도하는 겁니다.

유대인이 나라를 잃어버렸는데도 다시 살아날 수 있었던 핵심은 그들이 본질을 붙들었기 때문입니다. 본질을 붙잡으면 삶의 현장이 어떻게 출렁여도 능히 이길 수 있습니다. 우리가 삶의 현장에서 만나는 문제 앞에서, 특별히 앞으로 살아야 할 'With COVID(코로나와 함께)' 시대에 여호와의 사랑을 믿고 기도하기를 바랍니다. 그러면 우리는 그분의 얼굴을 뵙고 만족할 수 있습니다. 더 나아가, 세상에 희망을 주는 소금과 빛으로 살 수 있습니다.

18
나의 힘이신 여호와

말씀 시편 18:1-50
요절 시편 18:1
찬송 65장, 70장

"나의 힘이신 여호와여 내가 주를 사랑하나이다."

우리가 삶에서 힘들고 어려울 때 어디에서, 누구로부터 힘을 얻습니까?

1절을 읽읍시다. "나의 힘이신 여호와여 내가 주를 사랑하나이다." '나'는 다윗입니다. 다윗은 이렇게 고백합니다. "나는 당신을 사랑합니다. 나의 힘이신 여호와여(I love you, O YHWH, my strength)!" 그는 내면 깊은 곳에서 나오는 사랑을 고백합니다. 그 사랑은 그분과 깊은 사귐에서 나왔습니다. 시인이 "당신을 사랑합니다."라고 고백한 곳은 이곳뿐입니다.

그는 왜 그렇게 사랑을 고백합니까? 그분이 힘이기 때문입니다. 힘은 '능력'입니다. 여호와께는 전능한 힘이 있습니다. 그 힘은 죽음에서 구원하는 힘이고, 원수에게서 건지는 힘입니다.

어떤 점에서 여호와는 그에게 힘이십니까? 2절도 읽읍시다. "여호와는 나의 반석이시요 나의 요새시요 나를 건지시는 이시요 나의 하나님이시요 내가 그 안에 피할 나의 바위시요 나의 방패시요 나의 구원의 뿔이시요 나의 산성이시로다." '반석'은 '바위'나 '바위의 갈라진 틈'을 말합니다. 안전한 피난처를 뜻합니다. 다윗은 이곳에서 숨어서 사울의 추격을 피했습니다(삼상 23:25). '요새'는 '성채'입니다. 엔게디처럼 산악 속의 동굴을 말합니다(삼상 22:4). 다윗은 광야의 암벽 동굴로 여러 번 피했습니다.

'건지시는 이'는 '구원하는 분'입니다. 다윗은 죽음의 문턱까지 갔습니다. 그는 사울에게 쫓겼기 때문입니다. 그러나 그때 그는 하나님으로부터 구원받았습니다. 그분은 방패입니다. '방패'는 '작은 원형의 방패'인데, 주님의 보호를 뜻합니다. '뿔'은 '힘'과 '약동하는 생명력'입니다. 여호와의 능력과 승리를 뜻합니다. '산성'은 '높은 곳', '피난처'입니다. 적이 접근하여 공격하기 어려운 산악 지대의 높은 곳을 뜻합니다.

시인은 '힘이신 여호와'를 7가지 은유로 노래합니다: '나의 반석', '나의 요새', '나를 건지시는 이', '나의 바위', '나의 방패', '나의 구원의 뿔', '나의 산성'. 그 은유는 시인이 싸움터에서 경험한 내용이며, 가나안의 지형에서 나왔습니다. 그것은 하나님의 특성을 나타냅니다. 그것은 시인에게 '모든 분이신 하나님'께 대한 강렬한 사랑의 표현입니다.

그 사랑 고백은 어디에서 왔습니까? 3절입니다. "내가 찬송 받으실 여호와께 아뢰리니 내 원수들에게서 구원을 얻으리로다." 그 사랑 고백은 원수로부터 구원을 받음에서 왔습니다. 하나님은 시인이 도움을 청했을 때 구원하셨기에 사랑받고, 찬송 받기에 합당하십니다.

그는 얼마나 심각한 삶에서 구원받았습니까? 사망의 줄이 그를 얽고 불의의 창수가 그를 두렵게 했습니다(4). '창수'는 '급류', '파괴적인 물'인데, 예상하지 못한 갑작스러운 죽음을 뜻합니다. 또 스올의 줄이 그를 두르고, 사망의 올무가 그에게 이르렀습니다(5). 그는 현재 겪는 위험을 음부와 죽음의 세계가 그를 묶어서 죽음으로 끌고 가는 것처럼 말합니다. 죽음은 마치 사냥꾼이 덫을 놓은 그것과 같았습니다. 그는 그 덫을 피할 수 없었습니다.

시인은 고통에 대한 묘사를 가나안 문학을 배경으로 하고 있습니다. '못(Mot)'이라는 신은 고대 가나안의 죽음과 지하 세계의 신이었습니다. '얌(Yam)'이라는 신은 바다와 혼돈의 신이었습니다. 그 신들이 사람을 덮치면 남는 것은 파멸과 죽음뿐이었습니다.

그러나 시인은 그 상황에서 무엇을 합니까? 6절을 봅시다. "내가 환난 중에서 여호와께 아뢰며 나의 하나님께 부르짖었더니 그가 그의 성전에서 내 소리를 들으심이여 그의 앞에서 나의 부르짖음이 그의 귀에 들렸도다." 그는 절망의 순간에, 환난의 때 여호와께로 눈과 마음을 돌렸습니다. 그분께 기도했습니다. 그는 언약에 신실한 여호와는 기도를 들으시는 분임을 믿었기 때문입니다. 그분은 그분의 성전, 즉 하늘에서 부르짖음을 들으심을 믿었기 때문입니다. 그래서 그는 죽음의 신음, 슬픔이 둘러싸는 동안 믿음으로 여호와를 불렀습니다. 그분은 당신의 거룩한 성전에서 그 목소리를 들으셨고, 울부짖음에 귀를 기울이셨습니다. 그분은 땅에서 올라오는 기도를 하늘 집에서 들으셨습니다. 그분은 그 아들딸의 고통에 관심을 가지십니다.

기도를 들으신 주님의 반응은 무엇입니까? 그분은 크게 화를 내셨습니다. 땅이 진동하고 산들의 터도 요동했습니다(7). 그분은 시인을 구원하려고 이 세상에서 가장 강한 것을 뿌리째 흔들었습니다. 그분의 코에서 연기가 오르고 입에서 불이 나와 사르니, 그 불에 숯이 피었습니다(8). 하나님은 죽음에 처한 시인을 구원하려고 당신을 낮추어 높은 하늘에서 내려오셨습니다. 그분의 발아래는 먹구름이 있었습니다(9). 그분은 그룹, 즉 천사와 같은 존재를 타고 다니시고,

바람 날개를 타고 높이 솟아오르셨습니다(10). 그분은 어둠으로 당신을 두르고, 시커먼 구름으로 싸여계십니다(11). 그분은 신비롭습니다.

그러나 그분은 어떻게 나타나십니까? 12절을 봅시다. “그 앞에 광채로 말미암아 빽빽한 구름이 지나며 우박과 숯불이 내리도다.” 그분은 환한 빛으로 오셨습니다. 그분은 원수를 우박과 불로 치십니다. 여호와께서 하늘에서 우렛소리를 내시고, 음성을 내시며, 우박과 숯불을 내리십니다(13). 그분은 화살을 날려 원수를 흩으시고, 많은 번개로 그들을 깨뜨리셨습니다(14). 그때 여호와의 꾸지람과 콧김으로 물밑이 드러나고 세상의 터가 나타났습니다(15). 이 모습은 홍해가 갈라져 마른 땅을 드러냈을 때를 기억나게 합니다(출 14:21). 시인이 구원받는 일은 과거 그 조상이 구원받았던 일과 같습니다. 하나님은 당신의 종을 구원하기 위해 바다의 밑바닥과 땅의 기초도 드러내셨습니다.

그분은 그를 어떻게 구원하셨습니까? 16절을 봅시다. “그가 높은 곳에서 손을 펴사 나를 붙잡아 주심이여 많은 물에서 나를 건져내셨도다.” 바벨론의 신 ‘마르둑’은 어떤 사람을 회복할 때 그를 강에서 건져냈습니다. 그 강은 저승 세계의 문 옆에서 흘렀는데, 그 강에서 건짐은 죽음 직전에 구원받음을 뜻합니다. 그런데 여호와께서 그를 많은 물에서 건져내셨습니다. 여호와께서 시인을 강한 원수와 미워하는 사람에게서 건지셨습니다. 주님은 강력한 힘을 지닌 원수한테서 무력한 시인을 구원했습니다(17). 그분의 도움이 없으면 그는 파괴적인 원수에 의해 삼켜졌을 겁니다. 그는 재앙의 날을 맞았는데도 여호와께서 그의 의지가 되셨습니다. 여호와께서 그를 넓은 곳으로 인도하고, 그를 기뻐하시므로 구원하셨습니다(18).

그는 여호와 앞에서 어떻게 살았습니까? 그는 의롭게 살았습니다. 그의 손은 깨끗했습니다. 여호와께서 그의 의를 따라 상 주시며, 그 손의 깨끗함을 따라 갚으셨습니다(20). 그는 여호와의 도를 지키고 하나님을 악하게 떠나지 않았습니다(21). 그분의 모든 규례가 그 앞에 있고, 그는 그분의 율례를 버리지 않았습니다(22). 그는 그분 앞에 완전하여 죄악에서 스스로 자신을 지켰습니다(23). 그러므로 여호와께서 그 의를 따라 갚으셨는데, 그분의 목전에서 시인의 손이 깨끗한 만큼 갚으셨습니다(24). 그 모든 것은 그분의 은혜였습니다.

그분은 어떤 분입니까? 25절입니다. "자비로운 자에게는 주의 자비로우심을 나타내시며 완전한 자에게는 주의 완전하심을 보이시며." 주님은 거룩한 사람에게는 친절을 보이시고, 흠 없는 사람에게는 완전하심을 보이십니다. 깨끗한 사람에게 주님의 깨끗하심을, 악한 자에게 주님의 분노를 보이십니다(26). 주님은 겸손한 사람을 구원하고 교만한 사람을 낮추십니다(27). '교만'은 하나님이 미워하는 일곱 가지 죄 가운데 하나입니다(잠 6:16-17). 주님은 어둠을 밝히고 충만한 생명으로 되돌리는 빛이십니다(28). 빛은 악마가 접근하지 못하도록 합니다. 그러므로 시인은 그분을 의뢰하고 적군을 향해 달리며 담을 뛰어넘습니다(29).

그분의 말씀은 어떠합니까? 30절을 읽읍시다. "하나님의 도는 완전하고 여호와의 말씀은 순수하니 그는 자기에게 피하는 모든 자의 방패시로다." 하나님의 길은 흠이 없습니다. 주님은 약속하고, 그 약속에 따라 일하십니다. 그분은 당신의 말씀을 일하심으로 입증합니다. 그분의 말씀은 완전합니다. 금이나 은처럼 찌꺼기가 없습니다. 따라서 그분의 말씀을 의지할 수 있습니다. 그분은 당신에게 피하는 모든 사람의 방패이십니다.

그러므로 시인은 그분을 어떤 분으로 고백합니까? 여호와만이 하나님이십니다. 여호와 외에 다른 신은 없습니다. 그분만이 반석, 즉 완전한 피난처입니다(31).

그분은 시인을 어떻게 인도합니까? 그분은 힘으로 시인을 강하게 만드셨고, 그 길을 완전하게 하십니다(32). 그의 발을 암사슴 발 같게 하여 높은 곳에 세우셨습니다(33). 암사슴은 험악한 지형에서도 넘어지지 않고 잘 달립니다. 고대 전쟁에서 민첩함은 성공적인 전사의 중요한 자질이었습니다. 여호와는 그에게 싸우는 법을 가르치셨는데, 칼과 창과 화살을 사용하는 법을 가르치셨습니다(34). 또 그에게 구원의 방패를 주시고, 주님의 오른손으로 그를 붙드셨으며, 주님의 온유하심으로 그를 크게 하셨습니다(35). 그 길을 넓게 하셔서 넘어지지 않게 하셨습니다(36).

그 결과 시인의 삶은 어떻게 바뀌었습니까? 37절을 보십시오. "내가 내 원수를 뒤쫓아가리니 그들이 망하기 전에는 돌아서지 아니하리이다." 그동안 시인은 원수에게 쫓겨 다녔는데, 이제는 원수를 쫓는 자가 되었습니다. 그는 원수를 쳐서 다시는 일어나지 못하도록 했습니다(38). 주님께서 그에게 싸움터에 나갈 힘을 주시어 원수가 그 발 앞에 무릎 꿇게 했습니다(39). 주님께서 원수가 등을 돌려 달아나게 하셔서 그는 그들을 모조리 없애 버렸습니다(40). 그들이 부르짖으나 구원할 자가 없었고, 여호와께 부르짖어도 대답하지 않았습니다(41). 그는 그들을 먼지처럼 부수어 바람에 날려버렸고, 길바닥의 진흙처럼 짓이겨버렸습니다(42).

여호와는 그를 어느 정도 높이셨습니까? 주님께서 반역하는 백성에게서 그를 건지셨고, 알지도 못하던 민족이 그를 섬기도록 지도자로 세우셨습니다(43). 그들은 그의 소문을 듣자마자 와서 굽실거리며 무엇이든지 시키는 대로 했습니다(44). 그들은 넋이 빠져 숨었던 요새에서 기어 나왔습니다(45).

시인은 여호와를 어떤 분으로 찬송합니까? 46절을 읽읍시다. "여호와는 살아 계시니 나의 반석을 찬송하며 내 구원의 하나님을 높일지로다." 여호와는 살아 계십니다. 그분은 변하지 않는 생명력과 힘을 가지셨습니다. 여호와는 그 백성을 원수한테서 구원하시고, 그 아들딸을 죽음에서 구원하십니다. 여호와는 반석, 즉 가장 안전한 피난처이십니다. 시인은 그분을 찬송합니다. 구원의 하나님을 높입니다. 그분은 시인을 위하여 보복하고, 민족이 그에게 복종하도록 하십니다(47). 여호와는 시인을 구원할 뿐만 아니라, 대적하는 사람 위에 높이 드십니다(48).

그러므로 시인은 계속해서 무엇을 합니까? 49절입니다. “여호와여 이러므로 내가 이방 나라들 중에서 주께 감사하며 주의 이름을 찬송하리이다.” 그는 민족 가운데 여호와를 찬양하고, 그분의 이름을 찬송합니다. 사도 바울은 롬 15:9에서 이 말씀을 인용했습니다. “이방인들도 그 긍휼하심으로 말미암아 하나님께 영광을 돌리게 하려 하심이라 기록된 바 그러므로 내가 열방 중에서 주께 감사하고 주의 이름을 찬송하리로다 함과 같으니라.” 이방 사람은 그리스도를 통해 하나님의 은총을 받았습니다. 따라서 바울 사도는 그리스도의 왕권을 노래하며, 우리의 소망이 그분에게 있음을 찬양했습니다.

그 찬양의 내용은 무엇인가요? 50절도 읽읍시다. “여호와께서 그 왕에게 큰 구원을 주시며 기름 부음 받은 자에게 인자를 베푸심이여 영원토록 다윗과 그 후손에게로다.” 주님은 손수 세우신 왕에게 큰 승리를 주시고, 손수 기름을 부어 세우신 다윗과 그 자손에게 인자, 즉 한결같은 사랑을 영원무궁하도록 베푸십니다. 시인은 1절에서 주님께 대한 사랑 고백으로 시작하여 50절에서 주님이 베푸시는 인자로 마무리합니다. 시인이 주님을 사랑한다고 고백한 이유는 주님이 힘이기 때문입니다. 그 주님께서 자신과 그 후손에게 영원토록 사랑을 베푸십니다. 주님의 사랑은 힘든 사람에게 힘입니다.

오늘 우리는 누구를 사랑합니까? 보통의 사람은 돈을 사랑합니다. 사람을 사랑하고, 권력을 사랑합니다. 왜냐하면 돈이 힘이고, 사람과 권력이 힘이기 때문입니다. 그런데 우리가 모두 알듯이 돈도, 사람도, 권력도 그 힘이 영원하지 않습니다. 그래서 돈이 있고, 권력이 있음에도 불안합니다.

그러면 우리의 힘은 어디에 있습니까? 시인은 고백합니다. “나의 힘이신 여호와여 내가 주를 사랑하나이다”(1). 시인은 여호와를 사랑했습니다. 왜냐하면 여호와는 힘이기 때문입니다. 여호와의 힘은 어떤 상황에서도 변하지 않습니다. 여호와의 힘은 그 어떤 세력도 이깁니다. 세상의 그 어떤 원수도 이기고, 심지어 죽음까지도 이깁니다. 그러므로 그분을 사랑하는 사람, 그분의 말씀대로 사는 사람은 힘든 상황에서도 힘을 냅니다. 어려움을 당할 때 세상을 사랑하는 사람은 힘을 낼 수 없습니다. 하지만 여호와를 사랑하는 사람은 여호와로부터 힘을 덧입어 힘있게 삽니다.

우리가 이 사실을 언제 압니까? 힘든 일을 겪을 때 압니다. 우리는 삶의 현장에서 내 힘으로, 아니 주위의 힘으로 아무 일도 할 수 없을 때를 만납니다. 돈도, 사람도, 권력도 무기력할 때가 있습니다. 우리는 그때 힘이신 여호와를 만날 수 있습니다. 우리는 힘들 때일수록 그 힘든 일을 생각할 것이 아닙니다. 우리가 세상을 보면 세상에 갇히기 쉽습니다. 문제를 보면 문제에 빠지기 쉽습니다. 하지만 눈을 들어 나의 힘이신 여호와를 보면 답이 보이고 길이 열립니다. 그러면 우리도 그분을 향해 이렇게 고백을 할 수 있습니다. “I love you, O YHWH, my strength!”

19
여호와의 율법

말씀 시편 19:1-14
요절 시편 19:7
찬송 200장, 203장

"여호와의 율법은 완전하여 영혼을 소성시키며 여호와의 증거는 확실하여 우둔한 자를 지혜롭게 하며."

오늘 아침 우리 동네에 첫눈이 내렸습니다. '눈이 내렸다.'기 보다는 '하늘에서 흩뿌렸다.'라는 표현이 더 맞을 겁니다. 그런데도 눈을 보니 마음이 설렜습니다. 오늘 시편을 보면서 이런 질문을 합니다. 하나님 안에서 자연과 율법, 그리고 나와의 관계는 어떠합니까?

첫째, 자연(1-6)

1절을 읽읍시다. "하늘이 하나님의 영광을 선포하고 궁창이 그의 손으로 하신 일을 나타내는도다." '하늘'은 하나님과 천상의 존재가 사는 곳입니다. '궁창'은 '광활한 공간', '창공'을 말하는데, 지구를 둘러싸고 있는 넓은 하늘입니다.

히브리적 우주관에 의하면, 세상은 하늘과 땅과 바다의 3요소로 이루어졌습니다. 궁창을 거대한 천막으로 비유하기도 합니다(사 40:22). 궁창 아래의 물은 모여 바다가 되고, 궁창 위의 물은 하늘 창고에 보관했습니다(창 1:6, 7). 그 궁창에는 창이 있어서 그것을 열면 비가 내린다고 여겼습니다. 그런데 그 하늘은 자연과 역사 안에 드러나는 하나님의 힘과 위엄을 선포합니다. 그 궁창은 그분 손의 솜씨, 즉 하나님께서 지으신 세계를 나타냅니다.

여기에는 무슨 뜻이 있습니까? 고대 근동에서는 '마르둑(Marduk)' 신이 '혼돈의 물' 신인 '티아맛(Tiamat)'을 격파하고 둘로 쪼갬으로 윗물과 아랫물을 분리하여 궁창을 만들었다고 생각했습니다. 그러나 창조주 하나님께서 궁창을 만드셨습니다. 그 궁창이 하나님께서 하신 일을 나타냅니다. 작품을 보면 그 작품을 만든 사람을 알 수 있습니다. 그림을 보면 그 그림을 그린 화가를 생각할 수 있습니다. 바울 사도는 말했습니다. "창세로부터 그의 보이지 아니하는 것들 곧 그의 영원하신 능력과 신성이 그가 만드신 만물에 분명히 보여 알려졌나니 그러므로 그들이 핑계하지 못할지니라"(롬 1:20).

날과 밤은 무엇을 합니까? 2절입니다. "날은 날에게 말하고 밤은 밤에게 지식을 전하니." '날'은 찬란함과 위엄과 은총을 상징합니다. 물이 분수에서 솟아오르듯 날마다 그분의 찬란함이 이어집니다. '밤'은 신비와 조화와 아름다움과 평화를 상징합니다. 밤은 밤에게 하나님의 영광과 솜씨에 대한 지식을 전합니다. 피조물인 날과 밤은 하나님의 아름다움을 쉼 없이 노래합니다. 그것은 매일, 밤마다 쉼 없이 뛰는 이어달리기 선수와 같습니다.

하늘은 어떻게 그분의 영광을 증언합니까? 하늘은 언어도 없고 말씀도 없습니다. 들리는 소리도 없습니다(3). 하늘은 스스로 말할 수 없습니다. 하지만 하늘은 침묵하는 것처럼 보여도 엄청난 메시지를 전합니다. 여름 하늘의 뇌성, 청명하고 높은 가을 하늘의 구름 등은 하나님을 찬양하고 하나님에 관해 증언합니다. 하늘의 소리는 온 땅으로 퍼지고, 하늘의 말씀은 세상 끝까지 이릅니다(4a).

온 세상의 대표는 무엇입니까? 4절을 봅시다. "그의 소리가 온 땅에 통하고 그의 말씀이 세상 끝까지 이르도다 하나님이 해를 위하여 하늘에 장막을 베푸셨도다." 온 세상의 대표는 해입니다. 하나님은 해를 만드시고 하늘의 궁창에 두고 땅에 비취게 하셨습니다. 하나님은 해를 위해서 하늘에 천막을 세우셨는데, 해는 밤에 그곳에서 쉽니다. 흥미로운 점은 해가 '궁전'에 머물지 않고 '천막'에서 쉰다는 겁니다. 해의 영광과 하나님의 영광을 대조합니다.

바벨론은 해를 '해'라는 뜻인 '샤마쉬(Shamash)'로 부르며 최고의 신으로 숭배했습니다. 해는 매일 아침 높은 언덕에서 솟아서 빛나는 하늘의 큰 문을 열었습니다. 애굽은 '해의 도시'라는 뜻인 '헬리오폴리스(Heliopolis)'에서 해를 숭배했습니다. 매일 아침 해는 그 빛으로 '높고 좁으며 4개의 면을 지녔는데, 점점 가늘어지는 피라미드 모양의 꼭대기가 있는 방첨탑(方尖塔)'인 '오벨리스크(Obelisk)'의 꼭대기를 때리며 나타났습니다. 그들은 그곳을 태양신이 나타나는 장소로 여겼습니다.

그러나 성경은 해가 신이 아니라, 하나님의 손으로 만든 작품 중 하나로 증언합니다(창 1:16). 그 해는 하나님이 만든 천막에서 쉬다가 매일 아침 나옵니다.

그 해는 어떤 모습입니까? 5절입니다. "해는 그의 신방에서 나오는 신랑과 같고 그의 길을 달리기 기뻐하는 장사 같아서." 해를 신랑에 비유했습니다. 해의 화사하고 싱그러운 모습을 표현합니다. 해는 기뻐하는 신랑처럼 신선한 느낌을 줍니다. 해는 용사처럼 힘차게 길을 달립니다. 동쪽 지평선에서 매일 영광스럽게 솟아오르는 해는 신랑 같고, 서쪽 지평선까지 달리는 모습은 달리기를 즐기는 용사와 같습니다.

해는 또 이 끝에서 나와서 하늘 저 끝까지 운행하는데, 그의 열기에서 피할 사람이 없습니다(6). 빛 앞에서는 모든 것이 드러나기 때문입니다. 해는 아침마다 어김없이 솟아올라 어둠을 몰아내고 찬란한 아름다움과 힘을 드러냅니다. 그 모습은 해가 하나님의 영광을 찬양하는 것을 뜻합니다.

둘째, 율법(7-11)

그런데 해의 계시보다 더 확실한 계시는 무엇입니까? 7절을 읽읍시다. "여호와의 율법은 완전하여 영혼을 소성시키며 여호와의 증거는 확실하여 우둔한 자를 지혜롭게 하며." '율법'을 히브리어로 '토라'라고 하는데, 구약 성경을 뜻합니다. '토라'는 삶의 모든 영역을 가르칩니다.

그 '토라'의 첫 번째 특징은 무엇입니까? 완전하여 영혼을 소성시킵니다. '완전하다'라는 말은 '흠이 없다.'라는 뜻입니다. '소성'은 '까무러쳤다가 다시 깨어남', '중병을 치르고 난 뒤에 다시 회복함'을 뜻합니다. 여호와의 '토라'는 음식물의 영양분처럼 생기를 돋게 하여 활력을 되찾게 합니다. 생기는 사람이 힘을 잃거나 죽을 때 떠납니다. 그런데 '토라'는 우리의 영혼을 살립니다.

이 말씀에서 우리는 무엇을 배웁니까? 먼저, 우리 존재에 대한 인식입니다. 사람은 모두 생명을 가장 중요하게 여깁니다. 하지만 보통의 사람은 육신의 생명만을 생명으로 생각합니다. 우리는 육신의 생명과 함께 영혼의 생명도 있습니다. 그 둘을 따로 나눌 수 없습니다.

다음으로, 우리는 그 영혼을 말씀으로 소성하게 합니다. 현대인이 좋아하는 단어 중 하나는 '치유(healing)'입니다. 특별한 상처를 받아서가 아니라, 스트레스가 많아서 그 영혼이 병을 치른 그것처럼 약해졌기 때문입니다. 그래서 산행하며, 쉼을 누립니다. 지난주에 우리 몇몇 목자도 소백산 등산과 함께 맛집도 다녀왔는데, 새 힘을 얻은 것처럼 좋더군요. 하지만 우리 영혼은 그것만으로 소성할 수 없습니다. '토라'를 먹어야 합니다. 그것은 '거룩한 독서(Lectio Divina)'로 부르는 개인적인 성경 읽기로부터 주일예배 설교를 포함합니다.

태초의 인간이 처음 들었던 말은 누구의 말이었습니까? 다른 사람의 말이 아닌 하나님의 말씀이었습니다. 그랬을 때 그들은 행복했고, 그 영혼이 풍요로웠습니다. 하지만 그들이 하나님의 말씀 대신 뱀의 말을 들었을 때 어떻게 되었습니까? 그들은 교만하여 죄를 짓고 말았습니다(창 3:6). 그 생명은 죽어갔습니다.

그 점에서 인류의 유일한 희망은 무엇입니까? 여호와의 말씀입니다. 그 말씀이 어디에 있습니까? 교회에 있습니다. 그러므로 인류의 희망은 교회입니다. 그런데도 역사에서 인류는 교회 밖에서 희망을 찾으려고 노력했습니다. 그 결과 교회는 세상 밖으로 밀려났고, 인류의 장래는 밝지 않습니다. 교회가 인류의 희망으로 자리를 잡을 때 인류의 장래가 밝습니다.

그러므로 교회가 교회다워지려면 무엇을 해야 합니까? 교회의 중심에 여호와의 '토라'가 있어야 합니다. '토라'는 하나님의 구원 사역에서 유일한 길이기 때문입니다. 말씀은 역사의 소용돌이 속에서 여전히 영혼을 구원하고 교회를 세우며, 성도를 양육하기 위해서 주신 하나님의 도구입니다. 말씀은 교회의 토대이며, 교회는 말씀의 수호자입니다. 교회가 건강하면 말씀의 빛이 밝게 빛나나, 교회가 병들면 말씀은 삶의 변두리로 밀려납니다. 그 점에서 교회와 말씀은 항상 운명을 같이합니다. 교회가 말씀을 과감하게 선포할 때 성도는 영양분을 공급받아 소성합니다. 우리가 '말씀 중심'의 교회, '말씀 중심'의 신앙을 강조하는 이유가 여기에 있습니다. 우리가 이 밤에 시편을 배우는 이유도 여기에 있습니다.

둘째로, '토라'는 확실하여 어리석은 사람을 지혜롭게 만듭니다. 아담과 하와는 '선악을 알게 하는 나무의 열매'를 먹고 지혜를 얻고

자 했습니다(창 3:6). 하지만 그들은 지혜를 얻지 못했습니다. '토라'가 사람을 지혜롭게 합니다. 성경은 세상의 모든 책을 소유한 가장 큰 도서관과 같습니다.

셋째로, '토라'는 정직하여 마음을 기쁘게 합니다(8a). 여호와의 말씀은 그분의 행동과 일치합니다. 따라서 그분의 말씀은 사람을 기쁘게 합니다. 우리가 마음이 우울할 때, 답답할 때 말씀을 가까이하면 우울감이 사라집니다.

넷째로, '토라'는 순결하여 눈을 밝게 합니다(8b). '눈을 밝게 한다.'라는 말은 '어떤 것을 깨닫는다.'라는 뜻입니다. 눈에서 빛이 사라지면 죽음이 가까이 온 겁니다. 해는 자연의 빛을 비추지만, '토라'는 영혼의 눈을 밝혀줍니다.

다섯째로, 여호와를 경외하는 도는 정결하여 영원까지 이릅니다(9a). '여호와를 경외하는 도'란 '토라'입니다. '토라'는 정결하여 영원히 남아 있습니다. 세상은 없어져도 하나님의 말씀은 영원합니다. 예수님은 말씀하셨습니다. "진실로 너희에게 이르노니 천지가 없어지기 전에는 율법의 일점일획도 결코 없어지지 아니하고 다 이루리라"(마 5:18). 말씀만이 영원하기에 우리는 그 말씀을 믿습니다.

여섯째로, 여호와의 법은 진실하여 다 의롭습니다(9b). '토라'는 의롭습니다. 그래서 사람을 의롭게 합니다. 바울 사도는 말했습니다. "모든 성경은 하나님의 감동으로 된 것으로 교훈과 책망과 바르게 함과 의로 교육하기에 유익하니"(딤후 3:16).

그 '토라'의 맛이 어떠합니까? 10절을 읽읍시다. "금 곧 많은 순금보다 더 사모할 것이며 꿀과 송이 꿀보다 더 달도다." '토라'는 금보다 순금보다 더 탐스럽고, 꿀보다 송이 꿀보다 더 달콤합니다. 꿀은 혀끝에만 달지만, '토라'는 영혼에 달콤함을 줍니다. 왜냐하면 '토라'

는 생명을 소성하기 때문입니다.

그러나 시인은 '토라'에 대해 어떤 자세를 품어야 합니까? 그는 그 말씀으로 깨우침을 받고, 그대로 살면 큰 상을 받는다는 자세를 품어야 합니다(11).

셋째, 나(12-14)

시인은 '토라' 앞에서 자신에 관해 무엇을 깨닫습니까? 12절을 보십시오. "자기 허물을 능히 깨달을 자 누구리요 나를 숨은 허물에서 벗어나게 하소서." 시인은 율법의 영광을 노래하다가 자신의 부족함을 깨닫습니다. 그는 해를 보고 율법을 생각했습니다. 그러나 영광스러운 율법을 볼 때, 그는 자신의 허물을 깨달았습니다. 그는 자신의 숨은 허물에서 벗어나도록 기도합니다.

그는 계속해서 무엇을 위해 기도합니까? 그는 고의로 죄를 짓지 않도록 막아주셔서 죄의 손아귀에 잡히지 않도록 기도합니다. 그래야 그는 온전하게 되어 모든 죄악을 벗어 버릴 수 있기 때문입니다(13). 그는 죄를 짓지 않는 완벽한 사람으로 자라는 것이 아니라 큰 죄를 피하기를 바랍니다. 그는 하나님께 반역하는 죄를 짓지 않는 것, 즉 우상숭배 하지 않도록 기도합니다.

자기를 발견하고 기도하는 그로부터 무엇을 배웁니까? 사람은 말씀 앞에 설 때 자기 모습을 볼 수 있습니다. 말씀은 나를 비추는 거울입니다. 거울 없이 자기를 볼 수 없듯이 말씀 없이 자기를 알 수 없습니다. 그 점에서 말씀을 꾸준하게, 진실하게 배우는 사람과 그렇지 않은 사람은 차이가 날 수밖에 없습니다. '사람이 우물 안 개구리로 사느냐?' '우물 밖 넓은 세계에서 사느냐?'에 따라 그 존재가 다르지 않습니까? 사람이 산이나 바다에 가면 겸손합니다. 대자연 앞에서 인간의 연약함을 깨닫기 때문입니다. 누구든지 하나님의 말씀 앞에 서면 죄인인 자기를 깨닫고 그분께 기도합니다.

19(19:1-14)

시인이 기도하는 그분은 누구십니까? 그분은 그의 반석입니다. 그분은 그의 구속자입니다. 그분은 여호와이십니다. 시인은 그 여호와께서 입의 말과 마음의 묵상을 기꺼이 받아주시도록 기도합니다(14).

이상에서 시인과 '토라', 그리고 자연과의 관계에 대해 무엇을 배울 수 있습니까? 시인은 하늘과 궁창 즉 '대우주'에서 해 즉 '소우주'를 거쳐 '토라'를 만났습니다. 그는 우주와 그 영광을 바라보며 '토라'의 완전함을 묵상하다가 하나님 앞에서 겸손을 느꼈습니다. 그는 해와 율법을 대조하면서 드러나지 않은 자신의 잘못이 있음을 깨닫고 하나님께 용서를 구했습니다. 하나님의 피조물로서 태양 빛의 투명함, 율법의 보배로움, 인간의 겸손이 하나로 뭉쳐서 하나님의 찬란한 영광을 드러냅니다. 태양이 없으면 생명체가 존재할 수 없듯이 하나님의 말씀이 없으면 사람도 존재할 수 없습니다. 우리가 하나님의 말씀을 통해 우리의 교회와 내 영혼이 소성하여, 이 세상에 꿈과 희망을 줄 수 있기를 기도합니다.

20
하나님의 이름을 자랑하리로다

말씀 시편 20:1-9
요절 시편 20:7
찬송 350장, 357장

"어떤 사람은 병거, 어떤 사람은 말을 의지하나 우리는 여호와 우리 하나님의 이름을 자랑하리로다."

소크라테스(Socrates)에게 땅 부자가 와서 땅을 자랑했습니다. 소크라테스가 세계지도를 펼치며 묻습니다. "자랑하는 그 땅을 이 지도에 표시할 수 있나요?" 그 부자는 당황하며 말합니다. "제 땅이 아무리 넓어도 세계지도에 표시할 정도는 아닙니다." 소크라테스는 "그렇다면 자랑하지 말아야지요."라고 했다는군요. 사람은 자랑하기를 좋아합니다. 그러나 우리가 정말로 자랑해야 할 그것은 무엇입니까?

1절을 읽읍시다. "환난 날에 여호와께서 네게 응답하시고 야곱의 하나님의 이름이 너를 높이 드시며." '환난 날'은 '시련의 때'인데, '전쟁의 때'를 말합니다. 시인은 전쟁을 앞두고 여호와께 기도합니다. 그 기도는 개인 기도가 아니라 공동체 기도입니다. 여기서 '네게'는 왕을 말합니다. 왕은 전장으로 떠나기 전에 여호와께 제사를 지냈습니다. 시인은 그 제사 때 기도했습니다.

그 기도의 내용은 무엇입니까? 여호와께서 응답하시고, 야곱의 하나님의 이름이 왕을 높이 드시는 겁니다. '야곱의 하나님'은 야곱을 구원하고 인도하신 분입니다. 그분께서 전장으로 나가는 왕을 구원하고 인도하셔서 높이 드시도록 기도합니다. 그것은 전쟁에서 이기는 겁니다.

그런데 전쟁을 앞두고 기도하는 모습을 통해 무엇을 배웁니까? 현실 문제를 보는 렌즈입니다. 시인의 관심은 저쪽에 있는 군대에 있지 않습니다. 여호와 하나님께 있습니다. 그는 전쟁에서 이기는 전략 전술을 짜기 전에 하나님께 기도했습니다. 어찌 보면 그런 그의 자세가 비현실적으로 보입니다. 시간만 낭비하는 그것처럼 보일 수 있습니다. 그러나 그 시간은 정말로 소중한 시간입니다. 왜냐하면 여호와 하나님을 만나고, 그분의 도움을 받는 시간이기 때문입니다.

선지자 사무엘은 블레셋이 이스라엘과 싸우려고 가까이 왔을 때 미스바에서 제사를 지냈습니다. 그는 싸움하기 전에 여호와를 의지하고 온전한 도움을 청한 겁니다. 그랬을 때 여호와께서 블레셋 사람에게 큰 우레를 발하여 그들을 어지럽게 하시니 그들이 이스라엘 앞에서 패했습니다(삼상 7:9-10).

캐나다 여성 신학자인 마르바 던(Marva J. Dawn)이 있는데, 그녀는 한쪽 눈은 보이지 않고, 두 다리는 혼자 걸을 수 없을 정도로 불편합니다. 그 외에 심각한 병을 앓고 있다는군요. 그런데도 그녀는 병중에도 건강하게 살아야 할 이유를 성경에서 찾았는데, 특히 예배에서 찾았습니다.

그녀가 쓴 책 중에 『고귀한 시간 낭비』 *A Royal Waste of Time*가 있습니다. 그는 책에서 "예배는 완전한 시간 낭비, 그러나 가장 고귀한 낭비"라는 역설을 말합니다. "우리는 하나님을 예배하는 것을 개인적인 기호와 시간, 편의와 위안의 문제로 바꾸려는 시대와

문화에서 살고 있다. 세상의 눈으로 보면 예배는 그야말로 시간 낭비이다. 사회적 관점에서 보면 예배에 참석해서 얻는 유익은 없다. 그러나 우리가 예배하는 단 한 가지 이유는 하나님께서 예배를 받으시기에 합당하기 때문이다. 하나님은 언제나 긍휼과 용서가 넘치는 분이기에 우리가 그분께 나아갈 때 우리를 기꺼이 용서하신다. 예배는 시간 낭비이다. 그러나 참으로 고귀한 시간 낭비이다. 예배는 우리를 우주의 왕이신 하나님의 고귀한 '광휘(光輝, splendor, 환하고 아름답게 눈이 부심)'에 빠져들게 하기 때문이다."

예배는 우리가 의도적으로 마음과 시간을 하나님께 드리는 시간입니다. 많은 일을 뒤로 하고 삶의 우선순위를 하나님께 드리는 시간입니다. 그 시간은 결코 낭비가 아닙니다. 오히려 하나님께서 우리의 마음을 받으시고, 우리 안에서 일하는 그 사실을 깨닫는 고귀한 시간입니다. 그 점에서 오늘 시인도 전장으로 떠나기 전 하나님께 예배하며 기도했습니다.

시인은 계속해서 무엇을 기도합니까? 2절입니다. "성소에서 너를 도와주시고 시온에서 너를 붙드시며." 시인은 여호와께서 성소에서 왕을 도와주시고, 시온에서 왕을 붙드시도록 기도합니다. 여호와께서 왕이 드리는 모든 소제를 기억하시며, 번제를 받아 주시도록 기도합니다(3). 시인은 여호와께서 왕의 소원대로 허락하시고, 그 모든 계획을 이루어 주시도록 기도합니다(4). '왕의 소원'과 '계획'은 전쟁에서 이기는 겁니다. 시인은 여호와께서 전쟁에서 이기게 하실 줄 믿고 기도합니다.

시인은 기도하면서 무엇을 기대합니까? 5절을 읽읍시다. "우리가 너의 승리로 말미암아 개가를 부르며 우리 하나님의 이름으로 우리의 깃발을 세우리니 여호와께서 네 모든 기도를 이루어 주시기를 원하노라." 우리, 즉 모든 백성은 왕의 승리를 통해 개가를 부르길 기대합니다. '개가'란 '기뻐 소리친다.'라는 뜻입니다. 시인은 왕이 전쟁에서 승리하여 기뻐 소리치고, 하나님의 이름으로 승리를 기념하는 깃발을 세우기를 원합니다.

이런 원함은 어디에서 왔습니까? 6절을 보십시오. "여호와께서 자기에게 기름 부음 받은 자를 구원하시는 줄 이제 내가 아노니 그의 오른손의 구원하는 힘으로 그의 거룩한 하늘에서 그에게 응답하시리로다." '기름 부음 받은 자'는 여호와께서 특별하게 선택하여 세운 종입니다. 여호와는 당신이 기름 부어 세운 종을 구원하십니다. 시인은 하나님이 왕에게 구원의 승리를 주실 줄 확신합니다. 여호와께서 당신이 세우신 종에게 응답하실 줄 확신합니다. 그는 주님의 힘찬 오른손으로 왕에게 승리를 안겨 주실 줄 믿습니다. 시인이 승리의 개가를 바라는 근거는 승리의 확신에 있습니다.

그러나 어떤 사람은 무엇을 합니까? 7절을 읽읍시다. "어떤 사람은 병거, 어떤 사람은 말을 의지하나 우리는 여호와 우리 하나님의 이름을 자랑하리로다." 어떤 사람은 병거, 어떤 사람은 말을 의지합니다. 여기서 '어떤 사람'은 이스라엘과 싸우는 적을 말합니다. 당시 병거와 말은 가장 강한 무기였습니다. 그것은 오늘날 최고의 '기갑부대' 내지는 '핵무기'에 해당할 겁니다. 어떤 사람이 전쟁에서 강력하고 첨단 무기를 의지하는 그것은 너무나 당연합니다.

그러나 우리는 누구를 의지합니까? 우리는 여호와 우리 하나님의 이름을 자랑합니다. '자랑한다.'라는 말은 '생각한다.' '기억한다.'라는 뜻입니다. 즉 '여호와의 이름을 기억한다.'라는 말입니다. 전쟁에서 적들은 최첨단 무기를 의지하는데, 우리는 여호와의 이름을 기억합니다. '어떤 사람'과 '우리'가 너무나 대조됩니다.

그러면 그 대조는 어떤 결과를 낳습니까? 8절을 읽읍시다. "그들은 비틀거리며 엎드러지고 우리는 일어나 바로 서도다." 최첨단 무기를 의지한 어떤 사람은 비틀거리며 엎드러졌습니다. 인간의 뛰어남을 의지한 그들은 그들의 기대와는 달리 죽음의 구렁텅이에 빠졌습니다. 하지만 여호와의 이름을 자랑하는 우리는 일어나 바로 섭니다. 어떤 사람이 넘어질 때 우리는 똑바로 섭니다.

우리는 무엇을 배웁니까? 전쟁에서 승리의 요인은 무기를 의지하는 데 있지 않습니다. 여호와의 이름을 자랑하는 데 있습니다. 시편에서 왕은 전투를 앞두고 여호와께 예배했습니다. 그는 예배를 통해 하나님의 주권을 인정하고, 그분을 의지하고 그분께 모든 일을 맡겼습니다. 그랬을 때 싸움에서 이겼습니다.

오늘 우리의 삶도 싸움터와 같습니다. 우리는 삶의 현장에서 크고 작은 문제와 끊임없이 씨름해야 합니다. 그런데 그 싸움에서 나 혼자 싸워서 이길 수 없습니다. 우리는 누군가를, 뭔가를 의지해야 합니다. 우리는 누구를 의지해야 합니까? 오늘도 어떤 사람은 자기의 강력한 무기를 의지합니다. 자기 생각, 세상 돌아가는 분위기, 그리고 돈이나 권력을 의지합니다. 그것은 삶에서 상당한 힘을 나타내기도 합니다.

1981년부터 1996년 사이에 태어난 '2030 세대'를 '밀레니엄(MZ) 세대'라고 부릅니다. 앞선 다른 세대들과 비교해서 짧아지는 근속 연수, 잦은 퇴사율은 현재 밀레니엄 세대를 대표하는 수식어입니다. 또 밀레니엄 세대는 현재 대한민국 모든 세대를 통틀어 가장 우울한 세대라고도 하지요. 우울증에 고통받는 상황을 '탈진 증후군(burnout syndrome)'이라고 합니다.

그런데 왜 미래를 이끌 그들이 '탈진 증후군'을 앓을까요? 여러 이유가 있지만, 상대적 박탈감이 크기 때문입니다. 특히 'SNS'에 올라오는 타인의 행복한 일상을 보면서 느끼는 상대적 박탈감이 문제입니다. 사실 'SNS'에 올라오는 사진은 특별한 상황입니다. 그것을 일반화하지 않아야 합니다. 그런데도 그 사진을 보면서 많은 사람은 다른 사람보다 행복해야 한다는 '행복 강박증'에 빠집니다. 특히 오늘의 '2030 세대'가 여기에 예민하게 반응한다는군요. 그러다 보니 과도하게 물질을 의지할 수밖에 없는 구도가 생긴 겁니다. 이런 현실에서 믿음의 길을 걷는 우리조차도 상당한 유혹을 받기 쉽습니다. 세상처럼 살지 않으면 불안합니다.

하지만 우리는 내 힘이나 능력이 아닌 하나님의 이름을 자랑함으로 싸워야 합니다. 그렇다고 해서 삶에 관해서 아무런 대비도 하지 말라는 말은 아닙니다. 우리는 철저히 최선을 다해 준비해야 합니다. 다만 궁극적으로는 하나님을 의지해야 한다는 겁니다. 설교학에서 이런 말이 있습니다. "메시지를 준비할 때는 성령님이 계시지 않은 것처럼 준비해라. 하지만 메시지를 전할 때는 성령님만 계시는 그것처럼 그분만을 믿고 전해라." 우리는 삶에서 최선을 다하지만, 궁극적으로는 성령님을 의지하며 살아야 합니다. 즉 삶에서 언제나 하나님의 이름을 자랑하라는 뜻입니다.

'하나님의 이름을 자랑한다.'라는 말은 어떻게 하는 겁니까? 그것은 하나님을 믿고 기도함을 뜻합니다. 다윗은 일찍이 그 경험을 했습니다. 키가 거의 3m인 블레셋 사람 골리앗이 이스라엘을 쳐들어왔는데, 아무도 그를 이기지 못했습니다. 그때 소년 다윗은 매끄러운 돌 다섯을 주머니에 넣고 손에 물매를 가지고 그에게 갔습니다. 그리고 말합니다. "너는 칼과 창을 가지고 나왔지만 나는 전능하신 여호와, 곧 네가 모욕하는 이스라엘 군대의 하나님의 이름으로 나왔다." 그는 주머니에서 돌 하나를 끄집어내어 물매로 그에게 던졌습니다. 그러자 그 돌은 골리앗의 이마에 정통으로 맞아 꽂히고, 그는 땅바닥에 쓰러졌습니다(삼상 17:4, 40, 45, 49). 다윗은 여호와의 이름을 자랑했을 때 승리했습니다. 그러므로 그는 계속해서 그분을 믿고 기도할 수 있습니다.

그러면 여호와께서 어떻게 응답하십니까? 9절입니다. "여호와여 왕을 구원하소서 우리가 부를 때에 우리에게 응답하소서." 시인은 환난 날 여호와를 불렀습니다. 여호와는 응답하십니다. 여호와는 왕을 구원하십니다. 여호와는 우리가 기도할 때 응답하십니다. 여호와는 지금도 여전히 살아 계셔서 일하십니다. 그러므로 우리는 그분을 믿을 수 있고, 자랑할 수 있고, 기도할 수 있습니다.

우리가 삶에서 힘들고 어려울 때, 내 마음대로 일이 잘 풀리지 않을 때 어떻게 해야 합니까? 마음이 답답하고 안타까울 때, 내 힘으로는 도저히 답을 찾을 수 없을 때 누구를 의지해야 합니까? "어떤 사람은 병거, 어떤 사람은 말을 의지하나 우리는 여호와 우리 하나님의 이름을 자랑하리로다"(7).

21
여호와를 의지하오니

말씀 시편 21:1-13
요절 시편 21:7
찬송 542, 546장

"왕이 여호와를 의지하오니 지존하신 이의 인자함으로
흔들리지 아니하리이다."

찬송가 490장에 이런 가사가 있습니다. "세상 풍조는 나날이 변하여도 나는 내 믿음 지키리니…" 이 가사처럼 세상의 풍조는 나날이 변합니다. 우리 삶의 현장은 정말로 급격하게 바뀝니다. 우리는 그런 세상에서 믿음을 지키면서 살아야 합니다. 우리는 어떤 문제와 어려움을 만날지라도 흔들리지 말아야 합니다. 어떻게 그렇게 할 수 있습니까?

1절을 봅시다. "여호와여 왕이 주의 힘으로 말미암아 기뻐하며 주의 구원으로 말미암아 크게 즐거워하리이다." 오늘 시편은 지난 20편에서 드린 기도를 응답받고 왕이 전쟁에서 승리를 거두고 기뻐하는 모습입니다. 20편은 왕이 싸움터로 나가기 전에 했던 기도이고, 21편은 싸움에서 이긴 후에 한 노래입니다.

이 노래에서 핵심은 '주의 힘으로', '주의 구원으로'입니다. 왕이 싸움에서 이긴 힘은 자기 힘이나 군대의 힘이 아닙니다. 그것은 오직 여호와의 힘이었습니다. 다시 말하면 여호와께서 싸움에서 그를 구원하셨기 때문입니다. 그 힘과 구원은 여호와의 언약적 사랑의 증거입니다. 여호와께서 그를 선택하고, 쓰심에 대한 증거입니다. 그 사실을 안 시인은 주님의 힘과 주님의 구원을 기뻐하며 크게 즐거워합니다.

이런 말이 있습니다. "사람이 화장실에 들어갈 때와 나올 때 마음은 다르다." 사람의 필요 상태에 따라 그 태도가 달라짐을 꼬집은 말입니다. 그런데 많은 사람이 그렇게 삽니다. 하지만 오늘 시인은 싸움터로 나갈 때 여호와의 힘을 의지했는데, 그 힘으로 이겼음을 고백합니다. 그리고 즐거워합니다.

시인이 크게 즐거워하는 또 다른 이유는 무엇입니까? 2절입니다. "그의 마음의 소원을 들어주셨으며 그의 입술의 요구를 거절하지 아니하셨나이다(셀라)." 시인은 20:5에서 "여호와께서 왕의 모든 기도를 이루어 주시기를 원하노라."라고 기도했습니다. 그런데 여호와께서 왕의 마음에서 나오는 기도를 들어주셨습니다. 주님은 그 종이 구하지 않은 것까지도 주셨습니다. 주님은 그 입술의 요구를 거절하지 않으셨습니다. 왕의 소원과 여호와의 마음이 같았기 때문입니다. 왕은 주님을 사랑하고 그분의 말씀에 순종했기 때문입니다.

여호와는 왕에게 또 무엇을 하셨습니까? 3절입니다. "주의 아름다운 복으로 그를 영접하시고 순금 관을 그의 머리에 씌우셨나이다." '복으로 영접한다.'라는 말은 '주님께서 왕에게 선물을 주시고, 앞에서 나가신다.'라는 뜻입니다. 여호와는 왕을 보호하고 인도하십니다.

모압 사람이 이스라엘을 빵과 물로 영접하지 않고 발람을 고용하여 저주하려고 했습니다. 그때 하나님께서 이스라엘보다 앞서가셔서 발람의 저주를 복으로 바꾸셨습니다(신 23:5). 이처럼 여호와께서 왕에게 다가오는 저주를 복으로 바꾸셨습니다.

그리고 순금 관을 그의 머리에 씌우셨습니다. 여기서 중요한 점은 '왕이 스스로 관을 쓴 것이 아니라, 여호와께서 씌우셨다.'라는 겁니다. 하나님만이 진정한 왕이시므로 세상 왕은 하나님의 왕권을 대표할 뿐입니다. 그는 왕직을 하나님한테서 받았습니다. 이런 말이 있습니다. "왕은 하나님의 어리석은 신하일 뿐이다."

왕은 여호와께 무엇을 구했습니까? 4절을 읽읍시다. "그가 생명을 구하매 주께서 그에게 주셨으니 곧 영원한 장수로소이다." 왕은 싸움터로 나가기 전 전쟁에서 자신의 생명을 지켜주시도록 여호와께 기도했습니다. 그런데 여호와께서 그 생명을 보호하셨고, 오래오래 살도록 긴긴날을 허락하셨습니다. 왕은 생명의 넉넉함을 누립니다. 하나님은 다윗의 생명뿐만 아니라, 그 왕조를 계속해서 이어가도록 하셨습니다.

또 어떤 복을 주셨습니까? 주님께서 왕에게 승리를 주셨습니다. 그리하여 그에게 영광, 존귀, 위엄을 주셨습니다(5). 영광, 존귀, 위엄은 하나님의 성품입니다. 왕은 하나님을 반영하는 존재가 된 겁니다. 그 결과 왕은 복이 되었습니다(6). 그것은 마치 아브라함이 복이 된 것과 같습니다(창 12:2). 왕은 주님의 복을 소유하며 전하는 사람입니다. 왕은 주님 복의 통로로서 그 복을 받아서 백성에게 전해 줘야 합니다. 그런 그는 한없는 기쁨을 누립니다.

그 모든 삶의 뿌리가 어디에 있습니까? 7절을 읽읍시다. "왕이 여호와를 의지하오니 지존하신 이의 인자함으로 흔들리지 아니하리이다." '의지한다.'라는 말은 여호와와 왕의 관계에서 핵심 요소입니다. 여호와한테서 받는 모든 축복의 필수조건입니다.

왕이 여호와를 의지하니 그의 삶은 어떠합니까? 지존하신 여호와의 인자함으로 흔들리지 않습니다. '인자'는 하나님의 은혜로운 사랑입니다. 왕은 여호와를 의지하고, 여호와는 왕에게 인자를 베풉니다. 그런 사랑을 받은 그는 삶의 역경에서 흔들리지 않습니다.

삶에서 흔들리지 않을 비결은 무엇입니까? 여호와를 의지하는 겁니다. 왕의 길은 물론이고, 의인의 삶도 긴장의 연속입니다. 험난한 길입니다. 그 믿음이 흔들리기 쉽습니다. 그러다 무너질 수 있습니다. 그러나 여호와를 의지하는 왕은 흔들리지 않습니다. 주님을 의지하는 사람은 흔들리지 않습니다. 잠언 말씀입니다. "의인은 영영히 이동되지 아니하여도 악인은 땅에 거하지 못하게 되느니라"(잠 10:30). 이런 말입니다. "의인은 영원히 흔들리지 않지만, 악인은 땅에서 배겨내지 못한다." 왜냐하면 의인은 여호와를 의지하지만, 악인은 여호와를 의지하지 않기 때문입니다.

이사야는 앗수르의 위협에 직면하여 공포에 휩싸인 아하스 왕에게 말했습니다. "만일 너희가 (여호와를) 굳게 믿지 아니하면 너희는 굳게 서지 못하리라"(사 7:9b). 아하스는 자신을 택하여 왕으로 세우신 그분을 믿어야 했습니다. 하지만 그는 "나는 여호와를 시험하지 아니하겠나이다."(사 7:12b)라고 말했습니다. 그는 여호와를 의지하지 않았습니다. 그런 그의 마음은 마치 거센 바람 앞에서 요동하는 수풀처럼 흔들렸습니다(사 7:2).

그러나 다윗은 전쟁하러 갈 때도 하나님을 의지했습니다. 전쟁에서 이기고 돌아와서도 하나님을 의지합니다. 다윗은 과거 목자였을 때도 하나님을 의지했고, 지금은 왕인데도 의지합니다. 그는 과거에도 하나님을 의지했고, 현재도 의지하고, 미래에도 의지할 겁니다. 그는 언제, 어디서나 오직 하나님만을 의지합니다. 그런 다윗은 당시 세상 왕들이 가는 길을 가지 않고, 오직 하나님께서 원하시는 길, 하나님께서 기뻐하시는 길을 걷습니다. 그런 그는 그분의 한결같은 사랑으로 흔들리지 않습니다.

21(21:1-13)

하나님은 애굽에서 포로로 있던 그 백성을 약속의 땅으로 인도하셨습니다. 그 내용을 기록한 성경인 출애굽기를 영어로 'Exodus'라고 하잖아요. 그런데 헬라어로 'Ex'는 '밖으로'이고, 'hodos'는 '길'이라는 뜻입니다. 이스라엘이 하나님의 뜻을 따르려면 일상의 길에서 나오는, 즉 '그 길 밖으로 나와야' 합니다. 그런데 그들 중 대부분은 '그 길 밖으로 나오지' 않았습니다. 과거의 애굽에서 벗어나려는 마음이 없었고, 새로운 길로 들어가려고 하지 않았습니다. 다시 말하면, 그들은 하나님을 의지하기보다 자기와 세상을 의지한 겁니다. 그런 그들은 믿음이 흔들렸고, 삶이 무너졌습니다.

오늘 우리는 무엇을 배웁니까? 우리의 삶은 싸움터와 닮았습니다. 크고 작은 어려움을 겪습니다. 그런데 중요한 점은 삶의 어려움이 아니라, 그 어려움 앞에서 내가 무엇을 의지하느냐에 있습니다.

'침대 없는 침대 광고'로 알려진 한 회사의 광고입니다. "흔들리지 않는 편안함." 잠자리는 물론이고 삶의 여정이 흔들리면 편안함을 누리지 못합니다. 불면증에 시달리듯 불안증에 시달립니다. 불면증, 불안증은 침대 문제가 아니라, 믿음 문제입니다. 즉 누구를 의지하느냐의 문제입니다.

우리가 지난날을 돌아보면, 어려움이 없어서가 아니라, 어려움 속에서 하나님을 의지했기에 오늘에 이른 겁니다. 우리는 하나님을 의지해서 감당하기 힘든 어려움을 이겼습니다. 그러므로 오늘은 물론이고, 내일도 그분을 의지함으로 내 믿음이 흔들리지 않기를 바랍니다. 믿음이 흔들리지 않아서 내 삶이 평안하기를 바랍니다.

삶이 흔들리지 않은 왕은 누구를 찾습니까? 왕의 손이 왕의 모든 원수를 찾아내며, 왕을 미워하는 사람을 사로잡을 겁니다(8). 왕이 몸소 나타나실 때 원수를 풀무불에 던질 겁니다. 여호와께서 진노하셔서 그들을 불태우시고, 불이 그들을 삼키게 하실 겁니다(9). 원수는 지옥 벌을 받고, 꺼지지 않는 불에 태워집니다.

왕은 원수의 자손을 어떻게 합니까? 10절입니다. “왕이 그들의 후손을 땅에서 멸함이여 그들의 자손을 사람 중에서 끊으리로다.” 옛적에 전쟁할 때 군인만 멸하지 않고, 그 자식도 멸했습니다. 적국의 왕은 물론이고 그 후손을 멸하는 그것이 일반적이었습니다. 이것은 원수의 완전한 파멸과 왕의 완전한 승리를 뜻합니다.

따라서 원수가 음모를 꾸며도 어떻게 됩니까? 비록 그들이 왕을 해하려고 음모를 꾸밀지라도 이루지 못합니다(11). 왜냐하면 왕이 그들로 돌아서게 하기 때문입니다. 그들의 얼굴을 향하여 활시위를 당기기 때문입니다(12).

그 백성은 무엇을 합니까? 13절을 읽읍시다. “여호와여 주의 능력으로 높임을 받으소서 우리가 주의 권능을 노래하고 찬송하게 하소서.” 백성은 여호와께 기도합니다. “여호와여, 여호와의 능력으로 높임을 받으소서! 우리는 노래하고 당신의 힘을 찬양할 겁니다.” 왕은 여호와의 힘 안에서 즐거워했습니다(1). 백성은 주님을 노래하고 그 힘을 찬송합니다.

오늘 우리는 이 찬송을 누구에게 적용할 수 있습니까? 예수 그리스도께 적용할 수 있습니다. 그분은 우리의 왕이셔서 그분의 권능을 노래하기에 합당한 분이십니다. 그리스도는 세상 왕과 달리 신체적인 힘이나 잔인한 힘을 사용하지 않으셨습니다. 오히려 선의 힘, 고난을 겪는 힘, 그리고 사랑하는 힘을 보이셨습니다.

나폴레옹(Napoléon Bonaparte)은 ‘워털루 전투(Battle of Waterloo)’에서 패배한 후에 세인트 헬레나(Saint Helena)에 갇혔습니다. 그때 그는 이런 말을 한 것으로 알려졌습니다. “예수 그리스도는 가장 훌륭한 사람이다. 나는 사라지는 왕국을 세웠지만, 그분의 나라는 절대

사라지지 않을 것이다. 나는 힘으로 세웠지만, 그분은 사랑 위에 세우셨다." 여호와의 왕국, 그리스도 왕의 나라만이 영원합니다.

우리는 삶의 싸움터에서 누구를 의지해야 합니까? 시편 20:7은 말했습니다. "어떤 사람은 전차를 자랑하고, 어떤 이는 기마를 자랑하지만, 우리는 여호와 우리 하나님의 이름만을 자랑한다." 오늘 21:7은 노래합니다. "왕이 여호와를 의지하오니 지존하신 이의 인자함으로 흔들리지 아니하리이다"(21:7).

22
버림받음과 찬송

말씀 시편 22:1-31
요절 시편 22:1
찬송 343장, 345장

"내 하나님이여 내 하나님이여 어찌 나를 버리셨나이까 어찌 나를 멀리하여 돕지 아니하시오며 내 신음 소리를 듣지 아니하시나이까."

오늘의 시는 다윗이 성가대 지휘자를 따라 '아침의 암사슴(The Doe of the Dawn)'이란 곡조에 맞춰 부른 노래입니다. '아침'은 '그늘진 어둠이 끝나는 시간과 구원의 때'를 상징합니다. 당시에는 구원, 즉 하나님의 도움이 아침에 온다고 믿었습니다. 이 시는 다윗의 버림받음(abandonment)을 말하면서 장차 오실 메시아의 버림받음을 상징합니다(마 27:46).

사람이 겪는 마음의 상처 중에서 가장 큰 것은 '버림받음'일 겁니다. 그것도 사랑하는 사람한테서 버림받음이 아닐까요? 그 버림받음의 상처를 어떻게 치유할 수 있습니까?

첫째, 버림받음(1-8)

시인은 버림받음을 어떻게 탄식합니까? 1절을 읽읍시다. "내 하나님이여 내 하나님이여 어찌 나를 버리셨나이까 어찌 나를 멀리하여 돕지 아니하시오며 내 신음 소리를 듣지 아니하시나이까." 시인은 하나님을 '내 하나님'이라고 두 번이나 부릅니다. 그는 하나님과 그만큼 깊은 인격적 관계에 있음을 강조합니다.

그런 그가 왜 탄식합니까? "어찌 나를 버리셨나이까?" 그가 탄식하는 이유는 하나님한테서 버림받았기 때문입니다. 더욱 안타까운 일은 시인은 자기가 하나님한테서 버림받은 이유를 알지 못함입니다. 그는 '하나님은 자기를 버리면 안 된다.'라고 생각했습니다. 그런데 버려서는 안 될 분이 자기를 버렸다고 생각하니 더욱 탄식합니다. 그런 그는 하나님께 묻지 않을 수 없습니다. "내 하나님이여, 어찌 나를 버리셨나이까?"

후에 예수님께서 십자가에 달리셨을 때 똑같이 물으셨습니다. "엘리 엘리 라마 사박다니 하시니 이를 번역하면 나의 하나님, 나의 하나님 어찌하여 나를 버리셨나이까 하는 뜻이라"(막 15:34).

시인은 왜 자기가 버림받았다고 생각합니까? "어찌 나를 멀리하여 돕지 아니하시오며 내 신음 소리를 듣지 아니하시나이까?" 하나님께서 시인과 멀리 떨어져 계십니다. 하나님은 시인과 거리 두기를 하면서 그의 신음을 듣지 않습니다. 그의 기도를 듣지 않으신 하나님은 그를 버린 겁니다. 하나님의 거리 두기는 부르짖음이 응답받지 못한 것, 즉 구원받지 못함으로 나타납니다.

하나님은 어느 정도 응답하지 않습니까? 2절입니다. "내 하나님이여 내가 낮에도 부르짖고 밤에도 잠잠하지 아니하오나 응답하지 아니하시나이다." 하나님은 낮에도 응답하지 않고, 밤에도 모른 체하십니다. 시인은 낮에도 부르짖고, 밤에도 잠자코 있을 수 없었습니다. 왜냐하면 그는 깊은 고통 속에 있기 때문입니다. 그런데도 하나님은 응답하지 않으셨습니다. 시인은 불러도 대답 없는 주님을 생각할 때 버림받았음을 탄식할 수밖에 없습니다.

22(22:1-31)

우리는 이 지점에서 무엇을 생각합니까? '우리는 버림받음에 대해 탄식하는가?' '나는 불러도 대답 없는 주님을 생각하면서 탄식하는가?' 이 질문 앞에서 두 종류의 대답이 있습니다. 하나는, 하나님한테서 버림받지 않아서 탄식하지 않는 겁니다. 참 좋은 일이고 감사한 일입니다. 다른 하나는, 하나님한테서 버림받았는데도, 그 사실을 모르는 경우입니다. 그래서 탄식하지 않습니다. 정말로 안타까운 일입니다.

오늘 우리 사회 문제 중 하나를 들라면 무엇일까요? 버림받음입니다. 강아지를 키우다 버린 일이 심각한 사회 문제로 떠올랐습니다. 유기견의 감정을 치유하는 일이 만만하지 않습니다. 그보다 훨씬 심각한 일은 어린아이의 버림입니다. 버림받음을 경험한 아이들은 상당 동안 '유기 공포(fear of abandonment)', '정서적 유기(emotional abandonment)'의 병을 앓는다는군요. 유기 공포를 겪는 사람은 일상에서 사람과의 관계에서 정말로 어려움을 겪습니다. 어떤 사람은 "현대인은 실패의 상처보다 버림받음의 상처가 훨씬 크고 오래간다."라고 말하더군요.

여기에 젊은 친구들의 사랑하는 사람과 헤어짐도 어떤 이에게는 낭만으로 남지만, 어떤 이에게는 버림받음의 상처로 남습니다. 그 상처를 치유하느라 크게 고생합니다. 그뿐만 아니라, 이혼이 늘면서 아이의 버림받음에 대한 상처는 물론이고, 아내와 남편의 버림받음의 상처도 심각합니다.

그런데 우리가 정말로 탄식해야 할 버림은 하나님한테서의 버림입니다. 하나님한테서의 버림은 존재 자체의 버림이고, 생명과 직결되기 때문입니다. 하나님한테서의 버림을 해결하지 않고서는 인간 실존 문제인 죄와 죽음을 해결할 수 없습니다. 사람과의 관계도 해결할 수 없습니다. 모든 인간 문제, 가정 문제, 그리고 사회 문제 해결은 하나님과 관계성을 회복함으로 시작합니다.

시인은 하나님과의 관계를 어떻게 회복합니까? 3절입니다. "이스라엘의 찬송 중에 계시는 주여 주는 거룩하시니이다." 주님은 시인에게는 침묵하지만, 그분은 찬송 중에 계십니다. 그분은 멀리 계시지 않고 가까이 계십니다. 시인은 그 하나님을 믿었습니다. 그 하나님을 믿음으로 하나님과의 관계를 회복해 나갑니다.

그리고 조상과 함께하신 하나님도 믿었습니다. 조상들은 주님을 믿었고, 믿었습니다. 주님은 그들을 구원하셨습니다(4). 거룩하신 하나님은 인생을 초월하시나, 그 백성의 고통에 무관심하지 않습니다. 주님은 그 백성과 특별한 관계를 맺었습니다. 그 관계를 이어주는 끈은 '의뢰', '믿음'입니다. 조상들은 주님께 부르짖어 구원을 얻었고, 주님을 의뢰하여 수치를 당하지 않았습니다(5). 이처럼 시인도 하나님을 의뢰합니다. 그는 어떤 절망적인 상황에서도 하나님을 믿습니다. 그가 하나님께 기도하는 근거는 믿음입니다. 하나님을 향한 믿음은 기도의 절대적 기초입니다.

그러나 시인은 사람 앞에서 어떤 존재입니까? 6절을 보십시오. "나는 벌레요 사람이 아니라 사람의 비방 거리요 백성의 조롱 거리니이다." 여호와는 거룩하시고, 이스라엘의 찬송 중에 계시며, 그 조상은 주님께 부르짖어 구원받았습니다. 그러나 시인은 벌레입니다. '벌레'는 구더기인데, 자신의 존엄을 나타낼 수 없는 천함과 굴욕의 은유입니다. 그는 인격을 말할 수 있는 사람이 아닙니다. 그는 가치가 없고, 비참한 처지임을 고백합니다.

더 심각한 문제는 사람의 비방 거리에 있습니다. 여기서 '사람'은 '특정한 집단으로서 사람', 즉 '이웃'을 말합니다. 그가 비참한 것은 벌레처럼 낮아졌기 때문만은 아닙니다. 그는 이웃으로부터 비방을 받고 조롱을 받기 때문입니다. 이웃은 비참하게 된 시인을 위로하기는커녕 공격합니다. 왜냐하면 이웃이 볼 때 시인은 하나님한테 버림받았기 때문입니다.

이웃은 어떻게 그를 비웃습니까? 그를 보는 사람은 다 비웃는데, 입술을 삐쭉거리고 머리를 흔듭니다(7). 그것은 대단히 무시하는 모습입니다. 비방하는 사람은 "주님께 모든 것을 의탁했으니 구원하실 것이다." "너를 주께 맡겨라. 그가 너를 구원하실 것이다."(8)라고 조롱합니다. 십자가에 못 박히신 예수님을 두고 지나가던 사람이 이 시편 구절을 인용하여 조롱했습니다. "그가 하나님을 신뢰하니 하나님이 원하시면 이제 그를 구원하실지라..."(마 27:43).

둘째, 의지(9-21)

그러나 시인과 여호와는 어떤 특별한 관계입니까? 9절을 읽읍시다. "오직 주께서 나를 모태에서 나오게 하시고 내 어머니의 젖을 먹을 때에 의지하게 하셨나이다." 여기서 '오직'이라는 단어가 중요합니다. 전환점을 나타내기 때문입니다. 시인은 과거 신앙 체험을 근거로 현재 하나님의 도움을 구합니다. 원수의 조롱 앞에서 그는 자신과 하나님과의 특별한 관계를 새롭게 기억합니다.

시인과 하나님과의 관계는 '모태', 즉 '아기집'에서부터 시작했습니다. 하나님은 그를 어머니 배 속에서 끌어내신 산파 역할을 하셨습니다. 그는 어머니의 태 속에서 썩을 수도 있었는데, 주님께서 나오게 하셨습니다. 그가 세상에 존재할 수 있는 이유는 오직 하나님의 은혜입니다. 하나님은 시인을 어린 시절부터 안전하게 지켜주셨습니다. 하나님은 그를 출생에서부터 지금까지 돌보셨습니다. 그는 이날까지 그분을 의지하며 살았습니다. 하나님은 모태에서부터 그의 하나님이셨습니다(10). 그는 이른바 '모태신앙인'입니다.

그는 그분께 무엇을 구합니까? 11절입니다. "나를 멀리하지 마옵소서 환난이 가까우나 도울 자 없나이다." 시인은 '하나님은 멀리 계시고 고통은 가까이 있다.'라고 생각했습니다. 그는 "하나님과 자신과의 거리를 좁혀달라."라고 기도합니다. 하나님이 가까이 계셔야 그를 도울 수 있습니다.

그는 지금 어떤 상태입니까? 많은 황소가 그를 에워싸며, 바산의 힘센 소들이 그를 둘러쌌습니다(12). '바산의 소'는 살찌고 크고 거칠고 힘이 셌습니다. 그는 야수의 위협을 받고 있습니다. 원수가 먹이를 찾아다니는 사자처럼 그를 공격합니다(13). 그는 극한 위험에 처했습니다. 이것은 다윗이 사울에게 쫓기는 모습입니다.

그는 얼마나 절박합니까? 14절을 읽읍시다. "나는 물 같이 쏟아졌으며 내 모든 뼈는 어그러졌으며 내 마음은 밀랍 같아서 내 속에서 녹았으며." 그의 괴로움은 '엎질러진 물', '어그러진 뼈', 그리고 '밀초 같이 녹아내리는 마음'과 같습니다. '물처럼 엎질러진' 모습은 존재의 바탕을 상실한 인간이며, 벌레와 같고 희망이 없는 인생입니다. 그는 완전히 힘을 잃고 철저한 무기력에 빠졌습니다. '뼈가 어그러진' 모습은 극심한 고통을 표현합니다. '마음이 밀초처럼 녹아내리는' 모습은 희망과 용기를 완전히 잃어버렸음을 뜻합니다. 그는 생각하고 감정을 나타낼 여력이 없습니다.

그 힘이 말라 질그릇 조각 같고, 그 혀가 입천장에 붙었습니다. 주님께서 그를 죽음의 진토 속에 두셨기 때문입니다(15). 개들이 그를 에워쌌으며, 악한 무리가 그를 둘러 손발을 찔렀습니다(16). 악당은 사나운 개처럼 죽어가는 시인을 위협합니다. 그 결과 시인은 모든 뼈를 셀 수 있습니다(17). 그는 피부와 뼈가 맞닿아서 뼈를 셀 수 있을 정도로 앙상했습니다. 악한 무리는 시인의 비참한 모습을 바라보았습니다. 악인은 시인의 현재를 보면서 즐거워합니다.

그뿐만 아니라, 악인은 시인의 겉옷을 나누며 속옷을 제비뽑았습니다(18). 시인은 마지막 소유물마저 뺏깁니다. 속옷을 뺏기는 그것은 가장 수치스러운 일입니다. 예수님을 십자가에 못 박은 군인들은 그분의 옷을 나누어 가졌습니다(마 27:35). 예수님은 사람들 앞에서 발가벗기는 수치를 당하셨습니다.

그런데 시인은 그 절박한 상황에서 무엇을 합니까? 19절을 읽읍시다. "여호와여 멀리하지 마옵소서 나의 힘이시여 속히 나를 도우소서." 그는 여호와께서 '멀리하지 말고', '모른 체하지 말도록' 기도합니다. 그는 하나님을 '힘'으로 부릅니다. 그에게는 아무 힘이 없기 때문입니다. 그리고 이 현실을 이기려면 힘이 필요하기 때문입니다. 그런데 그 힘은 오직 여호와께만 있습니다. 그래서 그는 그분께 도움을 청합니다.

지금 그에게 남은 그것이라고는 오직 생명뿐입니다. 그 생명을 죽음에서 구원해주시도록 절박하게 기도합니다(20).

그러면 그의 기도는 응답받았습니까? 21절을 읽읍시다. "나를 사자의 입에서 구하소서 주께서 내게 응답하시고 들소의 뿔에서 구원하셨나이다." 그는 주님께 자신을 사자의 입에서 구원해 주시도록 기도했습니다. 주님께서 그의 기도를 응답하셨습니다. 그를 사자의 입과 들소의 뿔에서 구원하셨습니다. 그의 기도는 헛되지 않았습니다. 주님은 그를 버리지 않았습니다. 주님은 그로부터 멀리 계시지 않았습니다. 주님은 버림받음에서 그를 구원하신 구원자이십니다.

셋째, 찬송(22-31)

버림에서 구원받은 그는 주님의 이름을 위해 무엇을 합니까? 22절을 보십시오. "내가 주의 이름을 형제에게 선포하고 회중 가운데에서 주를 찬송하리이다." 그는 주님의 이름을 그 백성에게 전합니다. 회중 가운데서 주님을 찬양합니다.

그는 회중에게 무엇을 하도록 명령합니까? 23절입니다. "여호와를 두려워하는 너희여 그를 찬송할지어다 야곱의 모든 자손이여 그에게 영광을 돌릴지어다 너희 이스라엘 모든 자손이여 그를 경외할지어다." "여호와를 두려워하는 너희여", "야곱의 모든 자손이여", "너희 이스라엘 모든 자손이여"는 같은 말로 믿음의 공동체를 뜻합니다. "찬송할지어다", "영광을 돌릴지어다", "경외할지어다."라는 말은 모두 명령형입니다. 시인은 혼자가 아닌 공동체와 함께 찬송하고, 영광을 돌리고, 경외해야 합니다. 찬송, 영광, 그리고 경외는 공동체가 함께할 때 훨씬 더 어울립니다.

공동체는 왜 여호와를 찬양해야 합니까? 그분은 고통받는 사람의 아픔을 가볍게 여기지 않으십니다. 그들을 외면하지 않으십니다. 부르짖는 사람에게는 언제나 응답하십니다(24). 그러므로 시인은 주님께서 하신 이 모든 일을 회중 앞에서 찬양합니다.

그는 왜 찬양합니까? 그의 찬송은 주님한테서 왔기 때문입니다. 그러므로 그는 주님을 경외하는 사람 앞에서 그 서원을 갚습니다(25). 그는 어려움에 있을 때 서원했는데, 그 서원을 찬양과 감사 제물을 드림으로 채웠습니다. 그가 서원을 채움으로 하나님과의 관계를 더 새롭게 지속합니다.

또 누가 주님을 찬양해야 합니까? 겸손한 사람, 즉 하나님 앞에서 자기를 비천하게 여기는 사람은 먹고 배부를 겁니다. 그들은 여호와를 찾는 사람인데, 그들은 그분을 찬송할 겁니다(26). 땅의 모든 끝, 즉 온 인류 공동체는 여호와를 기억하고 돌아올 겁니다. 모든 나라의 모든 족속이 주님 앞에 경배할 겁니다(27). 왜냐하면 나라는 여호와의 것이요, 여호와는 모든 나라의 주재이기 때문입니다(28). 여호와는 이스라엘의 지배자만이 아니라, 온 세상 만민의 지배자이십니다.

그러므로 세상의 모든 풍성한 사람이 먹고 경배할 겁니다. '풍성한 사람'은 늘 배불리 먹어서 건강한 사람입니다. 반면 '진토 속으로 내려가는 사람'은 건강이 다하여 죽어가는 사람입니다. 그 둘은 모든 사람을 대표합니다. 하지만 모든 사람이 예외 없이 하나님을 경배합니다(29). 그 후손도 그분을 섬기고, 대대에 주님을 전할 겁니다(30). 믿음의 계승 사역이 힘차게 일어날 겁니다.

그들은 무엇을 전합니까? 31절을 읽읍시다. "와서 그의 공의를 태어날 백성에게 전함이여 주께서 이를 행하셨다 할 것이로다." '그분의 공의'는 시인을 고난과 죽음에서 구원한 일입니다. 구원받은 이의 후손은 그분의 구원 사역을 증언합니다. 구원 사역은 믿음의 계승을 통해 대대로, 온 세상으로 퍼집니다.

시인은 하나님의 버림받음으로 시작했지만, 구원받음을 믿고 그분을 찬양함으로 끝맺습니다. 왜냐하면 그분께서 시인의 버림받음의 상처를 치유하셨기 때문입니다.

우리는 불과 몇 개월 전에는 '코로나' 확진자가 500명만 나와도 국가적으로 심각한 일로 여겼습니다. 그런데 지금은 7천 명을 넘어도 일상을 유지합니다. 면역력이 생겨서일까요? 하지만 교회는 일상을 회복하는 일이 쉽지 않습니다. 대부분 교회는 이번 성탄절을 성도 모두가 함께 예배하며 기쁘게 보낼 것으로 기대했습니다. 하지만 현재 상황에서는 불안합니다. 어떤 사람은 하나님께서 교회를 버리신 그것처럼 탄식하기도 합니다. 작은 교회일수록 그 마음의 상처가 큽니다.

그 심각한 상처를 어떻게 치유할 수 있습니까? 하나님만이 그 상처를 치유하십니다. 우리는 어떤 상황에서도 하나님을 믿고 그분께 도움을 청해야 합니다. 그분께 탄식해야 합니다. 하나님은 우리의 탄식을 들으시고 응답하십니다. 우리를 구원하십니다. 우리가 성탄을 맞으면서 그분 구원의 손길을 깨닫고 찬송할 수 있기를 기도합니다.

23
여호와는 나의 목자

말씀 시편 23:1-6
요절 시편 23:1
찬송 568장, 570장

"여호와는 나의 목자시니 내게 부족함이 없으리로다."

오늘의 시는 다윗의 시인데, 많은 사람이 알 정도로 유명합니다. '시편의 진주'라고 부릅니다.

어떤 사람은 우리 시대를 '부족함이 없는 시대'라고 말합니다. 하지만 누군가는 '결핍의 시대'라고 말합니다. 즉 '있어야 할 그것이 없거나 모자람이 있는 시대'라는 겁니다. 우리의 실존을 보면 '부족함이 없는 시대'라기보다는 '결핍의 시대'가 더 맞습니다. 왜냐하면 많은 사람은 결핍을 느끼기 때문입니다. 그들은 왜 부족함을 느낍니까? 그 부족함을 누가 채울 수 있습니까?

1절을 읽읍시다. "여호와는 나의 목자시니 내게 부족함이 없으리로다." '여호와'는 이스라엘의 하나님입니다. 그분은 자비롭고 은혜롭고 노하기를 더디 하고 인자와 진실이 많은 하나님입니다(출 34:6).

그 여호와가 시인에게는 어떤 분입니까? 나의 목자이십니다. '목자'는 '양치는 사람', '가축을 돌보는 사람'입니다. 당시 근동에서는 목자라는 말을 왕이나 신에게 사용했습니다. 함무라비(Hamurabi) 왕은 자신을 '목자'로 불렀습니다. 바벨론 정의의 신 '샤마쉬(Shamash)'를 '목자'로 불렀습니다. 한편 히브리인 전통에서 '목자'는 하나님에 대한 가장 오래된 칭호 중 하나였습니다. 여호와를 유일한 왕으로 믿는 이스라엘이 그분을 목자로 부르는 일은 자연스럽습니다. 야곱이 요셉을 축복할 때 '목자'라는 말을 썼습니다. "...야곱의 전능자 이스라엘의 반석인 목자의 손을 힘입음이라"(창 49:24b). 이처럼 구약에서 목자의 표상은 언제나 집단으로 나타났습니다. 즉 '이스라엘 나라의 목자, 여호와'입니다.

하지만 오늘 다윗은 그 목자를 개인적으로 부릅니다. '나의 목자 여호와'입니다. 그는 하나님에 관한 개인의 친밀함, 인격적 관계를 강조합니다.

목자의 주요한 임무는 무엇입니까? 양에게 먹거리를 제공하는 것(provision)뿐만 아니라, 양을 보호하고(protection), 인도(guidance)하는 일입니다.

여호와가 목자이신 시인의 삶은 어떠합니까? "내게 부족함이 없으리로다." 이 말은 '모든 그것을 다 가졌다.'라는 뜻은 아닙니다. '내게 꼭 필요한 그것은 다 있다.'라는 뜻입니다. 시인은 그동안 부족이 없었으며, 지금도 없으며, 앞으로도 없을 겁니다.

왜 시인은 부족함이 없습니까? 첫째로, 목자가 양에게 먹을 것을 공급하기 때문입니다. 2절입니다. "그가 나를 푸른 풀밭에 누이시며 쉴 만한 물가로 인도하시는도다." '푸른 풀밭', '쉴 만한 물가'는 양에게 가장 중요한 요소입니다. 양에게 이 두 가지만 있으면 부족함이 없습니다. 그런데 목자는 양에게 풍성한 먹을거리를 공급합니다. 그러니 부족함이 없습니다.

23(23:1-6)

애굽에서 나온 이스라엘은 40년을 광야에서 살았습니다. 겉만 보면 그들의 삶은 부족함의 연속이었습니다. 물도 부족했고, 빵도 부족했습니다. 그런 그들은 자주 불평했습니다. 하지만 목자이신 여호와께서 그들에게 물을 주셨고, 빵을 주셨습니다. 옷도 떨어지지 않았습니다. 여호와께서 그들과 함께하셔서 부족함이 없었습니다(신 2:7).

시인이 부족함을 느끼지 않은 또 다른 이유는 무엇입니까? 둘째로, 목자는 양을 인도하기 때문입니다. 3절입니다. "내 영혼을 소생시키시고 자기 이름을 위하여 의의 길로 인도하시는도다." 목자이신 여호와께서 그 영혼을 소생시키고, 당신 이름을 위하여 바른길로 인도합니다. 바른길은 생명의 길, 행복의 길입니다.

그가 부족함을 느끼지 않은 세 번째 이유는 무엇입니까? 주님께서 그를 안위하시기 때문입니다. 4절을 읽읍시다. "내가 사망의 음침한 골짜기로 다닐지라도 해를 두려워하지 않을 것은 주께서 나와 함께 하심이라 주의 지팡이와 막대기가 나를 안위하시나이다." '사망의 음침한 골짜기'는 '죽음의 그늘이 가득 한 곳'입니다. '푸른 풀밭'과 완전 다른 곳입니다. 시인은 비록 그런 길로 다닐지라도 재난을 두려워하지 않습니다. 왜냐하면 주님께서 그와 함께하시기 때문입니다.

주님께서 어떻게 그와 함께하십니까? "주의 지팡이와 막대기가 나를 안위하시나이다." '지팡이'는 야수나 적으로부터 자신과 양을 보호하기 위한 도구입니다. 끝이 금속이나 못으로 되어 있습니다. '막대기'는 양을 인도하고 통제하기 위한 것으로 지팡이보다 긴 나무로 된 도구입니다. 막대기는 맨 윗부분이 활처럼 구부러져 있어서 목자는 그 막대기로 양이 곁길로 가면 뒷다리를 잡아끌고 왔습니다. 구덩이에 빠지면 끌어올렸습니다.

목자는 양을 이렇게 안위합니다. '안위한다.'라는 말은 '측은히 여긴다.' '위로한다.'라는 뜻입니다. 목자가 양을 이렇게 위로하니 어떤 상황에서도 양은 두려워하지 않습니다. 부족함이 없습니다.

양이 부족함이 없는 네 번째 이유는 무엇입니까? 주님께서 그의 잔을 넘치게 하기 때문입니다. 5절을 읽읍시다. "주께서 내 원수의 목전에서 내게 상을 차려 주시고 기름을 내 머리에 부으셨으니 내 잔이 넘치나이다." 주님은 원수가 보는 앞에서 시인에게 상을 차려 주십니다. 이 모습은 사나운 짐승 앞에서 양 떼가 풀을 뜯는 모습입니다. 사방이 맹수로 둘러싸인 광야의 푸른 초장이야말로 '원수의 목전에서 베풀어주신 식탁'이라 할 수 있습니다. 그 상은 하나님의 풍성한 사랑, 따뜻한 사랑의 표현입니다.

또 주님께서 기름을 그의 머리에 부으셨습니다. 당시 주인이 손님을 집으로 초대하면 그 머리에 기름을 발랐습니다. 그것은 손님을 'VIP'로 대접한다는 뜻입니다. 다른 한편으로는 목자가 양의 털에 기름을 발랐습니다. 그것은 파리와 같은 해충으로부터 보호하려는 것이었습니다. 그 결과 시인의 잔이 넘칩니다.

'잔이 넘친다.'라는 말은 무슨 뜻입니까? '내 그릇과 비교하여 주신 은혜가 풍성하다.'라는 뜻입니다. 내 그릇은 커피잔에 불과한데, 주신 은혜는 바가지만큼 많음을 뜻합니다. 다윗은 작은 사람에 불과했는데, 하나님께서 그를 크게 쓰셨음을 뜻합니다. 이처럼 목자의 풍성하고 따뜻한 사랑을 받은 양은 부족함이 없습니다. 풍성함으로 가득했습니다.

예전에 『내 잔이 넘치나이다』라는 책이 있었습니다. 맹의순이라는 분의 실화를 바탕으로 한 내용입니다. 맹의순은 부유한 장로의 아들로 태어나 조선 신학교를 다니며 남대문교회 전도사로 섬기던 중 6·25전쟁이 일어났습니다. 그는 인민군 패잔병으로 오인을 받아 거제도 포로수용소에 갇혔습니다. 그는 그곳에서 시편 23편을 외우면서 북한과 중공군 포로를 돕고 부상자를 간호하면서 복음 전파에 힘썼습니다. 그는 늘 이렇게 고백했습니다. "내 잔이 넘치나이다." 그는 27세의 나이로 목자이신 여호와의 품에 안겼습니다. 처음에는 그를 의심하고 멸시하던 중공군 포로들은 그에게서 참된 천사의 모습을 보았노라고 고백했습니다. 그리고 그가 했던 그 말을 따라 외웠습니다. "내 잔이 넘치나이다."

이제 시인의 마음은 어디로 향합니까? 6절을 읽읍시다. "내 평생에 선하심과 인자하심이 반드시 나를 따르리니 내가 여호와의 집에 영원히 살리로다." 참으로 그분의 선하심과 인애가 시인이 사는 날 동안 따를 겁니다. 그는 여호와의 집에서 영원히 살 겁니다.

'여호와의 집에 영원히 산다.'라는 말은 무슨 뜻입니까? 첫째로, 이 땅에서의 삶을 말합니다. 시인은 이 땅에서 성전으로 들어갈 수 있고, 성전의 모든 예배에 참석할 수 있습니다. 하나님과 언제나 교제할 수 있습니다. 따라서 그런 삶은 늘 평화와 안전, 행복과 생명이 넘칩니다. 부족함이 없습니다.

둘째로, 하나님 나라에서의 삶을 말합니다. 시인은 이 땅을 떠나서도 하나님 나라에서 영원히 살 수 있습니다. 사도 요한은 세상에서 고통받는 모든 사람에게 '위대한 목자'이신 주님께서 그 양 떼에 베푸실 은혜를 묘사했습니다. "그들이 다시는 주리지도 아니하며 목마르지도 아니하고 해나 아무 뜨거운 기운에 상하지도 아니하리니, 이는 보좌 가운데에 계신 어린 양이 그들의 목자가 되사 생명수 샘으로 인도하시고 하나님께서 그들의 눈에서 모든 눈물을 씻어 주실 것임이라"(계 7:16-17). 하나님 나라를 소망하는 그는 어떤 부족함도 느끼지 않습니다.

우리는 무엇을 배웁니까? 하나님 안에서의 만족을 배웁니다. 다윗은 양이고, 하나님은 목자이십니다. 양은 목자의 품에서 만족을 누립니다. 그 모습은 마치 어린 아기가 엄마의 품에서 만족을 누리는 그것과 같습니다.

오늘을 사는 현대인은 물론이고 우리도 삶에서 부족함을 느끼지는 않습니까? 옛날 가난하게 살 때는 부족한 것이 상대적으로 커서 부족함을 느꼈습니다. 하지만 지금은 상대적으로 풍요로운 데도 부족함을 느끼기 쉽습니다. 우리가 현실을 보면, 상대적 풍요가 우리의 체감 온도를 채워주지 않음을 압니다. 눈에 보이는 외적 부족함 때문에 결핍을 느끼는 것만은 아닙니다. 그것은 마치 홍수 시대에서 마실 물이 없어서 고통을 겪는 그것과 비교할 수 있습니다.

그러면 왜 사람은 결핍을 느낍니까? 사람의 마음속에는 세상의 풍요로 채울 수 없는 근원적 결핍이 있기 때문입니다. 우리가 그 결핍을 채울 수만 있다면 부족함이 없는 삶, 즉 만족한 삶을 살 수 있습니다.

그 결핍을 누가 채웁니까? “여호와는 나의 목자시니 내게 부족함이 없으리로다”(1). 나의 목자이신 여호와만이 내 결핍을 채울 수 있습니다. 우리는 먼저 내 안의 결핍을 인정해야 합니다. 그리고 여호와를 내 목자로 영접해야 합니다. 이 땅에 육신의 몸을 입고 오신 예수님을 ‘나의 목자’로 믿어야 합니다. 그러면 내 목자이신 여호와께서 내 부족함을 채워주십니다.

예수님은 말씀하셨습니다. “도둑이 오는 것은 도둑질하고 죽이고 멸망시키려는 것뿐이요 내가 온 것은 양으로 생명을 얻게 하고 더 풍성히 얻게 하려는 것이라, 나는 선한 목자라 선한 목자는 양들을 위하여 목숨을 버리거니와”(요 10:10-11). 예수님은 당신을 ‘선한 목자’라고 부릅니다. ‘선한’이란 ‘좋은’이라는 뜻인데, ‘참’, ‘진짜’를 강조합니다. 세상에는 많은 목자가 있습니다. 하지만 ‘참 목자’는 오직 한 분뿐입니다. 그분이 예수님입니다. 예수님만 참 목자입니다. 왜냐하면 예수님만 양을 위하여 목숨을 버리기 때문입니다. 예수님은 우리를 살리기 위해서 대신 자기 목숨을 버리셨습니다. 참 목자로서 양을 위해 자기 목숨을 버리신 겁니다. 따라서 그분만이 우리의 근원적 결핍을 채울 수 있습니다.

오늘 내가 죄를 해결 받고 죽음을 딛고 일어나 영원한 생명을 얻은 것은 과학 문명 때문이 아닙니다. 착한 일을 했기 때문이 아닙니다. 오직 예수님께서 나를 대신해서 십자가에서 그 목숨을 버리셨기 때문입니다. 누구든지 이 예수님을 믿으면 생명을 얻습니다. 그뿐만 아니라 예수님의 좋은 양이 됩니다. '좋은 양이 된다.'라는 말은 이 시대에서 '작은 목자가 된다.'라는 뜻입니다. 물론 우리가 아무리 목자가 된다고 해도 예수님처럼 우리의 목숨을 버릴 수는 없습니다. 양을 위해서 내 목숨을 줄 수는 없습니다. 하지만 다른 사람을 위해 우리의 시간을 내어줄 수 있습니다. 진심을 내어줄 수 있습니다. 작은 희생을 할 수 있습니다. 우리가 이렇게 할 수 있는 것은 참 목자 예수님으로부터 받은 은혜에 보답하는 것이기 때문입니다. 이로 인해 목자 없이 방황하는 양이 참 목자 예수님을 만나 생명을 얻습니다. 부족함이 없는 삶을 삽니다.

6·25전쟁이 일어났을 때 한국 정부는 인민군에 쫓겨 진해로 갔습니다. 그곳에서 처음 예배할 때였습니다. 그때 그곳에서 나운영 교수는 시편 23편을 작곡하여 찬양했습니다. 그 곡이 "여호와는 나의 목자시니"입니다. 찬양을 들으며 대통령 부부도 울고, 성가대 대원도 울고, 예배에 참석한 신도 모두가 울었습니다. 그들은 여호와께서 한국의 목자가 되셔서 전쟁에서 구원해주시도록 기도했습니다. 여호와는 한국의 목자이셨고, 지금도 목자이십니다.

우리는 '코로나19'에서 벗어나 일상으로의 회복을 기대했는데, 쉽지 않습니다. 지금까지 견뎠던 때보다 가장 힘든 상황을 만났습니다. 우리는 이 지점에서 다시 태생적 인간의 한계를 깨닫지 않을 수 없습니다. 동시에 우리는 우리의 목자이신 여호와께 도움을 청해야 합니다. 우리 선배들이 전쟁 앞에서 "여호와는 나의 목자시니"를 부르며 도움을 청했던 것처럼, 오늘 우리도 그분을 나의 목자로 삼아야 합니다. 우리는 연약한 양이기 때문입니다.

양에게는 목자가 절대적으로 필요합니다. 양에게 목자가 없는 것은 한 살 아기에게 엄마가 없는 그것과 같습니다. 성탄을 맞으면서 나의 목자이신 예수님을 맞이하기를 바랍니다. 그리하여 다윗의 고백이 우리의 고백이기를 기도합니다. "여호와는 나의 목자시니 내게 부족함이 없으리로다"(1).

24
영광의 왕

말씀 시편 24:1-10
요절 시편 24:8
찬송 67장, 72장

"영광의 왕이 누구시냐 강하고 능한 여호와시요 전쟁에 능한 여호와시로다."

우리는 오늘의 시도 다윗의 시로 믿습니다. 그 역사적 배경은 언약궤를 성전으로 옮길 때, 성전으로 들어가려는 백성과 문 앞에 서 있는 제사장 사이에 묻고 답하는 상황입니다. "여호와의 산에 오를 자가 누구입니까?" "영광의 왕이 누구십니까?"

첫째, 여호와의 산에 오를 자(1-6)

1절을 봅시다. "땅과 거기에 충만한 것과 세계와 그 가운데에 사는 자들은 다 여호와의 것이로다." '땅과 거기에 충만한 것'은 하나님이 창조하신 우주 안에 있는 모든 존재를 말합니다. '세계와 그 가운데에 사는 자들'은 사람이 살고 경작하여 농산물을 내는 세상과 그곳에서 사는 사람을 말합니다. 땅에 있는 모든 것, 이 세상의 모든 사람은 세상의 것도 우리의 것도 아닙니다. 오직 여호와의 것입니다. 여호와는 온 세상의 주님이시며 통치자이십니다.

왜 모든 것이 여호와의 것입니까? 여호와께서 그 터를 바다 위에 세우셨기 때문입니다. 여호와께서 강들 위에 건설하셨기 때문입니다(2). 여기서 '바다'와 '강'은 태초의 혼돈의 물을 뜻합니다. 옛사람은 '세상은 태초에 바다로 뒤덮여 있었다.'라고 생각했습니다. 가나안 창조 신화에서는 바다와 강이 질서를 위협하는 혼돈의 세력으로 나타납니다. 가나안 사람이 섬겼던 풍요와 폭풍우의 신 '바알(Baal)'은 바다의 신 '얌(yam)'과 강의 신 '나하르(nahar)'를 정복하여 질서를 세웠습니다. 그리고 왕위에 올랐습니다.

그러나 여호와께서 물 위에 세상을 세우고, 강 위에 그것을 굳히셨습니다. 혼돈을 없애고 짜임새 있는 세상의 질서를 만드셨습니다. 하나님이 "빛이 있어라." 하시니 빛이 있었습니다. 하나님이 "물 가운데에 궁창이 있어 물과 물로 나뉘라." 하셨습니다. 하나님이 궁창을 만드사 궁창 아래의 물과 궁창 위의 물로 나뉘게 하시니 그대로 되었습니다(창 1:3, 6-7). 여호와는 지혜로운 건축자로서 온 세상을 견고한 기초 위에 세우셨습니다. 그분은 만유의 주권자이십니다.

그분을 예배할 수 있는 사람은 누구입니까? 3절입니다. "여호와의 산에 오를 자가 누구며 그의 거룩한 곳에 설 자가 누구인가?" '여호와의 산'은 '시온산'인데, 예루살렘 성전을 뜻합니다. '거룩한 곳'은 여호와의 창조와 질서를 상징하는 장소인데, 그 또한 성전을 뜻합니다. 누가 시온 언덕에 있는 성전에 예배하기 위해 올라갈 수 있습니까? 누가 온 땅의 왕이신 창조주 여호와께 나갈 수 있습니까? 당시 순례자는 성전에 들어가기 위해 제사장에게 이렇게 물었습니다.

제사장의 대답은 무엇입니까? 4절입니다. "곧 손이 깨끗하며 마음이 청결하며 뜻을 허탄한 데에 두지 아니하며 거짓 맹세하지 아니하는 자로다." 첫째로, 손과 마음이 깨끗한 사람이 여호와를 예배할 수 있습니다. '손이 깨끗하다.'라는 말은 외적 행동의 순결함을 뜻합니다. 여호와의 산에 오를 사람은 손이 깨끗하고 마음이 청결해야 합니다. 그는 행위와 생각이 순수해야 합니다. 예수님은 말씀하셨습니다. “마음이 청결한 자는 복이 있나니 그들이 하나님을 볼 것임이요”(마 5:8).

둘째로, 그 뜻을 허탄한 데 두지 않은 사람입니다. ‘허탄한데’란 우상을 뜻합니다. 우상에 마음을 빼기지 않은 사람이 여호와를 예배할 수 있습니다.

셋째로, 거짓으로 맹세하지 않은 사람입니다. 실천하려는 마음도 없이 서약해서는 안 됩니다. 하나님과의 신뢰, 사람과의 신뢰를 지켜야 합니다. 신실한 사람이 여호와의 산에 오를 수 있습니다.

며칠 전 대학 교수들이 올해를 정리하는 사자성어로 ‘묘서동처(猫鼠同處)’를 뽑았습니다. ‘묘’는 고양이, ‘서’는 쥐, 그리고 ‘동처’는 함께 있다는 뜻입니다. 즉 “고양이가 쥐와 함께 있다.”라는 말입니다. 중국 당나라 역사에 나온 이야기라는군요. 당시 지방의 한 군인이 자기 집에서 고양이와 쥐가 같은 젖을 빨고 서로 해치지 않는 모습을 보았습니다. 사람들이 신기하게 여겨 황제에게 바쳤습니다. 하지만 한 관리는 “아주 잘못된 일이다.”라고 한탄했습니다. 왜냐하면 고양이는 곡식을 훔쳐먹는 쥐를 잡아야 하는데, 한패가 되었기 때문입니다. 그때부터 ‘묘서동처’는 “도둑 잡을 사람이 도둑과 한패가 됐다.”라는 뜻을 가졌습니다. ‘묘서동처’는 오늘 우리 현실의 단면을 비유적으로 표현한 말입니다.

이런 세상의 분위기에 믿음의 사람이 물들 수 있습니다. 그러나 여호와의 산에 오를 자가 누구입니까? 그분의 거룩한 곳에 설 자가 누구입니까? 마음과 삶이 깨끗한 사람입니다. 세상에 물들지 않은 사람입니다.

그런 사람은 어떤 복을 받습니까? 5절입니다. “그는 여호와께 복을 받고 구원의 하나님께 의를 얻으리니.” 여기서 ‘복을 받음’은 세상에 태어남을 뜻합니다. '의를 얻음'은 죄로부터 구원받음을 뜻합니다. 여호와는 깨끗한 손과 마음으로 여호와의 산에 오르는 그 종에게 생명을 주시고, 구원하십니다.

그런 복을 받은 사람은 누구입니까? 그 사람은 여호와를 찾는 족속입니다. 야곱의 하나님의 얼굴을 구하는 사람입니다. (셀라)(6). 성전에 가서 여호와께 예배하고, 하나님께 묻는 사람입니다. 성전 예배에 참여하고, 여호와의 복 받을 사람은 여호와를 찾고, 그분의 얼굴을 구하는 사람입니다.

사람은 무엇인가를 찾습니다. 친구를 찾고, 돈을 찾고, 행복을 찾습니다. 사람이 뭔가를 찾는 이유는 뭔가가 부족하기 때문입니다. 그런데 현실에서 뭔가를 찾는다고 해서 그것을 다 찾을 수도 없고, 찾았다고 할지라도 만족할 수도 없습니다. 왜냐하면 사람은 본질에서 여호와를 찾아야 하기 때문입니다. 하나님을 예배해야 하기 때문입니다. 하나님을 예배하는 사람이 하나님의 복을 누립니다.

둘째, 영광의 왕(7-10)

그때 문들은 무엇을 해야 합니까? 7절을 보십시오. "문들아 너희 머리를 들지어다 영원한 문들아 들릴지어다 영광의 왕이 들어가시리로다." '문들'은 성전 문들입니다. 성전 문들은 머리를 들어야 합니다. 즉 문을 활짝 열어야 합니다. '영원한 문', 즉 오래된 문도 활짝 열어야 합니다. 왜냐하면 영광의 왕이 들어가시기 때문입니다. 영광의 왕은 너무 높으셔서 낮고 좁은 문으로 들어갈 수 없습니다.

'영광의 왕이 들어가신다.'라는 말은 무엇을 뜻합니까? 여호와께서 예루살렘으로 입성하는 모습입니다. 역사에서는 여호와의 궤, 언약궤가 예루살렘으로 들어가는 모습입니다. 다윗 때 여호와의 궤는 석 달 동안 오벧에돔의 집에 있었습니다. 다윗은 기쁜 마음으로 그곳으로 가서 하나님의 궤를 다윗성으로 가지고 올라왔습니다. 궤를 옮길 때 그는 큰 축제를 벌였습니다. 그는 궤를 멘 사람들이 여섯 걸음을 옮겼을 때 행렬을 멈추고 소와 살진 양을 제물로 잡아서 바쳤습니다. 그는 여호와 앞에서 온 힘을 다하여 힘차게 춤을 추었습니다. 온 이스라엘은 환호성을 올리고 나팔 소리가 우렁찬 가운데, 궤를 옮겼습니다(삼하 6:11-15). 언약궤가 예루살렘으로 들어오는 그것은 영광의 왕이 거룩한 성으로 들어오심을 뜻합니다.

영광의 왕은 누구십니까? 8절을 읽읍시다. "영광의 왕이 누구시냐 강하고 능한 여호와시요 전쟁에 능한 여호와시로다." 영광의 왕은 강하고 강한 여호와이십니다. 전쟁에서 강한 여호와이십니다. 여호와는 전쟁의 용사이십니다. 그분은 원수를 무찌르고 승리하십니다.

가나안 사람은 '바알'을, 블레셋 사람은 다산의 신 '다곤(Dagon)', 또는 '다간(Dagan)'을 영광의 왕으로 섬겼습니다. 모압 사람은 죽음의 신 '그모스(Chemosh)'를, 암몬 사람은 죽음의 신 '몰렉(Molech)', 또는 '밀곰(Milcom)'을 영광의 왕으로 섬겼습니다. 모압과 암몬은 '그모스'와 '몰렉'에게 사람을 바쳤습니다. 우리는 그것을 '인신공양(人身供養, human sacrifice)'이라고 부릅니다. 그러나 영광의 왕은 강하고 강하고 전쟁에서 강한 여호와이십니다. 그러므로 문들은 머리를 들어야 합니다. 영원한 문들도 활짝 열어야 합니다. 영광의 왕이 들어가시기 때문입니다(9).

영광의 왕이 누구입니까? 10절을 읽읍시다. "영광의 왕이 누구시냐 만군의 여호와께서 곧 영광의 왕이시로다(셀라)." 영광의 왕은 만군의 여호와이십니다.

'만군의 여호와'는 어떤 분입니까? 그분은 당신의 명령으로 움직일 수 있는 수많은 하늘 군대를 가지셨습니다. 그분은 하늘과 땅의 모든 권세를 지휘하는 '신적인 용사(the Divine Warrior)'이십니다. 그분은 싸울 때마다 항상 이깁니다. 그분은 그 백성 편에서 싸우십니다.

24(24:1-10)

그러므로 그분의 백성은 아무것도 두려워하지 않습니다. 그분은 온 우주의 창조주이시고, 통치자이십니다. 심판장이시며, 유일한 경배의 대상이십니다. 그 영광의 왕께서 우리 가운데 살려고 내려오셨습니다. 그분이 곧 한 아기로 태어난 예수 그리스도이십니다.

주후 311년 로마의 역사가인 '젊은 플리니(Pliny the Younger)'는 이런 말을 했습니다. "기독교인은 해로운 사람이 아니다. 그들은 정해진 날 미명(未明, 날이 채 밝지 않음) 전에 일어나 모인다. 그들은 교성곡(交聲曲, 칸타타, cantata; 독창 · 중창 · 합창과 기악 반주로 이루어짐)으로 그리스도를 신으로 모시는 노래를 부른다. 엄숙하게 성찬을 행하며, 도적질, 강도, 간음, 믿음을 깨뜨리거나, 신뢰를 깨뜨리는 행동을 하지 않는다."

'젊은 플리니'가 말했던 그 기독교인 불렀던 노래가 바로 시편 24편이었습니다. 그때 그들은 땅의 성소를 들어가면서 하늘의 성소로 들어가는 것으로 느꼈습니다. 그들에게 땅의 성소는 하늘의 성소였습니다. 그들은 성전에 들어가면서 자신이 초월적 차원에 있음을 알았습니다. 이것은 종교적 공간 이해입니다. 성전은 구별된 곳이며, 온 우주입니다. 영광의 왕이시며 만군의 여호와께서 그들과 함께하시기 때문입니다.

누가 이 거룩한 성전에 설 수 있습니까? 깨끗한 사람입니다. 성전에 계신 그분은 누구십니까? 영광의 왕이십니다. 만군의 여호와이십니다. 성탄은 그분이 우리 가운데 오신 날입니다. 그러므로 우리는 그분을 경배하고 찬양하며 그분이 주신 은총을 누리기를 기도합니다.

25
기억하옵소서

말씀 시편 25:1-22
요절 시편 25:6
찬송 290장, 302장

"여호와여 주의 긍휼하심과 인자하심이 영원부터 있었사오니
주여 이것들을 기억하옵소서."

오늘의 시는 히브리어 알파벳 형식으로 짜였습니다. 우리 말로 하면 '기역(ㄱ)'에서부터 '히읗(ㅎ)'까지의 초성을 가지고 지었습니다. 그중 두 글자는 없고, 대신 다른 두 글자를 두 번 넣었습니다. 그 내용은 시인이 아픔을 여호와께 토로하는 겁니다. 그는 아픈 현실에서 여호와께서 자기를 기억해 주시고, 죄를 용서해주시도록 기도합니다. 그는 그 모습을 알파벳 형식으로 풀어나갑니다.

우리도 삶에서 아픈 현실을 만납니다. 그때마다 누군가가 나를 기억해 주고 위로하면 그 아픔을 이길 수 있습니다. 그런데 사람은 좋기는 하지만, 태생적 한계가 있습니다. 그래서 우리는 하나님을 의지하고 그분께 기도하지 않을 수 없습니다. 우리는 그분께 무엇을 기도해야 합니까?

첫째, 기억하소서(1-10)

1절을 보십시오. "여호와여 나의 영혼이 주를 우러러보나이다."

25(25:1-22)

'우러러보나이다.'라는 '들어 올린다.'라는 말인데, '마음을 향한다.' '기대한다.'라는 뜻입니다. 시인은 여호와께로 마음을 향하고 기대하는 자세로 나갑니다. 왜냐하면 그는 여호와를 우러러보면 실망하지 않음을 알기 때문입니다.

그가 여호와를 우러러봄은 어떻게 나타났습니까? 2절입니다. "나의 하나님이여 내가 주께 의지하였사오니 나를 부끄럽지 않게 하시고 나의 원수들이 나를 이겨 개가를 부르지 못하게 하소서." 시인은 '나의 하나님이여'라고 부르면서, 하나님과 깊은 인격적 관계성을 표현합니다. 그는 그 하나님을 의지합니다. '우러러봄'은 '의지함으로' 나타났습니다.

그는 주님을 의지하면서 무엇을 위해 기도합니까? "나를 부끄럽지 않게 하시고 나의 원수들이 나를 이겨 개가를 부르지 못하게 하소서." 그는 주님을 의지했으니 부끄러움을 당하지 않도록 기도합니다. 그는 하나님께서 자기를 보호하실 줄 믿습니다. 반면 원수는 기뻐 날뛰지 못하도록 기도합니다. 그는 원수가 으스대는 꼴을 보지 않기를 바랍니다. 그는 주님을 바라는 사람은 수치를 당하지 않지만, 까닭 없이 속이는 사람은 수치를 당할 줄 믿었습니다(3).

"나를 부끄럽지 않게 하시고."라는 기도를 들으니 엘리사벳이 생각납니다. 그녀는 하나님 앞에 의인으로 살았는데도, 잉태하지 못해서 크게 부끄러웠습니다. 하지만 하나님께서 그녀에게 잉태하도록 하셨습니다. 그녀는 그 사실을 알고 고백했습니다. "주께서 나를 돌보시는 날에 사람들 앞에서 내 부끄러움을 없게 하시려고 이렇게 행하심이라 하더라"(눅 1:25).

저는 이 말씀 앞에서 우리 중에 있는 청년들을 생각했습니다. 하나님께서 그들을 부끄럽게 하지 않으셨음을 알았습니다. 명환 목자를 치유하시고 복직하게 하신 하나님을 생각했습니다. 또 요즘 같은 시대에 취업을 잘하도록 도우신 하나님을 생각했습니다. 물론 요즘 같은 때 취업을 좀 늦게 한다고 해서 부끄러울 일은 아닙니다. 그래도 주님을 의지하고 기도하는데도 취업이 늦으면 부끄러울 수 있습니다. 당신의 아들딸에게 적절한 은혜를 베푸셔서 부끄럽지 않게 하신 하나님께 감사합니다.

부끄럽게 하지 않으신 여호와는 무엇을 하십니까? 4절입니다. "여호와여 주의 도를 내게 보이시고 주의 길을 내게 가르치소서." '주의 도'는 '주님의 길'입니다. 그것은 하나님의 말씀 안에 있는 삶의 방식입니다. '보이시고'와 '가르치소서'라는 말은 '알도록 한다.'라는 뜻입니다. 시인은 자신이 마땅히 가야 할 길을 가르쳐주시도록 기도합니다. 그는 주님의 길로 지도하시고 교훈하시도록 기도합니다. 왜냐하면 주님은 그의 구원의 하나님이시기 때문입니다. 그는 그분을 종일 기다립니다(5).

시인은 4절과 5절에서 "보이시고", "가르치소서", "지도하소서", "교훈하소서"라는 말을 이어서 했습니다. 그것은 말씀을 자기 삶에 깊이 새기기 위함입니다. 참된 경건은 하나님의 말씀에 대한 외적 일치가 아니라, 그 말씀을 삶에 적용하는 그것이기 때문입니다. 그는 하나님 말씀의 내면화(internalization, 마음속에 깊이 자리 잡힘)를 위해서 기도합니다.

그는 무엇에 근거하여 기도합니까? 6절을 읽읍시다. "여호와여 주의 긍휼하심과 인자하심이 영원부터 있었사오니 주여 이것들을 기억하옵소서." '긍휼하심'은 '불쌍히 여김'이고, '인자하심'은 '변함없는 사랑'입니다. 여호와는 그 백성에게 오래전부터 긍휼과 인자를 베푸셨습니다. 아브라함, 이삭, 그리고 야곱에게 베푸셨습니다. 시인은 여호와께서 베푸셨던 그 긍휼과 인자를 기억하시도록 기도합니다.

그는 대신 무엇을 기억하지 말기를 바랍니까? 7절입니다. "여호와여 내 젊은 시절의 죄와 허물을 기억하지 마시고 주의 인자하심을 따라 주께서 나를 기억하시되 주의 선하심으로 하옵소서." 시인은 여호와께서 자기가 젊었을 때의 죄와 허물을 기억하지 마시도록 기도합니다. 이 고백은 그가 심한 죄인이었음을 말하는 것보다는 자기가 빠뜨린 죄를 표현한 겁니다. 시인은 여호와께서 자기 죄를 기억하지 않는 대신에 자기를 기억하시도록 기도합니다. 그것도 여호와의 인자하심과 선하심에 기초하여 자기를 기억해달라는 겁니다.

'기억하옵소서'라고 기도하는 시인을 통해 무엇을 배웁니까? 그의 기도의 근거는 자기의 행위가 아니라 여호와의 긍휼과 사랑에 있습니다. 그는 "주님, 내가 얼마나 열심히 살았는지를 기억해 주세요." 라고 기도하지 않았습니다. 그는 오히려 자신의 죄를 기억하지 말도록 기도했습니다. 그러면서 그는 자기를 기억해 달라고 기도하는데, 그 근거 또한 자기가 아닌 여호와의 긍휼과 사랑, 그리고 선하심입니다.

다윗은 옛적에 한 여인의 심히 아름다움을 보고 왕권으로 취했습니다. 그런데 그녀는 자기 충신의 아내였습니다. 다윗은 그 충신을 전장에서 죽게 했고, 그녀와 결혼했습니다. 그가 행한 그 일은 여호와 보시기에 악했습니다(삼하 11:27). 여호와께서 선지자를 보내 그런 다윗을 꾸짖었습니다. 그는 하나님께 자기 죄를 고백하며 간구하되 금식하고 밤새도록 땅에 엎드렸습니다(삼하 12:15). 그가 그렇게 기도할 수 있었던 근거는 자기 행위가 아닌 여호와의 긍휼과 사랑이었습니다. 그는 주님께서 한결같으신 당신의 긍휼과 사랑을 기억하도록 기도했습니다. 그 사랑에 기초하여 자신을 기억해 달라고 기도했습니다. 그랬을 때 하나님은 그를 기억하셨고, 용서하셨습니다. 그를 위대한 왕으로 쓰셨습니다. 그 점에서 다윗의 기도는 우리에게 큰 은혜이며, 도전입니다.

우리는 보통 "내가 이만큼 살았으니, 그에 대한 상을 주세요."라는 식으로 기도하기 쉽습니다. 반대로 "내가 이만큼 살지 못했으니, 아무것도 기대하지 않습니다."라고 기도하기 쉽습니다. 하나님께 기도하는 근거를 나로부터 찾기 쉽습니다. 그러나 그 나는 내 형편과 삶의 현장에 따라서 정말로 자주 바뀝니다. 나만큼 믿지 못할 나도 없습니다. 그 나에게 기도의 근거를 둔다면, 얼마나 불안합니까? 그러므로 우리 기도의 근거는 내가 아닌 여호와이십니다. 그것도 여호와의 공의가 아닌 긍휼과 사랑입니다. 그래서 우리는 언제 어디서나, 어떤 형편에서도 그분을 의지할 수 있습니다. 염치 불고하고 기도할 수 있습니다.

우리가 지난해를 돌아보면 할 만큼 했다는 자랑스러움보다는 부족함을 느낄 수 있습니다. 우리의 삶이란 어쩌면 늘 부족함의 연속일 수 있습니다. 특히 하나님 앞에서는 더 그렇습니다. 꽤 많은 믿음의 사람조차도 어느 곳엔가 지극히 작아 보이는 자기 존재의 가벼움과 무력함 앞에 힘들어합니다. 하지만 우리의 삶을 지탱하는 힘은 내 공로에 있지 않습니다. 오직 하나님의 긍휼과 사랑에 있습니다. 따라서 우리는 자기를 보고 힘 빠지거나 낙심하는 대신에 여호와의 긍휼과 사랑을 보고 힘을 낼 수 있습니다. 그리고 새해를 희망하면서 담대하게 기도할 수 있습니다. "주님, 당신의 긍휼과 인자를 기억하소서! 당신의 인자와 선하심으로 나를 기억하소서!"

여호와께서 그 백성에게 선하심을 드러내신 목적은 무엇입니까? 8절입니다. "여호와는 선하시고 정직하시니 그러므로 그의 도로 죄인들을 교훈하시리로다." '선하심과 정직하심'은 여호와의 완전한 성품, 즉 신성한 완전함입니다. 여호와께서 그 신성한 완전함을 드러내신 목적은 그 백성에게 삶을 가르치려는데 있습니다. 여호와는 은혜롭고 올바른 방식으로 죄인에게 당신의 길을 가르치는 '최고의 선생님'이십니다.

어떻게 가르칩니까? 온유한 사람, 즉 겸손한 사람을 정의로 인도

하십니다. 온유한 사람에게 그분의 도를 가르치십니다(9). 여호와는 당신의 언약과 증언을 지키는 사람을 사랑과 진리로 인도합니다(10). 여호와는 그 백성을 공평하고 사랑스럽고 충실하게 대하십니다. 왜냐하면 그 백성이 당신을 닮기를 기대하기 때문입니다.

둘째, 사하소서(11-22)

시인은 또 무엇을 위해 기도합니까? 11절을 읽읍시다. “여호와여 나의 죄악이 크오니 주의 이름으로 말미암아 사하소서.” 그는 자신의 죄를 고백하고 용서를 구합니다. 그런데 그는 여기서도 자기의 명예를 근거로 하거나 자기의 명예를 위해 용서를 구하지 않습니다. 그는 여호와의 이름을 근거로 기도합니다. 자기가 용서받지 못하면 여호와의 이름을 가릴 수 있습니다. 여호와의 명예에 흠이 갈 수 있습니다. 그러니 자기의 큰 죄를 용서해 달라는 겁니다. 그의 죄는 크지만, 하나님의 용서는 더 큼을 알기 때문입니다. 참으로 은혜로운 기도가 아닙니까? 참으로 도전적인 기도가 아닙니까?

그러므로 어떤 사람처럼 이렇게 말해서는 안 됩니다. “나 같은 죄인이 어떻게 용서를 구할 수 있습니까? 난 아무것도 할 수 없습니다.” 그러나 하나님은 아무리 큰 죄도 당신의 이름을 위해서 용서하십니다. 그러므로 우리는 죄가 클수록 주님께 나아가 기도할 수 있습니다. 주님의 긍휼하심이 정말로 크기 때문입니다. 그래서 주님의 긍휼로 받은 용서의 은혜는 은혜 위에 은혜라고 고백하는 겁니다.

사도 바울이야말로 주님의 긍휼을 가장 잘 알았습니다. 그는 긍휼에 기초한 용서의 은혜를 어떻게 고백합니까? “내가 전에는 비방자요 박해자요 폭행자였으나 도리어 긍휼을 입은 것은 내가 믿지 아니할 때에 알지 못하고 행하였음이라, 우리 주의 은혜가 그리스도 예수 안에 있는 믿음과 사랑과 함께 넘치도록 풍성하였도다, 미쁘다 모든 사람이 받을 만한 이 말이여 그리스도 예수께서 죄인을 구원하시려고 세상에 임하셨다 하였도다 죄인 중에 내가 괴수니라, 그러나

25(25:1-22)

내가 긍휼을 입은 까닭은 예수 그리스도께서 내게 먼저 일체 오래 참으심을 보이사 후에 주를 믿어 영생 얻는 자들에게 본이 되게 하려 하심이라"(딤후 1:13-16).

하나님은 용서하신 후에 무엇을 하십니까? 여호와는 죄인을 용서하신 후에 그가 걸을 수 있는 길을 가르치십니다(12). 그의 삶을 인도하십니다.

그 길을 어디로 인도하십니까? 그의 영혼을 평안히 살도록 하시고, 그의 자손이 땅을 상속하도록 인도하십니다(13). 여호와는 당신을 경외하는 사람에게는 '친밀하심', 즉 당신의 비밀을 털어놓습니다. 그리고 언약을 이해하도록 돕습니다(14).

그러므로 시인은 그 눈을 누구에게로 향합니까? 15절입니다. "내 눈이 항상 여호와를 바라봄은 내 발을 그물에서 벗어나게 하실 것임이로다." 그는 언제나 여호와를 바라봅니다. 그는 언제나 여호와를 향하는 영혼의 눈을 가지고 있습니다. 왜냐하면 여호와는 시인의 발을 그물에서 벗어나게 하실 것이기 때문입니다.

그는 지금 어떤 상태에 있습니까? 그는 지금 외롭고 괴로운 상태에 있습니다. 그에게는 친구도 없습니다. 그는 하나님한테서 버림받은 것처럼 느꼈습니다. 하지만 그는 그 순간에도 주님께서 외롭고 괴로운 자신을 돌보아 주시도록 기도합니다(16). 그리하여 마음의 고통에서 벗어나고, 그 아픔에서 건져 주시도록 기도합니다(17).

그는 기도를 어떻게 계속합니까? 18절입니다. "나의 곤고와 환난을 보시고 내 모든 죄를 사하소서." 여기서 '사한다.'라는 말은 '가지고 간다.'라는 뜻입니다. 그는 여호와께서 자신의 곤고와 환난과 모든 죄를 지고 가시도록 기도합니다. 죄의 무거운 짐을 내려놓게 하는 것은 '대신 지고 가는 것', 즉 용서뿐입니다. 용서는 과거는 물론이고 현재도 필요합니다. 그는 과거에 믿음을 갖기 전에 저질렀던 죄뿐만 아니라, 현재도 짓는 죄도 용서해주시도록 기도합니다.

그는 어떤 외적 어려움마저 겪습니까? 그를 심히 미워하는 원수가 있습니다. 그들의 수가 많습니다(19). 원수는 시인에게 폭력을 행사하며 미워합니다. 그런 그는 여호와께 기도하지 않을 수 없습니다. "내 영혼을 지켜 나를 구원하소서 내가 주께 피하오니 수치를 당하지 않게 하소서"(20). 그는 오직 주님께 소망을 두고, 주님을 신뢰하며 도움을 구합니다. 그는 주님께로 가면 창피를 당하지 않을 줄 믿습니다. 그는 자기가 온전하고 올바르게 살도록 주님께서 지켜 주도록 기도합니다(21).

예전에 북아프리카에서 사역했던 프레드릭 놀란(Frederick Nolan) 선교사가 있었습니다. 그는 탄압을 피해 도망했는데, 더는 몸을 숨길 곳이 없었습니다. 길옆에 작은 굴이 있어서 들어가서 모든 것을 맡기고 하나님께 절박한 심정으로 기도했습니다. 그때 어디선가 거미들이 나와서 굴 입구에 줄을 쳤습니다. 쫓아왔던 사람들이 굴 앞에서 거미줄을 보고는 그냥 가버렸습니다. 그는 이렇게 고백했습니다. "하나님이 있는 곳은 거미줄도 벽과 같고, 하나님이 없는 곳은 벽도 거미줄과 같다(Where God is, a spider's web is like a wall. Where God is not, a wall is like a spider's web)." 후배들은 그의 간증을 "거미줄의 능력(The Power of A Spider's Web)"이라고 부릅니다.

시인은 끝으로 누구를 위해 기도합니까? 22절을 보십시오. "하나님이여 이스라엘을 그 모든 환난에서 속량하소서." '속량'은 '대속'을 말하는데, 값을 지급하거나 그에 상당한 대체물을 줌으로써 한 사람으로부터 다른 사람에게 소유권을 이전하는 그것을 뜻합니다.

시인은 자신을 위한 기도에서 나라를 위한 기도로 이어갑니다. 왜냐하면 그 나라도 자기처럼 어려움을 겪기 때문입니다. 여호와만이 그 나라를 어려움에서 속량하실 수 있음을 믿기 때문입니다. 그래서 그는 "하나님이여, 이 나라를 환난에서 속량하소서!"라고 기도합니다.

그런데 하나님께서 이스라엘을 속량하려면 뭔가 대가를 지급해야 합니다. 그것은 장차 오실 예수 그리스도께서 십자가에서 죽으심을 상징합니다. 예수님께서 죽으심으로 이스라엘은 속량을 받습니다.

우리가 한 해를 마치고 새해를 맞고자 할 때 무슨 기도를 해야 할까요? 오늘의 시를 통해 우리는 먼저 나를 위해 "기억하소서!" "사하소서!"라고 기도할 수 있습니다. 그 기도의 근거는 내가 아닌 여호와의 긍휼과 사랑입니다.

그런데 우리는 나를 위해서 기도할 뿐만 아니라, 이 나라를 위해서도 기도해야 합니다. 정치적으로 심하게 갈등하고, 이념적으로 나뉘 있는 이 나라를 위해 기도해야 합니다. 경제적 어려움으로 고통을 겪는 사람을 위해서 기도해야 합니다. 그 기도의 근거는 이 나라가 아닙니다. 여호와의 긍휼과 사랑입니다.

그러므로 우리도 다윗처럼 이렇게 기도할 수 있습니다. "여호와의 긍휼과 사랑을 기억하소서! 나의 죄악이 크오니 주님의 이름을 위해 사하소서! 이 나라를 환난에서 속량하소서!"

26
나를 속량하소서

말씀 시편 26:1-12
요절 시편 26:11
찬송 384장, 479장

"나는 나의 완전함에 행하오리니 나를 속량하시고 내게 은혜를 베푸소서."

우리는 세상 사람과는 달리 그래도 '믿음으로' 살고자 하고, '말씀대로' 살고자 합니다. 하지만 한 해를 지내놓고 보면 내가 기대한 만큼의 결과물이 없을 때가 있습니다. 어떨 때는 세상 사람한테 부당한 대우를 받기도 합니다. 내 삶의 진정성이 무시를 받는 것 같아 마음이 무겁습니다. 그때 우리는 무엇을 해야 합니까?

1절을 보십시오. "내가 나의 완전함에 행하였사오며 흔들리지 아니하고 여호와를 의지하였사오니 여호와여 나를 판단하소서." 이런 말입니다. "나를 변호해주십시오. 오, 주님! 왜냐하면 나는 내 완전함으로 행하였으며, 나는 흔들리지 않고 여호와를 의지했기 때문입니다." '완전함'이란 '순결'을 뜻합니다. 시인은 자신이 순결한 삶을 살았음을 고백합니다. 그렇다고 그가 '죄를 짓지 않은 완벽함'을 주장하는 그것은 아닙니다. 그가 말하는 순결은 믿음에서 흔들리지 않은 겁니다.

따라서 하나님 안에서의 완전함이란 도덕적 완전함이 아닙니다. 사람은 완전한 존재가 아니기 때문입니다. 완전함이란 그분을 향한 믿음의 완전함입니다. 어떤 상황에서도 흔들리지 않고 여호와를 믿고 사는 그것을 말합니다. 하박국 선지자는 악인과 의인의 삶을 대조했습니다. “보라 그(악인)의 마음은 교만하며 그 속에서 정직하지 못하나 의인은 그의 믿음으로 말미암아 살리라”(합 2:4).

순결하게 살고, 믿음으로 산 다윗은 여호와께 이렇게 바랍니다. “나를 판단하소서!” 그는 하나님께서 “나를 변호해주세요.”라고 말합니다. 그는 그릇된 삶을 살지 않았으니 여호와께서 변호해달라는 겁니다.

그는 계속해서 무엇을 기도합니까? 2절입니다. “여호와여 나를 살피시고 시험하사 내 뜻과 내 양심을 단련하소서.” 그는 ‘살피시고’, ‘시험하사’, ‘단련하소서’라는 말을 반복하면서 하나님의 조사에 적극적으로 임하겠다는 겁니다.

그는 왜 그렇게 기도합니까? 3절을 읽읍시다. “주의 인자하심이 내 목전에 있나이다 내가 주의 진리 중에 행하여.” ‘인자’는 ‘한결같은 사랑’입니다. 한결같은 사랑과 진리는 주님의 성품 중 중요한 두 가지입니다. 하나님은 한결같은 사랑이시고, 진리입니다. 시인의 눈앞에 하나님의 한결같은 사랑이 있었습니다. 시인은 그 사랑과 진리 안에서 살았습니다. 그는 어려움을 겪어도 그분의 사랑과 진리를 믿고 살았습니다. 그러므로 그는 여호와께서 자신의 삶을 변호하고 증명해 주시도록 기도합니다.

그의 삶은 악한 사람과는 어떻게 달랐습니까? 그는 허망한 사람과 같이 앉지 않았습니다(4a). ‘허망한 사람’이란 ‘우상 숭배자’입니다. 우상을 숭배하는 사람은 간사합니다. ‘간사한 자’는 자기 생각과 동기, 행동을 감추는 사람입니다. 그는 그런 사람과 동행하지 않을 겁니다(4b). 그는 과거에도 그들과 교제하지 않았는데, 앞으로도 그렇게 살 겁니다.

그런 그는 행악자의 집회를 미워했습니다(5a). '행악자'는 스스로 멸망을 불러오는 이교도입니다. 시인은 악인의 모임에는 발도 내밀지 않았습니다. 그는 악한 사람과 같이 앉지 않았습니다(5b). '악한 사람'은 공허한 담론으로 시간을 보내는 사람입니다. 시인은 그들과 헛된 소리를 하면서 시간을 낭비하지 않을 겁니다.

그는 대신 무엇을 합니까? 6절을 보십시오. "여호와여 내가 무죄하므로 손을 씻고 주의 제단에 두루 다니며." 그는 손을 씻고 죄 없는 몸으로 주님의 제단을 두루 돕니다. '손을 씻음'은 죄가 없음을 나타내는 표시입니다. 성전에 들어가려면 손을 씻어야 했습니다. 손이 깨끗한 사람만이 성전으로 들어가 제단 주위를 돌 수 있습니다. 성전 예배에 참석할 수 있었습니다.

그는 예배에 참석하여 무엇을 합니까? 그는 주님을 찬송하면서, 주님의 놀라운 일을 말하면서 주님의 제단을 두루 돌 겁니다(7). '놀라운 일'이란 국가적으로나 개인적으로 체험한 구원 사건입니다. 이스라엘이 애굽에서 구원받은 일로부터 다윗이 압살롬의 반역에서 구원받은 일입니다. 그는 성전 예배에서 그 일을 이루신 주님을 찬양하고 고백했습니다.

시인은 왜 그렇게 했습니까? 8절입니다. "여호와여 내가 주께서 계신 집과 주의 영광이 머무는 곳을 사랑하오니." '주께서 계신 집'은 성전에 있는 하나님의 거처, 즉 지성소입니다. 그곳은 주님의 영광이 머무는 그곳입니다. 여호와의 영광은 그 백성을 광야에서 보호하고 인도했습니다. 시인은 그 영광이 머무는 그 성전을 사랑했습니다. 그래서 그는 성전 제단에서 찬양하며 두루 다녔습니다.

왜 시인은 그곳을 사랑합니까? 그곳에 주님이 계시고, 주님의 영광이 머물기 때문입니다. 그가 성전을 사랑하는 이유는 성전 건물이 아름답고 빛나는 담장이나 값비싼 식탁 용품이 있어서가 아닙니다. 시인이 행악자의 집회를 미워하고, 대신에 성전을 사랑하는 이유는 그곳에 여호와의 영광이 머물기 때문입니다.

두 종류의 사람이 있습니다. 한 종류는 세상 돌아가는 이야기, 연예인의 사생활 이야기, 다른 종교나 점쟁이에 관한 이야기 등을 하는 그것을 시간 낭비로 여깁니다. 대신에 성경을 읽고, 설교를 듣고, 예배 참석에 마음을 씁니다. 그런데 어떤 사람은 예배 참석을 오히려 시간 낭비로 여깁니다. 왜냐하면 예배에 참석했다고 해서 당장에 무슨 결과물이 나타나지 않기 때문입니다. 반대로 예배에 참석하지 않았다고 해서 무슨 일이 일어나지도 않기 때문입니다.

예전에도 잠깐 말했었는데, 마르바 던(Marva J. Dawn)이 쓴 『고귀한 시간 낭비』 *A Royal "Waste" of Time*이라는 책이 있습니다. 이 책은 이런 말을 합니다. "세상 렌즈로 보면 예배는 시간 낭비이다. 왜냐하면 사회적 관점에서 얻는 유익이 없기 때문이다. 단지 하나님께 점수를 따거나 성공한 교인임을 과시하는 예배라면 그것은 저급한 시간 낭비일 뿐이다. 이와 달리 하나님을 예배의 주체요 대상이요 무한한 중심으로 삼고, 오직 우리의 예배를 받으시기에 가장 합당하신 하나님께 온전히 드릴 때 그것은 '고귀한' 시간 낭비이다. '고귀한' 시간 낭비에서 우리는 우주의 왕이신 하나님의 고귀한 '광휘(splendor)'에 빠져드는 독특함을 맛볼 수 있다. '고귀한 광휘에 빠져든다.'라는 말은 그의 광대하심과 광채를 경험하는 것을 뜻한다. 예배뿐 아니라 말씀 묵상과 연구, 기도, 찬양에도 함께하시는 그분의 광휘 속으로 빠져들 수 있다." 이런 모습이 행악자의 집회를 미워하고 성전을 사랑하는 시인의 모습이 아닐까요?

성전을 사랑하는 그는 무엇을 기도합니까? 9절을 보십시오. "내 영혼을 죄인과 함께, 내 생명을 살인자와 함께 거두지 마소서." '죄인'은 의도적으로 하나님의 길을 벗어나는 사람입니다. '살인자'는 목적을 이루기 위해 사람을 죽이는 사람입니다. 당시 이스라엘은 "하나님은 그런 죄인을 때가 되기 전에 잘라버린다."라고 믿었습니다. 시인은 자기를 그런 죄인과 '함께' 취급하지 않도록 기도합니다. 시인은 자신의 생명이 살인자와 함께 휩쓸려 버리지 않기를 기도합니다. 왜냐하면 그는 죄인이 아니기 때문입니다.

당시 죄인은 어떻게 살았습니까? 그들의 손에 사악함이 있었습니다. '사악함'은 '음탕함'인데, 성적으로 바르지 못한 삶입니다. 그들의 오른손에 뇌물이 가득했습니다(9). 그들은 사회적으로 높은 자리에 있었습니다. 그런 그들이 뇌물을 받으니 공의를 왜곡했습니다.

그러나 시인은 어떻게 살 겁니까? 11절을 읽읍시다. "나는 나의 완전함에 행하오리니 나를 속량하시고 내게 은혜를 베푸소서" 여기서 '완전함'은 순결입니다. 시인은 죄인이나 살인자와는 달리 순결함으로 걸을 겁니다. 그는 하나님의 인자와 진리 안에서 걸었습니다(3). 그는 주님을 위한 사랑과 헌신을 선언했습니다(8). 그는 지금까지 그렇게 살았습니다. 앞으로도 그렇게 살 겁니다.

그러므로 그는 무엇을 기도합니까? "나를 속량하소서! 내게 은혜를 베푸소서!" 그는 하나님께서 자신을 판단하고 살피고 시험한 후에 구원하고 은혜를 주시도록 기도합니다.

무엇을 배웁니까? 그의 확신에 찬 희망입니다. 시인은 다른 사람으로부터 고소를 당했습니다. 그런 중에 그는 하나님한테서 변호를 받으려고 했습니다. 하나님한테서 구원받고 은혜받고자 합니다. 왜냐하면 그는 하나님의 사랑과 은혜를 믿기 때문입니다. 세상 사람이 무엇이라고 말하고 대하든지, 하나님은 의인을 환난에서 구원하십니다. 사랑하시고 은혜를 베푸십니다.

26(26:1-12)

다윗은 왕이 되었을 때 그의 아들 압살롬이 반역을 꾀했습니다. 반역의 세력이 점점 커졌습니다(삼하 15:12). 다윗은 압살롬의 손에서 벗어나기 위해 도망가야 했습니다. 그때 사울 집안의 사람 중 하나인 시므이가 다윗을 저주했습니다. "살인자여, 악한이여, 여기서 사라져라. 여호와께서 사울과 그 가족을 죽인 죄를 너에게 갚으셨다. 네가 사울의 왕위를 빼앗았으나 이제 여호와께서 그것을 너의 아들 압살롬에게 주었구나. 너는 사람을 죽인 죄로 이제 벌을 받아 망하게 되었다"(삼하 16:7). 그의 저주는 다윗의 가슴에 대못으로 박혔을 겁니다.

그때 시므이의 저주를 듣던 다윗의 측근이 화를 내며 말했습니다. "왕은 이 죽은 개 같은 녀석이 저주하도록 내버려 두십니까? 제가 가서 당장 저놈의 목을 베겠습니다." 그러나 왕은 말했습니다. "이건 네가 상관할 일이 아니다. 여호와께서 그에게 그렇게 하라고 말씀하신 것이니 내버려 두라"(삼하 16:8, 10-11). 다윗은 사람과 싸우지 않았습니다. 그는 여호와를 믿었고, 여호와께 속량과 은혜를 구했습니다.

루터(Martin Luther)는 교회를 반역하고 교리를 타락시켰다는 공격을 받았습니다. 그는 교회를 개혁하려고 했는데, 그런 비난은 그에게 큰 상처였습니다. 그때 그는 이 시편으로 기도했다는군요.

때때로 우리도 다른 사람이 우리의 마음을 알아주지 않을 때 마음이 무겁습니다. 믿음의 길을 걷기가 쉽지 않습니다. 하지만 바로 그때 우리는 하나님은 내 마음을 아신다는 것을 기억해야 합니다. 세상이 우리를 고소할지라도 하나님은 우리의 신실함을 확증하심을 믿어야 합니다. 우리가 만일 흔들리지 않는 믿음으로 주님을 믿는다면, 주님은 우리를 속량하시고 은혜를 주십니다. 우리는 그렇게 기도할 수 있습니다.

26(26:1-12)

그렇게 기도한 그는 어디에 섰으며, 무엇을 합니까? 12절을 보십시오. "내 발이 평탄한 데에 섰사오니 무리 가운데에서 여호와를 송축하리이다." '평탄한 데'는 '안전한 성전 뜰 안의 평평한 곳'이면서 시인의 '완전함', 즉 순결을 뜻합니다. 시인의 발은 평평한 땅에 서 있습니다. 그는 이제 자신의 순결에 서 있습니다. 그런 그는 미끄러질 위험이 없습니다.

그는 무엇을 합니까? 성전에 예배하려고 모인 사람 중에서 여호와를 송축합니다. 그는 예배하는 중에 주님을 찬양할 겁니다. 그는 어떤 어려움 속에서도 여호와께서 자신을 속량하실 줄 확신하며 찬양합니다.

우리가 새해를 시작하면서 어떤 마음을 품어야 할까요? 어떤 선배 선교사가 "호시우보(虎視牛步) 수복강녕(壽福康寧)"이라는 글귀를 보냈습니다. '호시우보'는 "호랑이 눈처럼 예리하고 소의 걸음처럼 신중하라."라는 뜻입니다. '수복강녕'은 '오래 살고 복을 누리며 건강하고 마음이 편안하라.'라는 뜻입니다. 말 그대로 최고의 '덕담(德談)'입니다. '덕담'은 남이 잘되기를 바라며 서로 나누는 좋은 말입니다.

어떻게 그렇게 살 수 있습니까? 하나님께서 우리를 변호해주시고, 살펴주시고, 속량해 주시고, 은혜를 주셔야 합니다. 그러면 우리는 고소하는 사람이 있을지라도 완전함에 행할 수 있습니다. 우리가 순결한 길을 걷고자 하면 하나님께서 도와주십니다. 우리가 시편을 통해 '거룩한 독서(*Lectio Divina*)를 생활화하여 이 선순환의 과정을 잘 이루기를 기도합니다.

27
여호와를 기다릴지어다

말씀 시편 27:1-14
요절 시편 27:14
찬송 543장, 493장

"너는 여호와를 기다릴지어다 강하고 담대하며 여호와를 기다릴지어다."

우리는 삶에서 기다리는 시간을 정말로 많이 겪습니다. 그 기다림에는 종류도 많습니다. 사람을 기다리거나 어떤 결과를 기다립니다. 그 기다림에는 고통도 있고 설렘도 있습니다. 그래서 '기다림의 미학'이라는 말이 있습니다. '미학(美學, Aesthetics)'이란 '자연이나 인생 및 예술 따위에 담긴 미의 본질과 구조를 해명하는 학문'입니다. 그만큼 기다림을 학문적으로 접근할 수 있다는 겁니다. 그런데 오늘 시인은 누구를 기다리라고 말합니까?

1절을 보십시오. "여호와는 나의 빛이요 나의 구원이시니 내가 누구를 두려워하리요 여호와는 내 생명의 능력이시니 내가 누구를 무서워하리요." 여호와는 시인의 빛이요 구원이십니다. 그러므로 시인은 그 누구도 두려워하지 않습니다. 여호와는 시인의 생명의 능력입니다. '능력'은 '안전한 장소나 피난처'입니다. 여호와는 시인의 안전한 피난처이십니다. 따라서 시인은 그 누구도 무서워하지 않습니다. 누구든지 빛이고 구원이고 요새이신 여호와를 의지하면 그 누구도

27(27:1-14)

두렵지 않고 무섭지 않습니다.

사도 바울은 로마 교회를 향해 외쳤습니다. "그런즉 이 일에 대하여 우리가 무슨 말 하리요 만일 하나님이 우리를 위하시면 누가 우리를 대적하리요"(롬 8:31).

시인은 어떤 두려움을 만났습니까? 악인들이 시인의 살을 먹으려고 왔습니다. 악인은 하이에나처럼 시인에게 달려들어 죽이려고 합니다. 그러나 그 원수는 실족하여 넘어졌습니다(2). 시인을 파멸하려고 했던 원수가 오히려 파멸했습니다.

그러므로 시인의 마음은 어떠합니까? 3절을 보십시오. "군대가 나를 대적하여 진 칠지라도 내 마음이 두렵지 아니하며 전쟁이 일어나 나를 치려 할지라도 나는 여전히 태연하리로다." '군대'는 '큰 위험과 극도로 심각한 상황'을 뜻합니다. '전쟁이 일어난다.'라는 말은 '죽음이 이론이 아닌 현실로 다가왔다.'라는 뜻입니다. 시인은 큰 위험 앞에서도 두렵지 않습니다. 시인은 죽음 앞에서도 태연합니다. 왜냐하면 여호와께서 그의 빛이요 구원이요 생명의 피난처이기 때문입니다. 그분께서 그를 보호하고 인도하고 도와주시기 때문입니다.

시인이 여호와께 바라는 한 가지 일은 무엇입니까? 4절을 읽읍시다. "내가 여호와께 바라는 한 가지 일 그것을 구하리니 곧 내가 내 평생에 여호와의 집에 살면서 여호와의 아름다움을 바라보며 그의 성전에서 사모하는 그것이라." '여호와의 집에 산다.'라는 말은 '성전에서 산다.'라는 말보다 '여호와 앞에서 산다.'라는 뜻입니다. 즉 '여호와와 항상 가까이한다.' '주님의 보호를 받는다.'라는 뜻입니다. 시인이 기도하는 한 가지는 "한평생 여호와와 함께하며 여호와의 은총을 바라보며 성전에서 묻는 그것"입니다. 그것이 그가 원하는 단 하나의 소원이며 인생 목표입니다.

여호와는 그를 환난 날에 어떻게 하십니까? 5절입니다. “여호와께서 환난 날에 나를 그의 초막 속에 비밀히 지키시고 그의 장막 은밀한 곳에 나를 숨기시며 높은 바위 위에 두시리로다.” ‘초막’은 뜨거운 날씨에서 그늘막을 만들어 사람을 보호합니다. 여호와께서 환난 날에 시인을 뜨거운 날씨에서 그늘막으로 보호하시듯이 비밀히 지키십니다. 그리고 그분의 성막 은밀한 곳에 숨기십니다. 높은 바위 위에 들어 올리십니다. 그러면 어떤 원수도 그를 찾지 못합니다. 원수의 위험에서 벗어나 안전한 상태에 있습니다. 시인이 여호와의 함께하심과 은총만을 구하는 이유가 여기에 있습니다.

그러므로 시인은 여호와께 무엇을 합니까? 6절을 보십시오. “이제 내 머리가 나를 둘러싼 내 원수 위에 들리리니 내가 그의 장막에서 즐거운 제사를 드리겠고 노래하며 여호와를 찬송하리로다.” ‘머리가 들린다.’라는 말은 ‘승리’를 뜻합니다. 그는 원수를 이길 줄을 믿었습니다. 여호와께서 자기를 원수한테서 구원하실 줄 믿었습니다. 그래서 그는 나팔을 울리면서 환호하며 즐거운 제사를 지냅니다. 그는 노래하며 여호와를 찬송합니다.

그는 이제 무엇을 부르짖습니까? 7절입니다. “여호와여 내가 소리 내어 부르짖을 때에 들으시고 또한 나를 긍휼히 여기사 응답하소서.” 그는 여호와를 애타게 부를 때 들어주시고, 불쌍히 여기셔서 응답해 주시도록 부르짖습니다.

그는 어떤 자세로 기도합니까? 8절입니다. “너희는 내 얼굴을 찾으라 하실 때에 내가 마음으로 주께 말하되 여호와여 내가 주의 얼굴을 찾으리이다 하였나이다.” 시인은 어둠 속에서 빛을 찾듯이 주님의 얼굴을 찾습니다. 그는 성전에서 주님의 함께하심을 찾습니다.

그가 여호와를 찾을 때 여호와께서 어떻게 하지 말기를 바랍니까? 9절을 읽읍시다. “주의 얼굴을 내게서 숨기지 마시고 주의 종을 노하여 버리지 마소서 주는 나의 도움이 되셨나이다 나의 구원의 하나님이시여 나를 버리지 마시고 떠나지 마소서." '얼굴을 감추심'은 '은총을 거둔다.' '분노한다.'라는 뜻입니다. 그는 "숨기지 마소서(hide not)", "돌아서지 마소서(turn not)", "버리지 마소서(cast not)", "떠나지 마소서(forsake not)"라고 기도합니다. 그는 그만큼 주님의 버림을 두려워하기 때문입니다. 그는 '주님이 함께하지 않으심', 즉 '부재'를 두려워합니다. 그래서 그는 주님의 얼굴을 찾습니다. 주님의 함께하심을 간구합니다.

그가 주님의 얼굴을 찾는 근거는 무엇입니까? 10절입니다. "내 부모는 나를 버렸으나 여호와는 나를 영접하시리이다." '내 부모'와 '여호와'를 대조합니다. 엄마 아빠가 그 아들딸을 버리는 일은 쉽지 않습니다. 물론 그런 일이 일어나기도 합니다. '부모가 나를 버린다.'라는 말은 '이 세상에서 일어날 수 없는 일이 일어날 수 있을지라도'라는 뜻입니다. 부모가 나를 버릴지라도 여호와는 나를 영접하십니다.

우리를 향한 여호와의 마음이 어떠합니까? 인간 사회에서 아무리 대단한 사랑과 열정과 헌신도 아들딸을 향한 부모의 마음에는 미치지 못합니다. 그러나 부모의 사랑이 아무리 크고 깊어도 주님의 사랑에 비할 수 없습니다. 부모가 자식을 버리는 일은 있을 수 없지만, 설사 있을지라도, 여호와는 아무리 극한 상황에서도 우리를 영접하십니다. 주님의 사랑이 부모의 사랑보다 훨씬 크기 때문입니다. 하나님의 사랑은 모든 인간의 사랑을 초월하기 때문입니다.

시인은 그 사랑을 알기에 주님께 기도합니다. "주는 우리 아버지시라 아브라함은 우리를 모르고 이스라엘은 우리를 인정하지 아니할지라도 여호와여, 주는 우리의 아버지시라 옛날부터 주의 이름을 우리의 구속자라 하셨거늘"(사 63:16). 시인은 극한 상황에서도 그분의 초월적 사랑을 알기에 오직 그분의 인도하심과 보호를 구합니다.

그는 여호와께 또 무엇을 구합니까? 11절을 보십시오. “여호와여 주의 도를 내게 가르치시고 내 원수를 생각하셔서 평탄한 길로 나를 인도하소서.” 첫째로, 그는 여호와께서 자기를 가르쳐주시도록 기도합니다. 왜냐하면 사람은 본질에서 죄로 기우는 나약한 존재이기 때문입니다. 사람은 스스로 바른길을 갈 수 없어서 주님의 가르침이 필요합니다.

둘째로, 그는 평탄한 길로 인도해 주시도록 기도합니다. 왜냐하면 원수가 있기 때문입니다. 시인 앞에는 원수가 있으니 주님의 인도하심이 필요합니다. 주님이 인도하셔야 원수를 이기고 평판한 길로 갈 수 있습니다.

시인은 셋째로, 자신의 생명을 대적에 맡기지 않도록 기도합니다. 왜냐하면 거짓말로 증언하는 사람과 악을 내뿜는 사람이 그를 치려고 일어났기 때문입니다(12).

시인은 무엇을 믿었습니까? 13절을 보십시오. “내가 산 자들의 땅에서 여호와의 선하심을 보게 될 줄 확실히 믿었도다.” ‘산 자들의 땅’은 이 세상입니다. 그는 이 세상에서 여호와의 선하심을 볼 줄 믿었습니다. 그는 이 세상에서 어려움을 겪을지라도 여호와께서 구원하실 줄 믿었습니다.

그러므로 시인은 청중에게 무엇을 권면합니까? 14절을 읽읍시다. “너는 여호와를 기다릴지어다 강하고 담대하며 여호와를 기다릴지어다.” 이 말씀을 이렇게 표현할 수 있습니다. “여호와를 기다려라. 용기를 내어 강해라. 여호와를 기다려라.” 여기서 ‘여호와를’이라는 말은 ‘여호와의 오심’, ‘여호와의 응답’을 뜻합니다. 시인은 청중에게 ‘여호와의 오심’, ‘여호와의 응답을 기다려라.’라고 권면합니다. 그런데 그냥 기다리는 것이 아니라, 용기를 내서 강하라고 말합니다. 그 말은 “여호와를 기다리려면 강해야 한다.”라는 뜻입니다.

무엇이 강해야 합니까? 하나님의 말씀을 믿는 믿음이 강해야 합니다. 하나님을 기다림이 헛되지 않음에 대한 소망이 강해야 합니다. 그리고 하나님께서 나를 변함없이 사랑하시는 그 사랑이 강해야 합니다.

왜 강해야 합니까? 하나님이 즉시 응답하지 않기 때문입니다. 그런 중에 대적의 공격이 있고, 그 공격 앞에서 믿음과 소망과 사랑이 약해지기 때문입니다. 왜냐하면 기다림은 내 시간이나 내 중심이 아닌, 하나님의 시간과 하나님 중심의 삶에 있기 때문입니다. 하나님을 기다리려면 하나님 중심으로 살아야 합니다. 하나님 중심으로 살려면 믿음도 강해야 하고, 소망도 강해야 하고, 사랑도 강해야 합니다. 그래야 흔들리지 않고 끝까지 기다릴 수 있습니다.

여호와께서 모세의 후계자로 여호수아를 세우셨습니다. 그때 말씀하셨습니다. “오직 강하고 극히 담대하여 나의 종 모세가 네게 명령한 그 율법을 다 지켜 행하고 우로나 좌로나 치우치지 말라 그리하면 어디로 가든지 형통하리니”(수 1:7). 여호수아가 여호와의 약속을 기다리려면 강해야 합니다. 약해서는 기다릴 수 없습니다. 그가 강해야 약속의 땅에 들어갈 수 있고, 하나님께서 주시는 형통을 체험할 수 있습니다.

당시 사람들이 사도 베드로에게 물었습니다. “주님께서 오신다는 약속이 어디 있느냐 조상들이 잔 후로부터 만물이 처음 창조될 때와 같이 그냥 있지 않은가”(벧후 3:4)? 그들은 기다림에 지쳤습니다. 왜냐하면 하나님의 약속이 그들의 생각대로 이루어지지 않았기 때문입니다. 그들의 믿음과 사랑과 소망이 약해졌습니다.

그런 그들에게 사도 베드로는 무엇을 말했습니까? “주의 약속은 어떤 이들이 더디다고 생각하는 것같이 더딘 것이 아니라 오직 주께서는 너희를 대하여 오래 참으사 아무도 멸망하지 아니하고 다 회개하기에 이르기를 원하시느니라"(벧후 3:9). 베드로는 그들에게 하나님의 약속과 사랑을 강조합니다. 그리하여 그들의 믿음과 소망과 사랑이 강하도록 돕습니다. 강해야 어떤 상황에서도, 약속이 더딘 것처럼 보일지라도 주님 오심을 끝까지 기다릴 수 있습니다.

"믿음으로 산다."라는 말은 "기다림으로 산다."라는 뜻입니다. 기다림으로 살려면 강해야 합니다. 강함은 성도가 현재의 고난과 그 고난으로부터 미래에 구원받을 사이에 있는 긴장을 견디게 하는 힘입니다.

오늘 시인은 누구를 기다리라고 말했습니까? "여호와를 기다릴지어다 강하고 담대하며 여호와를 기다릴지어다"(14). 우리는 여호와를 기다려야 합니다. 우리를 원수한테서 구원하시고, 고난에서 구원하실 그분을 기다려야 합니다. 이 나라와 온 세상을 전염병에서 구원하실 그분을 기다려야 합니다. 우리 교회가 세상의 소금과 빛으로 쓰임받도록 인도하실 그분을 기다려야 합니다. 더 나아가, 우리는 이 세상에 심판장이요 구원자로 오실 그분을 기다려야 합니다. 우리가 시편 말씀을 통해 믿음과 소망과 사랑이 강하여 그분을 끝까지 기다리며 살기를 기도합니다.

28
목자가 되소서

말씀 시편 28:1-9
요절 시편 28:9
찬송 569장, 570장

"주의 백성을 구원하시며 주의 산업에 복을 주시고 또 그들의 목자가 되시어 영원토록 그들을 인도하소서."

우리에게 '목자'라는 말처럼 친숙하고 다정한 말도 없을 겁니다. 물론 '목자'는 문자적으로는 '양을 돌보는 사람', '양치기'입니다. 하지만 성경에서는 '사람을 돌보는 하나님'을 말합니다. 그런데 오늘 시인은 하나님께 '목자가 되소서'라고 기도합니다. 여기에는 무슨 뜻이 있습니까?

1절을 보십시오. "여호와여 내가 주께 부르짖으오니 나의 반석이여 내게 귀를 막지 마소서 주께서 내게 잠잠하시면 내가 무덤에 내려가는 자와 같을까 하나이다." 시인은 여호와께 부르짖습니다. 그는 여호와께 기도합니다. 기도는 여호와를 의지하고 도움을 청하는 표현입니다. 기도는 그분의 언약 백성이 누리는 특권입니다. 시인은 기도할 때 여호와를 '나의 반석이여'라고 부릅니다. '반석'은 힘과 안전을 상징합니다. 그는 여호와를 힘과 안전으로 믿습니다.

그는 그분께 무엇을 기도합니까? "내게 귀를 막지 마소서." 그는 여호와께서 기도에 귀를 막지 마시고 들어주시도록 기도합니다. 만일 여호와께서 귀를 막으시면 시인은 어떻게 됩니까? 주님께서 잠잠하시면 그는 무덤에 내려가는 사람과 같습니다. 시인은 자신의 부르짖음과 여호와의 잠잠함을 대조합니다. 여호와의 잠잠함은 그의 고통을 최고로 올립니다. 하나님이 침묵하시면 그는 죽을 수밖에 없습니다.

그는 어떻게 간구합니까? 2절입니다. "내가 주의 지성소를 향하여 나의 손을 들고 주께 부르짖을 때에 나의 간구하는 소리를 들으소서." '지성소'는 하나님의 함께하심을 가장 가까이에서 경험할 수 있는 성소의 장소입니다. 그는 하나님이 가장 가까이 계시는 지성소를 향하여 손을 들고 기도합니다. 그만큼 그는 하나님을 애타게 찾습니다.

이런 그로부터 무엇을 배웁니까? 그는 하나님께서 자기의 기도를 듣기만 하시면 어떤 문제든지 해결할 수 있다고 믿습니다. 그렇다고 해서 '하나님께서 자기 기도를 듣지 않으신다.'라고 의심하는 것은 아닙니다. 그가 "귀를 막지 마소서!"라고 기도하는 이유는 오히려 기도를 속히 들어주시라는 뜻입니다. 그는 그만큼 하나님의 능력도 믿고, 그분의 사랑도 믿습니다.

우리는 '하나님께서 내 기도를 들으시는가?'라고 질문할 때가 있습니다. 왜냐하면 하나님께서 내 기도에 침묵하는 것처럼 보이기 때문입니다. 내 기도에 관심이 없는 그것처럼 보이기 때문입니다. 그러나 성경은 하나님은 내 기도에 절대로 귀를 막지 않고, 잠잠하지 않음을 강조합니다. 하나님은 우리의 기도에 귀를 기울이십니다. 어떤 사람은 오히려 이렇게 말했습니다. "우리는 그분이 우리에게 관심을 두지 않는다고 생각한다. 하지만 하나님은 오히려 우리에게 끊임없이 관심을 두신다. 문제는 우리가 그분께 관심을 쏟지 않은 데 있다."

그러므로 중요한 점은 무엇입니까? 우리가 하나님의 응답을 느끼지 못할지라도 하나님은 우리의 기도를 들으심을 믿는 그것이 중요합니다. 기도를 들으심에 대한 확신이 있어야 우리는 계속해서 기도할 수 있습니다. 예수님은 제자들에게 말씀하셨습니다. "지금까지는 너희가 내 이름으로 아무것도 구하지 아니하였으나 구하라 그리하면 받으리니 너희 기쁨이 충만하리라"(요 16:24).

그러면 시인의 기도 내용은 무엇입니까? 3절을 보십시오. "악인과 악을 행하는 자들과 함께 나를 끌어내지 마옵소서 그들은 그 이웃에게 화평을 말하나 그들의 마음에는 악독이 있나이다." 시인은 자신의 운명이 악인의 운명과 같아서는 안 된다고 기도합니다. 악인은 이웃에게 절친한 친구처럼 말하지만, 실제로는 이웃의 인격과 명예와 삶의 기반을 무너뜨립니다. 악인은 신뢰를 깨고, 이웃의 정직과 순수함을 이용합니다.

시인은 하나님께서 그들을 어떻게 해주시도록 기도합니까? 하나님께서 그들이 하는 일과 그들의 행위가 악한 대로 갚아주시도록 기도합니다. 그들의 손이 지은 대로 그들에게 마땅히 받을 것으로 갚아야 합니다(4). 그는 복수가 아니라 정의를 위해 기도합니다. 원수에 대한 보응은 '하나님의 인과법'의 통치 영역에 속한 겁니다. '인과법'은 '하나님께서 의로운 사람에게 복을 주시고 악한 자에게 벌을 내리신다.'라는 뜻입니다. 하나님은 당신의 말씀대로 사는 사람에게는 복을 주십니다. 하지만 말씀대로 살지 않은 사람에게는 벌을 내리십니다.

왜 그렇게 해야 합니까? 5절을 보십시오. "그들은 여호와께서 행하신 일과 손으로 지으신 것을 생각하지 아니하므로 여호와께서 그들을 파괴하고 건설하지 아니하시리로다." 여호와께서 악인의 행위를 갚아야 하는 이유는 그들의 악한 행위 때문만은 아닙니다. 그들이 여호와의 업적을 무시하고 존경하지 않기 때문입니다. 그들이 '영적인 중력 법칙'을 무시하기 때문입니다.

지구는 중력의 영향을 받습니다. 중력은 지구상 어느 곳에든지 작용하는 불변의 법칙입니다. 그래서 모든 물체는 높은 데서 낮은 곳으로 떨어집니다. 이처럼 '영적인 중력 법칙'이 있습니다. 그 법칙 중 대표적인 것은 "사람은 죄를 지으면 반드시 벌을 받는다."라는 겁니다. 그 벌은 죽음입니다. 죽음은 죄의 삯입니다. 따라서 여호와께서 죄인을 파괴하고 허물어뜨리십니다. 다시는 일으키지 않습니다.

시인은 무엇을 확신합니까? 그는 여호와께서 자기의 간구를 들으심을 확신합니다. 그는 기도를 들으신 여호와를 찬송합니다(6).

그는 어떻게 찬송합니까? 7절을 읽읍시다. "여호와는 나의 힘과 나의 방패이시니 내 마음이 그를 의지하여 도움을 얻었도다 그러므로 내 마음이 크게 기뻐하며 내 노래로 그를 찬송하리로다." 여호와는 시인의 힘이며 방패입니다. 그는 그분을 의지합니다. 그분한테서 도움을 얻습니다. 시인이 그분을 의지하니 그분께서 그를 구원하셨습니다. 그런 그는 기뻐 뜁니다. 그는 구원의 기초로서 하나님을 신뢰할 뿐만 아니라, 구원의 결과로서 기뻐합니다. 그 기쁨의 노래가 오늘의 시입니다.

시인은 이제 누구를 위해 기도합니까? 8절을 보십시오. "여호와는 그들의 힘이시요 그의 기름 부음 받은 자의 구원의 요새이시로다." 여기서 '그들'은 여호와의 백성입니다. 시인의 개인적 관심이 공동체적 관심으로 바뀌었습니다. 그는 여호와께서 그 백성의 힘이심을 믿었습니다. 그리고 '그의 기름 부음 받은 자'는 현재 왕인 다윗을 말하면서 장차 오실 메시아를 뜻합니다. 여호와는 다윗의 구원 요새이며, 장차 오실 메시아의 구원 요새입니다.

시인은 어떻게 백성에게 눈을 돌렸을까요? 시인은 자기의 기도에 침묵하지 않으신 여호와께서 그 백성의 기도에도 침묵하지 않을 줄 믿었기 때문입니다. 그는 자기의 기도 앞에서 여호와의 침묵이 끝나니 불안도 끝났습니다. 그는 삶의 무거운 짐을 내려놓았습니다. 여호와께서 자기의 하나님이시듯이 그 백성의 하나님이심을 깨달았습니다. 자기를 구원하신 그분께서 그 백성도 구원하실 줄 믿었습니다. 다윗은 자신과 백성이 서로 연결되어 있음을 알았습니다. 왕인 다윗은 '대왕(the Great King)'이신 여호와께서 자신은 물론이고 백성의 요새임을 고백합니다.

그는 백성을 위해 무엇을 기도합니까? 9절을 읽읍시다. "주의 백성을 구원하시며 주의 산업에 복을 주시고 또 그들의 목자가 되시어 영원토록 그들을 인도하소서." '주의 산업'은 '유산', '소유'라는 말인데, 여호와의 백성을 뜻합니다. 여호와의 백성은 여호와의 소유입니다. 시인은 개인을 넘어 여호와의 백성을 위해 기도합니다.

그 기도의 내용은 무엇입니까? 그 내용은 네 번의 명령문으로 나타납니다. "구원하소서", "복을 주소서", "목자가 되소서", 그리고 "인도하소서"입니다. '구원한다.'라는 말은 백성을 억압에서 건져내는 일입니다. '복을 주신다.'라는 말은 그 백성을 풍요롭게 한다는 뜻입니다. '목자가 된다.'라는 말은 말 그대로 양 떼에게 목자가 된다는 뜻입니다. '인도한다.'라는 말은 '들어 올린다.'라는 뜻입니다. 목자는 어린양을 인도할 때 손으로 들어 올려서 품에 안고 인도합니다.

그런데 네 개의 명령형 문장을 하나의 문장으로 함축할 수 있습니다. "목자가 되소서!" 왜냐하면 목자가 하는 일의 핵심은 양 떼를 구원하고, 축복하고, 들어 올려 인도하는 일이기 때문입니다. 그중에서 '들어 올린다.'라는 말이 중요합니다. 목자 상을 나타내기 때문입니다.

시인이 그 백성을 위해 그리는 목자 상은 무엇입니까? 양 떼를

'들어 올리는 목자 상'입니다. 여호와는 그 백성의 왕이십니다. 그분의 왕국은 영원합니다. 그런데 그분은 왕이면서도 그 백성을 들어 올리는 목자입니다. 그분은 양을 인도할 때 일방적으로 뒤에서 몰거나 앞에서 끌지 않습니다. 오히려 목자가 어린양을 들어 올려서 품에 안고 인도합니다. 우리는 그런 모습을 '섬김'이라고 부릅니다. 여호와는 자기 양 떼를 '몰고 가는' 분이 아니라 '섬기는 분'입니다. 목자는 양 떼 위에 군림하는 제왕이 아니라 섬기는 종입니다.

이 시상은 이사야 선지자의 말을 연상하게 합니다. "그는 목자같이 양 떼를 먹이시며 어린양을 그 팔로 모아 품에 안으시며 젖먹이는 암컷들을 온순히 인도하시리로다"(사 40:11). 그리고 그 모습은 예수님 표상과 합쳐집니다. "도둑이 오는 것은 도둑질하고 죽이고 멸망시키려는 것뿐이요 내가 온 것은 양으로 생명을 얻게 하고 더 풍성히 얻게 하려는 것이라. 나는 선한 목자라 선한 목자는 양들을 위하여 목숨을 버리거니와"(요 10:10-11).

시인은 여호와께서 그 백성에게 바로 이런 목자가 되시도록 기도합니다. 그것은 곧 자기의 목자가 되시도록 기도하는 그것과 같습니다. 왜냐하면 그 백성은 물론이고 시인 자신에게도 목자가 필요하기 때문입니다. 삶의 현장에서, 크고 작은 문제 앞에서 목자가 양 떼를 들어 올려 품에 안고 인도하듯이 여호와의 인도하심이 필요하기 때문입니다.

오늘 시인의 기도를 들으며 우리는 무엇을 기도해야 합니까? 첫째로, "내게 귀를 막지 마소서. 잠잠하지 마소서!" 우리가 삶에서 문제를 만나는 그것보다 더 힘든 일은 하나님께서 내 기도를 듣지 않으시는 것처럼 느낄 때입니다. 다시 말하면 나와 하나님 사이에 소통이 불통인 것처럼 느낄 때입니다. 시인이 고백했던 것처럼 하나님이 잠잠하면 무덤에 내려가는 그 기분을 우리도 느낍니다. 그러므로 우리도 하나님께 가장 먼저 이렇게 기도해야 합니다. "하나님, 제발 귀를 막지 마세요! 제발 잠잠하지 마세요!"

둘째로, "목자가 되소서, 들어 올리소서!" 우리는 나이를 먹을수록 삶이 얼마나 험한지를 깊이 인식합니다. 거짓과 속임의 유혹이 참 많습니다. 이런 세상에서 더 안타까운 일은 나 자신을 내 마음대로 조절하지 못하는 겁니다. 우리는 한없이 연약한 존재임을 실감할 수 밖에 없습니다. 그래서 누군가는 말했습니다. "고단한 인생길."

고단한 인생길에 누가 필요합니까? 바로 목자이신 하나님이십니다. 선한 목자 예수님이 필요합니다. 예수님은 목자가 없는 사람을 "목자 없는 양과 같이 고생하며 유리한다."(마 9:36)라고 말씀하셨습니다. 목자 없는 양은 살지만 사는 것이 아닙니다. 왜냐하면 홀로 험한 세상을 헤쳐나갈 수 없기 때문입니다. 양에게 목자가 반드시 있어야 하듯이, 사람에게도 목자이신 하나님이 반드시 있어야 합니다. 그러므로 우리도 시인처럼 "예수님, 나의 목자가 되소서! 나를 들어 올려서 인도하소서!"라고 기도해야 합니다. 그러면 우리도 이 고단한 인생을 잘 갈 수 있습니다.

김정애 씨가 쓴 "세상 끝날까지"라는 복음송이 있습니다. "지치고 험한 인생길/ 나 홀로 가기는 힘들어도/ 그러나 주와 함께면 날마다 새 힘을 얻으리.../ 세상 짐 지고 가기는 나 비록 약할지라도/ 날마다 주만 의지해 온전히 주께 날 맡기리.../ 혼자의 힘만으로는 할 수 있는 일이 적지만/ 나 항상 주께 기도로 간구해 새 힘을 얻으리.../ 주님은 내게 빛 되사 평안히 인도해 주시리."

29
여호와께 돌려라

말씀 시편 29:1-11
요절 시편 29:1
찬송 621장, 412장

"너희 권능 있는 자들아 영광과 능력을 여호와께 돌리고 돌릴지어다."

오늘 시도 역시 다윗의 시입니다. 그 배경은 초막절입니다. '초막절'이란 풀로 집을 짓는 것을 기념하는 절기입니다. 유월절, 칠칠절과 함께 구약성경에 나오는 3대 절기 중 하나입니다. 초막절은 1년 중 마지막 절기로 밭에서 난 곡식을 다 거두고 난 다음에 지킵니다(레 23:34, 39-43). 여기에는 두 가지 뜻이 있습니다. 하나는, 이스라엘이 애굽에서 나왔을 때 초막에서 살도록 하신 여호와를 깨닫도록 하심입니다. 다른 하나는, 풍성한 곡식을 주신 여호와를 깨닫도록 하심입니다.

시인은 이런 배경에서 그 백성이 무엇을 하기를 바랍니까?

1절을 읽읍시다. "너희 권능 있는 자들아 영광과 능력을 여호와께 돌리고 돌릴지어다." '권능 있는 자들'은 '하나님의 아들들', '하나님의 보좌를 둘러싸고 있는 천상의 총회'를 뜻합니다. 그리고 '여호와'는 이스라엘의 하나님이십니다. 그분은 그 백성을 구원하셨고, 그 백성을 위해 친히 싸우셨습니다. 여호와는 위대한 왕과 그 백성 사이에 언약의 관계성을 확증합니다. 여호와는 그 백성의 구원자이시고, 용사이십니다.

그 백성은 그분께 무엇을 해야 합니까? 그분께 영광과 능력을 돌리고, 돌려야 합니다. '돌리라.'라는 말을 두 번 반복합니다. 하늘에 있는 존재, 천상의 총회에 있는 모든 존재는 영광과 능력을 여호와께 돌려야 합니다.

어떻게 영광을 돌려야 합니까? 2절입니다. "여호와께 그의 이름에 합당한 영광을 돌리며 거룩한 옷을 입고 여호와께 예배할지어다." 먼저, 여호와께 그분의 이름에 합당한 영광을 돌려야 합니다. 여호와의 이름에는 군사적 의미가 있습니다. 여호와는 전쟁의 용사이십니다. 여호와의 이름은 존엄합니다. 그분의 이름 여호와는 언제나 그 백성과 함께하시는 '임마누엘'이십니다(마 1:23).

그분은 이 땅에 오신 예수님이십니다. 사도 바울은 빌립보 교회에 그분께 영광을 돌리도록 권면했습니다. "이러므로 하나님이 그를 지극히 높여 모든 이름 위에 뛰어난 이름을 주사, 하늘에 있는 자들과 땅에 있는 자들과 땅 아래에 있는 자들로 모든 무릎을 예수의 이름에 꿇게 하시고"(빌 2:9-10).

이어서, 거룩한 옷을 입고 여호와께 예배해야 합니다. '거룩한 옷'은 여호와의 승리를 축하하고 예배하기 위해 입는 옷입니다. '거룩한 옷'은 거룩한 삶을 뜻합니다(계 3:4). 사람은 거룩한 분 앞에서 거룩한 옷을 입고 예배해야 합니다. 그분께 영광을 돌리는 그것은 그분께 예배하는 겁니다.

이 말씀이 초막절을 지키는 그들에게 주는 의미는 무엇입니까? 첫째로, 그들은 영광과 능력을 오직 여호와께만 돌려야 합니다. 고대 근동에서는 다신론적 종교관에 따라 하급 신은 최고 신에게 영광과 권능을 돌렸습니다. 시인은 사람만이 아니라 하늘의 영까지도 여호와께 영광을 돌리도록 했습니다.

지금 이스라엘은 풍성한 곡식을 거두었습니다. 그들은 지난해 많이 노력했고, 땀도 많이 흘렸습니다. 그 열매를 보면서 자기에게 영광을 돌릴 수 있습니다. 나를 덧보이고 싶고, 내가 사람한테 인정받고 싶습니다. 하지만 여호와께 영광을 돌려야 합니다. 내가 아닌 여호와의 이름을 드러내야 합니다. 왜냐하면 여호와께서 그 열매를 주셨기 때문입니다.

둘째로, 그들은 여호와를 예배해야 합니다. 여호와께 영광 돌리는 일은 예배로 나타납니다. 그들이 '초막절을 지킨다.'라는 말은 '여호와께 영광을 돌린다.'라는 뜻입니다. '여호와께 영광을 돌린다.'라는 말은 '여호와께 예배한다.'라는 뜻입니다. 풍성한 열매 앞에서 자기도취에 빠지면 안 됩니다. 오직 여호와께 감사하고, 그 감사의 표현으로 오직 여호와를 예배해야 합니다.

오늘 우리는 무엇을 배웁니까? 오늘 우리는 말로 여호와께 영광을 돌립니다. 주일이면 의식으로 예배합니다. 이런 모습도 좋습니다. 중요합니다. 하지만 삶으로 영광을 돌리고, 삶의 예배 또한 대단히 중요합니다. 사도 바울은 말씀했습니다. "그런즉 너희가 먹든지 마시든지 무엇을 하든지 다 하나님의 영광을 위하여 하라"(고전 10:31). 이것이 여호와께만 예배하는 삶의 모습입니다.

우리가 오직 여호와께만 예배해야 하는 첫 번째 이유는 무엇입니까? 3절을 봅시다. "여호와의 소리가 물 위에 있도다 영광의 하나님이 우렛소리를 내시니 여호와는 많은 물 위에 계시도다." '여호와의 소리'는 여호와의 음성인데, 7번이나 반복합니다. '여호와의 소리'는 폭풍우의 표상인 우레, 뇌성, 그리고 폭풍 등을 말합니다. '여호와의 소리'는 여호와의 나타나심(현현, theophany)입니다. 그리고 여호와께서 우주를 다스리는 권능과 위엄입니다. 여호와의 소리는 인류 역사에 오셔서 간섭하고 구원하고 심판하심입니다. 여호와의 소리는 단순한 소리가 아니라, 영광의 선포에 나타난 모든 결과를 보여주는 능력의 소리입니다.

그 여호와의 소리가 첫 번째로, 무엇을 합니까? 여호와의 소리가 물 위에 있습니다. '물'은 지중해나 홍해를 뜻합니다. '물 위에 있도다.'라는 말은 '물에 대항하여', '물을 지배하여'라는 뜻입니다. 여호와의 소리가 물에 대항하여 지배했습니다. 영광의 하나님이 우렛소리를 내시니 여호와는 많은 물 위에 계십니다. '많은 물'은 큰물이며 혼돈의 세력을 상징합니다. 영광의 하나님은 혼돈의 세력을 정복했습니다.

무슨 뜻입니까? 가나안 사람은 바다를 바다와 혼돈의 신 '얌(Yam)'과 번영과 천둥과 번개를 동반한 비의 신 '바알(Baal)'이 싸우는 전쟁터로 여겼습니다. 그런데 '바알'이 '얌'을 정복했습니다. 가나안 모든 신들의 신인 '엘', 즉 '바알'은 신들의 창시자였습니다. '바알'의 목소리는 천둥과 번개를 동반한 비에서 들린다고 생각했습니다. 그런데 여호와의 나타나심을 상징하는 폭풍우는 다른 신을 정복하고 세상 왕권을 획득한 전사의 모습이었습니다. 여호와를 영광스러운 '엘'로 직접 부르는 것은 '바알'보다 여호와가 더 우월함을 암시한 겁니다. 세상을 다스리는 권능자는 '바알'이 아니라, 여호와이십니다. 바알이 지배한 것으로 알았던 바다와 홍수를 여호와의 소리가 정복했습니다. 여호와의 소리는 '강력한 물(mighty waters)'을 장악하는 '강력한 용사(mighty warrior)'이십니다. 여호와의 소리는 그분의 모든 피조물인 하늘은 물론이고 바다와 비도 다스리십니다.

이스라엘이 풍성한 곡식을 거둘 수 있었던 것은 여호와께서 그들에게 풍성한 비를 주셨기 때문입니다. '바알'이 비를 주지 않고 여호와께서 주십니다. 여호와는 비를 주관하십니다. 그들은 초막절을 지키면서 그 여호와를 알아야 합니다. 그리고 그분께 영광을 돌리고 예배해야 합니다.

둘째로, 여호와의 소리는 어떠합니까? 4절입니다. "여호와의 소리가 힘 있음이여 여호와의 소리가 위엄차도다." 크나큰 물을 제압하신 여호와의 소리는 둘째로, 힘이 있습니다. 셋째로, 여호와의 소리는 위엄이 가득합니다.

넷째로, 여호와의 소리는 무엇을 합니까? 5절을 봅시다. "여호와의 소리가 백향목을 꺾으심이여 여호와께서 레바논 백향목을 꺾어 부수시도다." '백향목'은 나무 중의 왕자입니다. 매우 강하고 쉽게 꺾이지 않고 아름답고 견고합니다. 애굽에서 메소포타미아에 이르기까지 지중해 전역에서 이 나무를 건축 재료로 사용했습니다. 솔로몬도 이 나무를 수입하여 궁전과 성전을 지었습니다(왕상 5:6). 이 나무는 힘과 교만(사 2:12, 13), 번성과 안정을 상징합니다.

그런데 여호와의 소리가 그 백향목을 깨뜨려 산산조각 냈습니다. 여호와는 아무리 강한 나무도 쉽게 꺾으십니다. 안정과 견고함을 상징한 그 나무도 여호와 앞에서는 불안정합니다. 가장 높고 가장 강하고 가장 아름다운 레바논의 향나무도 여호와의 힘과는 비교할 수 없습니다. 여호와는 바벨론이나 가나안의 신보다도 더 크신 분입니다. 그분의 영광은 역사와 자연의 영역에서 모두 나타납니다.

그분은 레바논을 송아지처럼 뛰게 하고, 시룐을 들 송아지처럼 뛰게 합니다(6). '시룐'은 '갑옷'이라는 뜻인데, '헤르몬산'을 말합니다. 시돈 사람은 헤르몬산을 '시룐'이라고 불렀습니다(신 3:9). 여기서는 레바논과 시적 대구법으로 표현했습니다. 헤르몬산은 만년설로 덮여 있고, 매우 오래되고 견고하여 그 기초가 흔들리지 않습니다. 하지만 여호와의 소리에 크고 강한 레바논이 송아지처럼, 그리고 흔들리지 않을 것 같은 헤르몬산이 들 송아지처럼 뛥니다.

가나안 신화에서는 그 산을 '신들의 거주지'로 생각했습니다. 따라서 그 기초가 흔들린 것은 여호와께서 그런 신들보다 크심을 표현한 겁니다.

다섯째로, 여호와의 소리가 무엇을 합니까? 7절입니다. "여호와의 소리가 화염을 가르시도다." '화염'은 불꽃인데, 번개를 뜻합니다. '가르신다.'라는 말은 '불꽃이 튀고'를 뜻합니다. 가나안 신화에서 '바알'은 번개의 신이었습니다. 번개는 신들의 무기였습니다. 여호와의 소리가 그 신들의 무기인 번개를 당신의 무기로 쓰십니다.

여섯째로, 여호와의 소리가 무엇을 합니까? 8절을 보십시오. "여호와의 소리가 광야를 진동하심이여 여호와께서 가데스 광야를 진동시키시도다." '광야'는 황무지는 아니고 사람이 일시적으로 사는 반사막 초원입니다. '가데스'는 '신성한 곳'을 뜻하는데, 신 광야에 있었습니다. 여호와의 소리가 광야를 흔드십니다. 여호와께서 가데스 광야를 흔드십니다. 여호와의 소리가 하늘은 물론이고 땅에도 울려 퍼집니다.

일곱째로, 여호와의 소리가 무엇을 합니까? 9절을 보십시오. "여호와의 소리가 암사슴을 낙태하게 하시고 삼림을 말갛게 벗기시니 그의 성전에서 그의 모든 것들이 말하기를 영광이라 하도다." 암사슴이 천둥소리가 울리고 번개가 치고 나무가 부러지고 땅이 흔들리자 놀라서 조산했습니다. 여호와의 소리에 동물도 공포에 휩싸였습니다. 그뿐만 아니라, 천둥과 번개와 함께 내린 폭우로 숲들이 사라졌습니다.

그러므로 그분의 모든 것은 무엇을 해야 합니까? 그분의 성전에서 영광이라고 말해야 합니다. 천상에 있는 하나님의 아들들이 여호와께 영광을 돌려야 합니다. 여호와를 향한 피조물의 적절한 반응은 '대왕(the Great King)'이신 그분에게 영광을 돌리는 겁니다. 하늘에 있는 모든 피조물은 여호와가 온 우주의 왕이심을 깨닫고 말해야 합니다. "영광이라!"

그때 여호와는 어떤 분으로 앉으셨습니까? 10절을 보십시오. "여호와께서 홍수 때에 좌정하셨음이여 여호와께서 영원하도록 왕으로 좌정하시도다." '홍수 때에'는 혼돈의 물을 말합니다. '좌정하셨다.'라는 말은 '앉았다.' '정복했다.'라는 뜻입니다. 여호와는 혼돈의 상징인 큰물을 정복했습니다. 여호와께서 영원토록 왕으로 다스리십니다.

'바알'은 홍수와 바다의 신 '얌'을 정복한 후, 그리고 고대 바벨론 신 '마르둑(Marduk)'은 메소포타미아 바다의 여신 '티아맛(Tiamat)'을 정복한 후 왕이 되었습니다. 가나안과 바벨론에서는 큰물과 바다를 신격화했지만, 성경에서는 혼돈의 상징일뿐입니다. 우주의 왕으로 앉으신 여호와는 모든 신의 왕이요, 동시에 이스라엘의 왕이십니다. 큰물과 바다를 정복하신 여호와는 영원토록 다스리는 왕이십니다.

그 모습은 누구에게로 나타났습니까? 예수님께서 풍랑을 잔잔하게 하신 모습으로 나타났습니다. "예수께서 깨어 바람을 꾸짖으시며 바다더러 이르시되 잠잠하라 고요하라 하시니 바람이 그치고 아주 잔잔하여지더라"(막 4:39). 예수님은 육신의 몸을 입고 이 땅에 오신 왕이십니다. 그분은 이 세상과 하늘을 영원토록 다스리는 왕이십니다.

그분은 그 백성에게 무엇을 주십니까? 11절을 읽읍시다. "여호와께서 자기 백성에게 힘을 주심이여 여호와께서 자기 백성에게 평강의 복을 주시리로다." 이 말씀은 기도문의 형식입니다. "여호와여, 그 백성에게 힘을 주십시오. 여호와여, 그 백성을 평화로 축복하시기를 빕니다."

29(29:1-11)

'힘'과 '평강'을 주시는 여호와께서 초막절을 지키는 그들에게 주는 의미는 무엇입니까? 첫째로, 그들이 여호와께 영광을 돌리며 예배하면 힘을 받습니다. 여호와의 힘을 받으면 어떤 원수도 두렵지 않고, 어떤 어려움도 이길 수 있습니다. 여호와의 힘을 받으면 올해의 풍성한 열매로 만족하지 않고 내년의 풍성한 열매를 기대할 수 있습니다.

둘째로, 그들이 '바알의 소리'가 아닌 '여호와의 소리'를 믿으면 평화를 누릴 수 있습니다. 하늘에 있는 모든 존재는 여호와께 영광을 돌렸습니다. 땅에서는 그분을 통해 평화를 선물로 받습니다. 이 땅에서 평화만큼 소중한 선물은 없습니다. 그런데 그 평화를 여호와께서 주십니다. 평화는 여호와께서 우리에게 주시는 가장 큰 선물 중 하나입니다.

그 일이 예수님께서 한 아기로 태어났을 때 나타났습니다. 그때 수많은 천군이 그 천사들과 함께 하나님을 찬송하며 말했습니다(눅 2:13). "지극히 높은 곳에서는 하나님께 영광이요 땅에서는 하나님이 기뻐하신 사람들 중에 평화로다 하니라"(눅 2:14). 예수님은 평화의 왕으로 오셨습니다. 그리고 평화를 주십니다(요 20:21).

그런데 우리가 세상 돌아가는 형편을 보면 두려움과 걱정이 앞섭니다. 정치도 그렇고, 경제도 그렇고, '코로나19' '오미크론의 확산'도 그렇습니다.

두려움과 걱정이 많은 이때 우리는 무엇을 해야 합니까? 시인은 오늘 우리도 여호와께만 영광을 돌리고, 그분만을 예배하기를 바랍니다. 왜냐하면 여호와의 소리가 '바알의 소리'를 정복했기 때문입니다. 그분만이 우리에게 힘과 평화를 주시기 때문입니다. 힘과 평화는 새의 양 날개와 같습니다. 힘이 있어야 원수를 만나도 두렵지 않습니다. 근심 걱정을 이길 수 있습니다. 그리고 평화를 누릴 수 있습니다. 우리가 그분께만 영광을 돌리고 예배하여 힘과 평화를 누리기를 기도합니다.

30
슬픔이 변하여 춤이 되게 하시며

말씀 시편 30:1-12
요절 시편 30:11
찬송 283장, 428장

"주께서 나의 슬픔이 변하여 내게 춤이 되게 하시며 나의 베옷을 벗기고 기쁨으로 띠 띠우셨나이다."

설날에 가장 많이 들었던 말은 "새해 복 많이 받으세요."입니다. "건강하세요."라는 말도 자주 듣습니다. 이 말들을 하나로 표현하면 "슬픈 일보다는 기쁜 일이 가득하세요."라고 할 수 있습니다. 우리는 어떻게 그 기쁨을 누릴 수 있습니까?

1절을 보십시오. "여호와여 내가 주를 높일 것은 주께서 나를 끌어내사 내 원수로 하여금 나로 말미암아 기뻐하지 못하게 하심이니이다." 이 시도 다윗의 시인데, 그는 여호와를 높일 겁니다. '높인다.'라는 말은 '찬양한다.'라는 뜻입니다. 감사와 찬양을 통해 그 대상을 높은 분으로 인식하는 것을 뜻합니다.

그는 왜 여호와를 찬양합니까? 주님께서 그를 끌어내셨기 때문입니다. 주님은 마치 두레박으로 물을 끌어 올리듯이 웅덩이에서 시인을 끌어올렸습니다. 그리하여 그 원수가 시인을 보고 기뻐하지 못하도록 하셨습니다. 여호와께서 원수가 시인을 비웃지 못하도록 하신 겁니다. 그래서 시인은 그 여호와를 높일 겁니다.

여호와는 그를 어디에서 끌어내셨습니까? 첫째로, 그를 병에서 끌어내셨습니다. 2절입니다. "여호와 내 하나님이여 내가 주께 부르짖으매 나를 고치셨나이다." 시인은 여호와 하나님께 도와달라고 부르짖었습니다. 그분의 아들딸로서 그분의 마땅한 돌봄을 요구했습니다. 그러자 여호와 하나님은 그를 고치셨습니다. 하나님은 능력 있는 의사로서 병든 사람을 낫게 하십니다.

이스라엘은 병과 건강이 하나님한테서 온다고 생각했습니다. 하나님은 "죽이기도 하며 살리기도 하며 상하게도 하며 낫게도" 하십니다(신 32:39). 그러므로 병들면 여호와께 기도해야 합니다. 아사 왕은 그의 발이 병들어 매우 위독했으나 여호와를 찾지 않고 의사만 찾다가 숨을 거두었습니다(대하 16:12-13).

둘째로, 여호와는 그를 어디에서 끌어내셨습니까? 3절입니다. "여호와여 주께서 내 영혼을 스올에서 끌어내어 나를 살리사 무덤으로 내려가지 아니하게 하셨나이다." 여호와께서 그를 스올에서 끌어내셨습니다. '스올'은 '죽은 자의 거처', '지하세계(the underworld)'입니다. 시인은 죽음의 웅덩이에 빠졌습니다. 그런데 여호와께서 그를 그곳에서 끌어내어 살려서 무덤으로 내려가지 않도록 하셨습니다. 여호와는 시인을 죽음의 영역에서 끌어내어 생명으로 인도하셨습니다. 그래서 그는 여호와를 찬양합니다.

이제 그는 누구를 초대합니까? 4절을 보십시오. "주의 성도들아 여호와를 찬송하며 그의 거룩함을 기억하며 감사하라." 그는 이제 성도들이 여호와를 찬송하도록 초대합니다. 그분의 거룩한 이름을 기억하며 찬양하도록 초대합니다. '여호와의 이름을 기억함'은 그분의 함께하심을 뜻합니다. 그분을 기억하거나 그분의 이름을 부르면 여호와께서 함께하시고 돌보아 주십니다. 시인은 공동체가 그 여호와를 함께 기억하고 함께 찬송하기를 바랍니다.

성도는 왜 여호와를 찬송해야 합니까? 5절입니다. "그의 노염은 잠깐이요 그의 은총은 평생이로다 저녁에는 울음이 깃들일지라도 아침에는 기쁨이 오리로다." 그분의 노염은 잠깐입니다. 하나님은 사람을 벌할지라도 고통을 짧게 하십니다. 반면 그분은 은총을 평생 주십니다. 하나님은 사람에게 진노도 하시고 은총도 베푸십니다. 하지만 은총이 진노보다 강합니다.

그래서 저녁에는 울음이 깃들일지라도 아침에는 기쁨이 옵니다. 저녁은 어둠과 두려움과 고통의 시간입니다. 하지만 저녁은 멈춰있지 않고 아침을 준비하는 시간입니다. 아침은 빛의 시간이며, 하나님 구원의 때입니다. 어둠을 몰아내는 아침은 반드시 옵니다. 어둠이 빛으로 바뀌고, 울음이 기쁨으로 바뀝니다.

히스기야 왕이 병들어 죽게 되었을 때 이사야 선지자는 여호와의 말씀을 전했습니다. "네가 죽고 살지 못하리라." 그때 히스기야는 얼굴을 벽으로 향하고 여호와께 기도했습니다. 여호와께서 그의 기도에 응답하셨습니다. "내가 네 기도를 들었고, 네 눈물을 보았노라. 내가 너의 수명을 십오 년 더하리라"(사 38:1-5). 하나님은 저녁에 죽음을 선언하셨지만, 아침에는 생명을 주셨습니다.

그러나 시인의 과거는 어떠했습니까? 6절을 보십시오. "내가 형통할 때에 말하기를 영원히 흔들리지 아니하리라 하였도다." 그는 과거에 형통했었습니다. 건강하고 성공적이며 행복한 시절이 있었습니다. 어려움 없이 모든 일이 잘될 때가 있었습니다.

그때 그는 무엇을 말했습니까? "나는 영원히 흔들리지 않을 것이다." 그는 자신의 행복을 당연하게 여겼습니다. 그는 교만했습니다. 왜냐하면 그의 형통이 하나님의 은총인 줄을 몰랐기 때문입니다. 그것은 '잘못된 안정감'이며, '거짓 확신'입니다. 이런 착각을 '실용적 무신론(a practical atheism)'이라고 부릅니다.

그랬던 그가 무엇을 깨달았습니까? 7절입니다. "여호와여 주의 은혜로 나를 산 같이 굳게 세우셨더니 주의 얼굴을 가리시매 내가 근심하였나이다." 그의 견고함은 산과 같았습니다. 그런데 그것은 주님의 은혜였습니다. 그는 형통이 주님한테서 온 것임을 깨달았습니다. 왜냐하면 여호와께서 얼굴을 가리셨을 때 두려웠기 때문입니다. '얼굴을 가리심'은 함께하심을 거두는 일입니다. 함께하심을 거두면 두려움이 임합니다. 반면 '얼굴을 마주하심'은 함께하심입니다. 함께하시면 행복이 임합니다.

시인은 근심의 때 무엇을 했습니까? 그는 여호와께 부르짖었고, 여호와께 간구했습니다(8). 그가 시련을 겪을 때도 여호와를 찾을 수 있음은 그만큼 그분을 믿었기 때문입니다. 누군가가 말했습니다. "주님께 부르짖음은 훌륭한 일이고, 천상의 것을 열망하는 사람의 특권이다. 그러나 어떤 사람이 사소한 지상의 것을 요구한다면, 그는 작고 낮은 목소리를 사용할 것이다. 그 목소리는 높이까지 이르지 못하거나 주님의 귀에 이르지 못할 것이다."

시인이 주님께 부르짖는 근거는 무엇입니까? 9절입니다. "내가 무덤에 내려갈 때에 나의 피가 무슨 유익이 있으리요 진토가 어떻게 주를 찬송하며 주의 진리를 선포하리이까." '무덤에 내려간다.'라는 말은 '죽어서 무덤에 묻힌다.'라는 뜻입니다. '나의 피'는 '내 죽음'입니다. '진토'는 그가 죽어 흙이 되는 것을 뜻합니다. 그가 죽어서 무덤에 묻히는 그 죽음이 여호와께 무슨 유익이 있습니까?

왜 유익이 없습니까? 죽은 사람은 티끌 같은데, 티끌은 주님을 찬송할 수 없기 때문입니다. 주님의 진리를 선포할 수 없기 때문입니다. 그래서 아무 유익이 없습니다. 그러니 하나님께서 그의 기도를 들어주셔야 합니다.

시인은 자기 삶의 목적을 무엇으로 말합니까? 여호와를 찬양하고, 그분의 진리를 선포하는 일입니다. 그런데 그가 죽으면 이 두 가지 일을 할 수 없습니다. 따라서 그는 살고자 합니다. 주님께서 살려주시도록 기도합니다.

그는 어떻게 기도합니까? 10절입니다. "여호와여 들으시고 내게 은혜를 베푸소서 여호와여 나를 돕는 자가 되소서 하였나이다." 이 기도문에는 세 개의 명령형이 있습니다. "들으시고", "베푸소서", "되소서"입니다. 이 세 개의 명령형에는 그의 간절함이 묻어 있습니다. 그는 자기를 도와줄 분은 오직 여호와뿐임을 고백합니다. 그는 주님께서 자기의 기도를 들으실 줄 믿었습니다.

그는 주님께서 어떻게 기도를 들으실 줄 믿었습니까? 11절을 읽읍시다. "주께서 나의 슬픔이 변하여 내게 춤이 되게 하시며 나의 베옷을 벗기고 기쁨으로 띠 띠우셨나이다." 주님께서 그의 슬픔을 춤으로 바꾸셨습니다. '춤'은 축제에서 추는 큰 기쁨의 표현입니다. 그것은 완전한 회복을 뜻합니다. 춤은 단순한 즐거움의 표현이 아니라, 병에서 완전히 회복했음을 원수에게 드러내는 것이었습니다.

그 모습을 어떻게 표현합니까? "베옷을 벗기고 기쁨으로 띠를 띠우셨다." 주님께서 그의 베옷을 벗기고 잔치옷으로 갈아입히셨습니다. '베옷'은 가족이 죽었거나 재앙을 당해 깊은 슬픔을 표현하려고 입는 옷입니다. '띠를 띠웠다.'라는 말은 잔치 때 입는 옷을 입었다는 뜻입니다. 주님께서 그의 베옷을 벗기고 잔치옷으로 입히셨습니다. 옷의 변화는 존재의 변화를 뜻합니다. 그는 슬픔의 사람에게서 벗어나 기쁨의 사람이 되었습니다.

이 기도에 대한 확신이 당시 성도에게 주는 의미는 무엇입니까?

30(30:1-12)

이 시의 표제는 "성전 봉헌식 때 부른 노래"입니다. 그런데 우리가 알듯이 다윗은 성전을 짓지 않았습니다. 그래서 어떤 분은 다윗이 장차 지을 그 성전을 생각하면서 이 시를 썼다고 말합니다. 한편에서는 바벨론 포로에서 돌아온 후기 공동체가 이 시를 성전 봉헌식 때 불러서 그렇게 붙였다고 여깁니다. 또 다른 사람은 이 시를 성전 봉헌 기념일인 '하누카(Hanikkah) 축제'(느 12:27)에서 사용한 데서 찾습니다. 셀류쿠스(Seleucus) 제국의 안티오커스 4세 에피파네스(Antiochus IV Epiphanes)는 예루살렘 성전을 모독했습니다. 유대인은 '마카베오(Maccabeus/ Maccabees) 혁명'으로 주전 164년 예루살렘 성전을 되찾아 정화하고 새로 봉헌한 기쁨으로 이 시로 노래했습니다.

이 시는 다윗의 개인에 관한 내용보다는 국가 공동체에 관한 내용인 것만은 분명합니다. 다윗이 성전을 짓지 않았을 때도, 유대인이 바벨론에서 막 돌아왔을 때도, 안티오커스가 성전을 모독했을 때도, 그들은 슬펐습니다. 베옷을 입었습니다. 그런데 그때 그들은 여호와께 기도했습니다. 여호와께서 슬픔을 기쁨으로 바꾸실 줄 믿고 기도했습니다. 그랬을 때 여호와께서 그 기도를 응답하셨습니다.

이 말씀은 유대인의 '부림절(Purim)'을 생각나게 합니다. '부림'이란 히브리어로 '제비를 뽑는다.'라는 뜻입니다. 고대 페르시아 시대에 하만이 유대인을 살해하려던 음모에서 구원받은 것을 기념하는 절기입니다. 하만은 제비를 뽑아 하루 동안 모든 유대인을 살해할 음모를 꾀했습니다. 하지만 극적인 반전을 통하여 유대인을 살해하려던 하만은 죽고, 대신 유대인이 구원을 받았습니다. 따라서 '부림절'은 슬픔이 기쁨으로, 초상집이 잔칫집으로 바뀐 날입니다(에 9:22). 부림절의 구원은 개인적인 사건이 아니라 민족 공동체적인 사건이었습니다. 그래서 이스라엘은 부림절 때 이 시를 낭독하며 슬픔을 춤으로 바꾸고, 베옷을 벗기고 기쁨의 옷을 입히신 여호와를 찬양했습니다.

30(30:1-12)

기쁨의 옷을 말하니 예수님께서 들려주셨던 한 아버지와 둘째 아들이 생각납니다. 어떤 둘째 아들은 아버지한테 유산을 미리 상속받아 집을 나가서 탕진했습니다. 그는 절망하다 아버지를 생각하고 집으로 돌아옵니다. 하지만 그는 아들이 아닌 종으로 돌아갑니다. 그런데 그 아버지는 그 아들에게 제일 좋은 옷을 내어다가 입혔습니다(눅 15:22). 아버지는 아들의 신분을 아들로 회복한 겁니다.

그러므로 오늘 우리도 삶의 현장에서 슬플 때, 힘들 때 하나님 여호와께 기도할 수 있습니다. 마음이 무거울 때, 가슴이 먹먹할 때 기도해야 합니다. 그러면 하나님께서 우리의 기도를 들으시고 슬픔이 변하여 내게 춤이 되게 하시며, 나의 베옷을 벗기고 기쁨의 옷을 입히실 겁니다.

시인은 기쁨의 옷을 입고 무엇을 합니까? 12절을 보십시오. "이는 잠잠하지 아니하고 내 영광으로 주를 찬송하게 하심이니 여호와 나의 하나님이여 내가 주께 영원히 감사하리이다." 시인의 영광이 주님을 찬양하고 잠잠히 있을 수 없습니다. 그는 하나님 여호와께 영원히 감사합니다. 왜냐하면 그분께서 기도를 들으셨기 때문입니다.

그는 1절에서 "나는 주님을 높일 겁니다."로 시작하여 "나는 주님께 영원히 감사할 겁니다"로 끝맺습니다. 그는 지금은 물론이고 미래에도 주님이 주시는 기쁨이 넘칠 줄 믿습니다. 왜냐하면 주님께서 그의 슬픔을 춤으로 바꾸시고, 그의 베옷을 벗기고 기쁨의 옷을 입히셨기 때문입니다. 그 은혜를 잊지 않은 그는 주님을 영원히 찬양할 겁니다.

사람은 누구나 슬픔보다는 기쁨을 바랍니다. 슬픈 베옷을 벗고 기쁨의 옷을 입고자 합니다. 그러면 우리는 무엇을 해야 합니까? 오늘의 시인처럼 여호와께서 우리의 기도를 응답하실 줄 믿고 기도해야 합니다. 그러면 우리도 시인처럼 고백할 수 있습니다.

31
은혜가 어찌 그리 큰지요

말씀 시편 31:1-24
요절 시편 31:19
찬송 310장, 308장

"주를 두려워하는 자를 위하여 쌓아 두신 은혜 곧 주께 피하는 자를 위하여 인생 앞에 베푸신 은혜가 어찌 그리 큰지요."

우리는 믿음의 길을 가는 중에 아픔도 겪고 기쁨도 누립니다. 고난도 겪고 은혜도 누립니다. 그러면 그 둘 중 어느 것이 더 큽니까?

1절을 보십시오. "여호와여 내가 주께 피하오니 나를 영원히 부끄럽게 하지 마시고 주의 공의로 나를 건지소서." '내가'는 다윗을 말합니다. 그는 사울과 압살롬의 공격을 받았습니다. 그때 그는 마치 잘못한 사람이 성전의 지성소로 도망하듯이, 여호와께로 도망했습니다. 왜냐하면 그는 오직 여호와만이 자기를 도와주실 줄 믿었기 때문입니다. 여호와는 어려울 때 안전한 장소입니다.

그는 여호와께 피하여 무엇을 기도했습니까? "나를 영원히 부끄럽게 하지 마시고 주의 공의로 나를 건지소서." 시인은 이웃으로부터 부끄러움을 당하고 있습니다. 그는 심각한 병을 앓고 있기 때문입니다(9). 당시 사람은 병을 죄의 결과로 여겼습니다. 그들은 시인이 병에 걸린 것을 죄에 대한 벌로 생각했습니다. 하지만 시인은 죄를 짓지 않았습니다. 주님의 공의는 교만한 자를 심판하고, 그분을 의지하는 자를 구원합니다. 따라서 시인은 주님의 공의로 자기를 구원해 주시도록 기도합니다.

그는 얼마나 절박하게 기도합니까? "내게 귀를 기울여 속히 건지시고 내게 견고한 바위와 구원하는 산성이 되소서"(2). 그는 한시라도 빨리 부끄러움에서 벗어나기를 바랍니다. 주님은 그의 산성입니다. 그러므로 그는 하나님께서 자기를 안전하게 보호해주시도록 기도합니다. 그런데 그는 자기를 위해서가 아니라, 주님의 이름을 생각하셔서 자기를 인도하고 지도해 주시도록 기도합니다(3). 여호와는 그 백성의 위대한 목자이십니다.

그가 이렇게 간절하게 기도하는 이유는 원수가 몰래 쳐 놓은 그물에 걸렸기 때문입니다. 그는 그 그물에서 빼내서 안전한 산성으로 인도하시도록 기도합니다(4).

그는 자기 삶을 누구에게 부탁합니까? 5절입니다. "내가 나의 영을 주의 손에 부탁하나이다 진리의 하나님 여호와여 나를 속량하셨나이다." 그는 자기의 삶을 여호와의 손에 부탁합니다. 왜냐하면 여호와는 진리의 하나님이시기 때문입니다. 그분께서 그를 속량하셨기 때문입니다. '속량'은 '대가를 주고 풀어준다.'라는 뜻입니다. 그는 목숨을 빼앗길 위험에 처했습니다. 그런데 그분께서 값을 지급하고 그를 구원하셨습니다. 따라서 그는 현재의 고난 중에도 주님을 신뢰해서 자기 목숨을 그분의 손에 부탁합니다. 그것은 체념이 아니라, 그분의 구원과 보호하시는 능력에 대한 믿음입니다.

예수님은 십자가 위에서 숨을 거두실 때 기도하셨습니다. "예수께서 큰 소리로 불러 이르시되 아버지 내 영혼을 아버지 손에 부탁하나이다 하고 이 말씀을 하신 후 숨지시니라"(눅 23:36). 예수님은 죽음 앞에서 하나님을 믿고 그분께 당신의 목숨을 맡기셨습니다.

사도 베드로는 예수님을 믿고 따르는 사람이 고난을 겪을 때 어떻게 해야 하는지를 권면했습니다. “만일 그리스도인으로 고난을 받으면 부끄러워하지 말고 도리어 그 이름으로 하나님께 영광을 돌리라”(벧전 4:16). “그러므로 하나님의 뜻대로 고난을 받는 자들은 또한 선을 행하는 가운데에 그 영혼을 미쁘신 창조주께 의탁할지어다”(벧전 4:19). 스데반은 돌에 맞아 죽어갈 때 부르짖었습니다. “주 예수여 내 영혼을 받으시옵소서”(행 7:59).

기독교 역사에서, 많은 사람이 세상을 떠날 때 이렇게 기도했습니다. “주님, 내 영혼을 받으소서!” 그것은 자기 영혼을 주신 주님께로 다시 돌아간다는 확신의 표현입니다.

시인은 자신의 믿음을 어떻게 표현했습니까? 6절을 보십시오. “내가 허탄한 거짓을 숭상하는 자들을 미워하고 여호와를 의지하나이다.” ‘허탄한 거짓’은 ‘헛된 우상’입니다. 헛된 우상을 섬기는 사람은 텅 빈 바람, 덧없는 헛것을 지키는 사람입니다. 시인은 헛된 우상을 섬기는 사람을 미워합니다. 하나님에 대한 믿음은 헛된 우상을 섬기는 사람을 미워하는 데서부터 시작합니다.

그는 무엇을 기뻐하며, 왜 즐거워합니까? 그는 주님의 인자하심을 기뻐하며 즐거워합니다. ‘인자’는 사랑입니다. 주님께서 그를 속량하신 그 사랑입니다. 그가 그 사랑을 기뻐하며 즐거워하는 이유는 주님께서 그의 고난을 보셨기 때문입니다. 환난 중에 있는 그 영혼을 아셨기 때문입니다(7). 주님은 그를 원수의 손에 넘기지 않았습니다. 그의 발을 넓은 곳에 세우셨습니다(8). 그는 죽음의 위기에서 벗어났습니다.

시인은 다시 무엇을 기도합니까? 9절을 보십시오. “여호와여 내가

31(31:1-24)

고통 중에 있사오니 내게 은혜를 베푸소서 내가 근심 때문에 눈과 영혼과 몸이 쇠하였나이다." 여기서 '고통'은 병입니다. 그는 지금 병을 앓고 있습니다. 그는 눈, 영혼, 그리고 몸이 말라 빠졌습니다. 그의 병은 눈, 영혼, 그리고 몸으로 나타났습니다. 그는 시력을 잃었고, 몸과 마음도 활력을 잃었습니다.

그는 얼마나 고통스러운 삶을 삽니까? 그는 모든 삶을 슬픔과 함께 보냈습니다. 그는 세월을 한숨과 함께 보냈습니다. 그는 죄로 힘이 말랐고, 뼈가 녹았습니다(10). 그는 거의 죽을 지경이었습니다. 대적자들은 그를 비난했고, 이웃은 그를 심하게 비난했습니다. 친구는 그를 공포의 대상으로 여겼고, 길거리에서 만난 사람은 그를 피했습니다(11). 사람들은 시인이 하나님의 벌을 받아 병들었다고 생각했기 때문입니다.

그런 그는 잊힌 존재였습니다. 잊힘은 가장 큰 고통입니다. 그는 죽은 사람처럼 사람들의 기억에서 사라졌습니다. 그는 깨진 그릇처럼 버려졌습니다(12). 깨진 그릇은 항상 버림받습니다. 그는 많은 사람의 비난 소리를 들었습니다. 사방에 공포가 가득했습니다. 그를 대적하는 사람들이 함께 모여 그의 생명을 빼앗으려고 음모를 꾸몄습니다(13). 그는 목숨을 빼앗길 두려움을 느꼈습니다.

그런 상황에서도 그는 무엇을 했습니까? 14절을 보십시오. "여호와여 그러하여도 나는 주께 의지하고 말하기를 주는 내 하나님이시라 하였나이다." 그는 그런 상황에서도 여호와를 믿었습니다. 그는 삶과 죽음이 그분께 있음을 확신했습니다. 그는 고백했습니다. "당신은 나의 하나님이십니다." 그는 여호와를 하나님으로 믿었습니다.

그런 그는 이렇게 기도합니다. "나의 앞날이 주의 손에 있사오니 내 원수들과 나를 핍박하는 자들의 손에서 나를 건져 주소서"(15). 시인의 삶은 주님께 달려 있습니다. 그가 고난을 겪든지, 번영을 누리든지 그의 삶은 주님께 달려 있습니다. 그는 주님이 자기를 원수의 손에서 건져주시도록 기도합니다.

그의 기도는 무엇에 근거합니까? 16절입니다. "주의 얼굴을 주의 종에게 비추시고 주의 사랑하심으로 나를 구원하소서." 사람이 하나님의 얼굴을 보면 죽습니다. 하지만 여기서는 주님의 얼굴을 보는 것은 그분의 사랑을 받는 일입니다. 그는 주님의 환한 얼굴로 그 종을 비춰주시도록 기도합니다. 그는 주님의 한결같은 사랑으로 구원해 주시도록 기도합니다. 그의 기도는 주님의 사랑에 근거합니다.

그는 자신과 악인을 어떻게 하도록 기도합니까? 17절을 보십시오. "여호와여 내가 주를 불렀사오니 나를 부끄럽게 하지 마시고 악인들을 부끄럽게 하사 스올에서 잠잠하게 하소서." 그는 부끄러움을 당하지 않도록 기도합니다. 대신 악인을 부끄럽게 하여 스올에서 잠잠하도록 기도합니다. '스올'은 죽은 자의 거처, 무덤입니다. 스올은 침묵의 땅이며, 악인이 벌을 받는 곳입니다. 악인은 교만하고 완악한 말로 무례히 의인을 치는 거짓 입술을 가졌습니다. 그 거짓 입술이 더는 말해서는 안 됩니다. 이제는 말 못 하는 자가 되도록 기도합니다(18). 하나님은 악인을 다스립니다.

하지만 그분을 믿는 사람은 어떻게 됩니까? 19절을 읽읍시다. "주를 두려워하는 자를 위하여 쌓아 두신 은혜 곧 주께 피하는 자를 위하여 인생 앞에 베푸신 은혜가 어찌 그리 큰지요." '주를 두려워하는 자'는 '하나님을 경외하는 사람'입니다. 즉 말씀대로 살고, 하나님을 의지하며 사는 사람입니다. '주께 피하는 자'는 '보호를 받기 위해 주님한테로 도망하는 사람'입니다. 하나님에게 소망을 두는 사람입니다. 삶의 현장에서 고난 중에도, 슬픔 중에도 모든 소망을 하나님께만 두는 사람입니다.

그런 사람을 위해서 하나님은 무엇을 하십니까? 쌓아 두신 은혜를 베푸십니다. '쌓아 두신'은 '이미 저장했다.'라는 뜻입니다. '지금부터 준비한다.'가 아니라 '이미 준비했다.'라는 뜻입니다. '은혜'는 '좋은 것'입니다. 본문에서는 '악인의 손에서 건져내심'(1), '속량하심'(5), '넓은 곳에 세우심'(8), '구원'(16), 그리고 '부끄럽게 하지 않음'(17) 등입니다. 하나님께서는 이 '은혜'를 창고에 이미 쌓아 두셨습니다.

어느 정도 쌓아 두셨습니까? "어찌 그리 큰지요." '어찌 그리 많은지요.'라는 뜻입니다. 주님께서 쌓아 두신 은혜는 정말로 풍성합니다.

이 여호와는 어떤 분입니까? 여호와는 은혜로운 분입니다. 은혜가 풍성하신 분입니다. 은혜를 이미 저장하신 분, 이미 준비하신 분입니다. 우리 죄의 총합은 하나님의 크신 은혜를 넘지 못합니다. 우리의 상처는 위대한 의사의 치유를 넘어서지 못하는 것처럼, 우리의 죄 또한 하나님의 은혜를 넘어서지 못합니다. 창고에 이미 쌓아두신 그 은혜가 정말로 풍성하기 때문입니다.

그 은혜를 누가 받습니까? 그분을 두려워하는 사람, 그분께로 피하는 사람입니다. 이런 말이 있습니다. "사람이 된다는 것은 고민하는 것이다(To be human is to be troubled)." 이렇게 의역할 수 있습니다. "사는 게 고생이다." 이런저런 철학자는 말했습니다. "모든 인생은 고통이다. 이 세상은 슬픔으로 가득 찬 감옥이다." 그 유명한 니체는 "고통에 대한 처방은 고통이다."라고 말했습니다. 이 말을 "몰락의 고통에서 창조의 고통으로 삶을 긍정하라."라고 해석합니다. 왜냐하면 그는 "고통과 행복은 쌍둥이와 같다."라는 이론을 펼치기 때문입니다.

오늘의 많은 사람은 고통을 벗어나려고 '긍정의 법칙'을 주장합니다. 최근에는 '멍청히 있기'가 유행합니다. 원래는 '멍하니 넋을 놓고 있다.'라는 부정적인 뜻이었는데, 지금은 '쉼'을 뜻하는 긍정적인 뜻으로 바뀌었습니다. 이런 과정을 통해서 삶에서 만나는 고통을 벗어나려고 합니다.

그러나 오늘의 시인은 무엇을 강조합니까? "오, 당신의 좋음이 어찌 그리 많은지요, 당신은 당신을 두려워하는 사람을 위하여 쌓아 두셨습니다. 그리고 당신께 피하는 사람을 위하여 인류 앞에서 일하셨습니다." 우리가 문제 앞에서, 고통을 겪을 때 하나님을 경외하고 하나님께 피하기를 바랍니다. 그러면 하나님께서 쌓아 놓은 좋은 것을 주십니다. 하나님이 우리를 구원하시고, 속량하시고, 넓은 곳에 세우십니다. 하나님이 우리의 아픔을 없애고, 부끄러움을 없애십니다. 그러므로 하나님 안에서는 "사는 게 고생이다."가 아니라, "사는 게 행복이다."라고 할 수 있습니다. "이 세상은 슬픔으로 가득 찬 감옥이다."에서 "이 세상은 기쁨이 넘치는 낙원이다."라고 고백할 수 있습니다.

당시 주님은 당신의 품으로 온 그들을 어떻게 하셨습니까? 주님은 주님께로 피한 사람을 당신의 날개 그늘에 숨기시어 거짓말을 지어 헐뜯는 무리에게서 지켜 주십니다. 그들을 안전한 곳에 감추시어 말다툼하는 자들에게서 건져 주십니다(20). 주님을 경외하는 사람, 주님께로 피하는 사람은 하나님의 보호를 받습니다. 하나님께서 쌓아 두신 그 은혜를 풍성하게 덧입습니다.

그러므로 시인은 무엇을 합니까? 그는 여호와를 찬송합니다. 왜냐하면 시인이 성에서 포위당했을 때 주님께서 그에게 놀라운 사랑을 나타내셨기 때문입니다(21). 사람들이 예루살렘 성을 둘러싸듯이, 여호와는 그분의 사랑으로 시인을 둘러쌌기 때문입니다. 그는 포위되었을 때 놀라서 말했습니다. "내가 이제 주님의 눈 밖에 났구나." 그는 좌절했습니다. 하지만 그가 부르짖을 때 주님께서 들으셨습니다(22). 여호와는 신실하신 분입니다.

31(31:1-24)

그는 성도에게 무엇을 권면합니까? 23절을 읽읍시다. "너희 모든 성도들아 여호와를 사랑하라 여호와께서 진실한 자를 보호하시고 교만하게 행하는 자에게 엄중히 갚으시느니라." 그는 자신의 삶을 기초로 성도들을 초청합니다. 그리고 "하나님을 사랑하라."라고 말합니다. 그는 고통 속에서 하나님의 사랑을 체험했습니다. 그는 자기 체험을 토대로 다른 사람에게 주님을 사랑하라고 말합니다.

여호와는 어떤 분입니까? 당신을 사랑하는 사람, 즉 진실한 사람을 보호하십니다. 반면 교만하게 행하는 사람을 엄중하게 갚으십니다. 하나님은 신실한 사람을 보호하지만, 교만한 사람을 가차 없이 벌하십니다.

그러므로 성도는 어떻게 살아야 합니까? 24절도 읽읍시다. "여호와를 바라는 너희들아 강하고 담대하라." '바라는 너희들아'는 '하나님의 약속이 이루어지기를 희망하는 사람,' '주님을 믿는 사람'입니다. 그들은 강해야 합니다. 힘을 내야 합니다. 그러면 여호와께서 그들의 마음을 강하게 하실 겁니다.

우리가 고통을 겪을 때 어떻게 힘을 낼 수 있습니까? 절망하기보다 그분의 말씀을 의지하고, 그분을 믿어야 합니다. 믿음은 '한 번만' 헌신하는 그것이 아닙니다. 그것은 일생을 헌신하도록 하는 부름입니다. 믿음은 하나님의 사랑에 대한 응답입니다. 믿음은 그분의 말씀에 대한 순종으로, 구속에 대한 희망을 기다림으로 하나님을 하나님 되도록 합니다. 믿음은 우리에게 힘을 내게 하고, 우리가 힘을 내면 하나님은 우리의 마음을 강하게 하십니다. 그래서 우리는 믿음으로 살 수 있습니다. 그것이 '믿음의 선순환'입니다.

우리는 삶에서 아픔도 겪고, 고통도 만납니다. 그때 우리는 무엇을 해야 합니까? 주님을 두려워하고, 주님께로 피해야 합니다. 그리하여 주님께서 쌓아 두신 그 풍성한 은혜를 체험하기를 기도합니다.

32
죄가 가려진 자는 복이 있도다

말씀 시편 32:1-11
요절 시편 32:1
찬송 250장, 251장

"허물의 사함을 받고 자신의 죄가 가려진 자는 복이 있도다."

일상에서 가장 정겹게 듣는 말 중 하나가 '복'입니다. 그만큼 사람은 행복을 바라기 때문입니다. 그런데 생각하는 사람은 행복이라는 말보다도 그 내용에 관해 고민합니다. 오늘 시편에서 가르치는 복의 내용은 무엇입니까?

1절을 읽읍시다. "허물의 사함을 받고 자신의 죄가 가려진 자는 복이 있도다." '허물'은 하나님의 권위에 대한 반역입니다. 하나님의 뜻을 거스르는 반역은 죄의 최초의 형태였습니다. 에덴동산에서 하와는 "먹지 말라."라고 하신 하나님의 말씀을 어겼습니다(창 2:17; 3:6). 그녀는 자기 하고 싶은 대로 해버렸습니다. 그것이 '허물'입니다.

그런데 그 허물의 사함을 받은 사람, 그 죄가 가려진 사람은 복이 있습니다. '가려진다.'라는 말은 '덮는다.'라는 뜻입니다. 허물을 용서받고, 죄를 덮는 일은 사람이 할 수 있는 일이 아닙니다. 그것은 오직 하나님만이 하실 수 있는 일입니다. 하나님한테 허물을 용서받고, 하나님한테 죄를 덮음 받은 사람은 복이 있습니다.

또 누가 복이 있습니까? 2절도 읽읍시다. "마음에 간사함이 없고 여호와께 정죄를 당하지 아니하는 자는 복이 있도다." '간사함'은 속임입니다. '정죄'는 불법입니다. 의도적으로 비뚤어지거나 잘못된 행동을 뜻합니다. 여호와 앞에서 속임이 없는 사람, 여호와께서 죄인으로 판단을 내리지 않는 사람이 복이 있습니다.

1절과 2절에서 세 가지 죄, 즉 허물, 죄, 그리고 정죄를 말했습니다. 그리고 세 가지 용서, 즉 사함을 받고, 가려진, 그리고 정죄를 당하지 아니함을 말했습니다.

우리는 죄와 용서에 관해 무엇을 배웁니까? 사람은 스스로 자기 죄를 해결할 수 없습니다. 죄는 오직 하나님만이 해결하십니다. 하나님만이 죄를 용서하심으로 해결하십니다. 따라서 죄인은 반드시 하나님한테 용서받아야 합니다.

누가 행복한 사람입니까? 죄가 없는 사람이 아니라, 죄를 용서받은 사람입니다. 시인은 하나님으로부터 죄를 용서받았다는 사실로 행복하다고 고백합니다. 그 누구도 죄를 용서받지 않고는 행복을 말할 수 없습니다.

그러면 어떻게 용서받습니까? 3절을 보십시오. "내가 입을 열지 아니할 때에 종일 신음하므로 내 뼈가 쇠하였도다." 시인은 자기 죄를 고백하지 않고 감추려 했습니다. 그는 죄에 관해 침묵했습니다. 이런 침묵은 하나님의 은혜를 거부하는 일입니다. 죄를 고백할 때 하나님과 관계가 열리고 더 깊어집니다. 하지만 시인은 죄에 관해 입을 다물었습니다.

그랬을 때 무슨 일이 일어났습니까? 종일 신음했습니다. '신음'은 양심의 가책으로 일어난 고통스러운 부르짖음입니다. 죄를 침묵한 그의 마음은 무겁고 죄의식으로 시달렸습니다. 그 결과 뼈가 쇠했습니다. 그는 일종의 '골다공증'을 앓았습니다. '골다공증'은 단단해야 할 뼈가 약해져서 부러지기 쉬운 상태를 말합니다. '골다공증'이란 약해진 뼈에 구멍이 송송 보여서 그렇게 부른다는군요. 시인은 마음의 병이 '골다공증'으로 나타났습니다.

그는 왜 뼈가 쇠했습니까? 주님의 손이 밤낮으로 그를 눌렀기 때문입니다. 하나님의 손이 그의 양심을 짓눌렀습니다. 죄의 무게는 무겁게 누르는 손과 같습니다. 그 결과 그의 진액이 빠져서 여름 가뭄에 마름 같았습니다(셀라)(4).

그는 고통 중에 무엇을 했습니까? 5절을 읽읍시다. "내가 이르기를 내 허물을 여호와께 자복하리라 하고 주께 내 죄를 아뢰고 내 죄악을 숨기지 아니하였더니 곧 주께서 내 죄악을 사하셨나이다(셀라)." 시인은 말했습니다. "내 죄를 여호와께 고백할 겁니다." 그는 여호와 앞에서 자기 죄를 알았습니다. 그는 불법을 덮지 않았습니다.

그 결과는 무엇입니까? 여호와께서 그의 허물, 죄, 그리고 죄악을 용서하셨습니다.

여기서 볼 때, 고백과 용서의 관계가 어떠합니까? 용서는 고백 후에 직접 찾아옵니다. 괴로움과 용서의 차이는 여호와께 고백하지 않느냐, 하느냐에 있습니다. 하나님과의 관계에서 중요한 점은 고백입니다. 시인은 "우리가 죄를 짓지 않아야 한다."라고 말하지 않습니다. 하나님 앞에서 자신의 죄를 진실하게 고백하기를 바랍니다.

우리가 이 시인을 다윗으로 믿는다면, 그의 죄는 무엇입니까? 그의 죄는 밧세바와 우리야에 관한 것이었습니다. 다윗은 우연히 아름다운 한 여인을 만난 후 그 여인과 정을 통했습니다. 알고 보니 그녀는 자기 부하 장군의 아내였습니다. 그는 그 아내를 차지하려고 부하를 전장에서 죽게 했습니다. 여호와는 그런 다윗을 꾸짖었습니다. 다윗은 그 꾸지람 앞에서 자기 죄를 고백하고 여호와의 용서를 구했습니다. 하나님은 그의 죄를 용서하셨고, 아들 솔로몬을 주셨습니다(삼하 11:4, 24, 27; 12:9, 13).

사도 바울은 “행한 것이 없어도 하나님께서 의롭다고 여겨 주시는 사람이 받을 복을 다윗이 말했다.”라며 이 본문을 그대로 인용했습니다. “하나님께서 잘못을 용서해 주시고 죄를 덮어 주신 사람은 복이 있다”(롬 5:6-7).

러시아의 대문호 도스토예프스키(Fyodor Dostoevsky)는 그의 소설 『죄와 벌』 *Crime and Punishment*에서 이 사상을 펼쳤습니다. “가난한 대학생 출신인 라스콜리니코프(Raskolnikov)는 악랄하기로 소문난 전당포 노파를 살해하고 합리화합니다. 그러나 그는 양심의 가책으로 괴로운 날을 보냅니다. 죄는 아무리 합리화할지라도 벌이 따릅니다. 그는 자수합니다. 그는 시베리아의 한 감옥에서 생활했습니다. 어느 저녁 날 그는 비로소 자신의 죄를 깨닫고 구원으로 향하는 길목에 섭니다.”

그 소설은 “죄에는 벌이 따른다.” “사람은 죄를 용서받을 때 가장 행복하다.”라는 메시지를 남깁니다. 그리고 용서는 죄의 고백을 전제합니다. 요일 1:9은 말씀합니다. “만일 우리가 우리 죄를 자백하면 그는 미쁘시고 의로우사 우리 죄를 사하시며 우리를 모든 불의에서 깨끗하게 하실 것이요.” 우리에게는 고백이 있고, 하나님께는 용서가 있습니다.

이제 시인은 누구를 초청합니까? 6절을 보십시오. “이로 말미암아 모든 경건한 자는 주를 만날 기회를 얻어서 주께 기도할지라 진실로 홍수가 범람할지라도 그에게 미치지 못하리이다." '모든 경건한 자'는 거룩한 모든 사람, 즉 공동체를 뜻합니다. '만날 기회'란 '주님을 만날 수 있을 때'이면서 '고난의 때'입니다. 시인은 자신의 체험을 공동체로 확대합니다. 공동체가 고난의 때 기도하면 큰물이 홍수가 날지라도 미치지 못합니다. '홍수'는 사람의 힘으로 어찌할 수 없는 심각함 문제입니다.

이스라엘이 애굽에서 탈출하여 홍해를 건넜습니다. 하지만 홍해는 그들에게 미치지 못했습니다. 그들은 바다 가운데를 육지로 행하였고, 물이 좌우에 벽이 되었습니다. 반면 그 큰물은 애굽의 군대에 미쳐서 병거와 기병을 덮었고, 그들의 뒤를 따라 바다에 들어간 바로의 군대를 다 덮어서 하나도 남지 않았습니다(출 14:28-29).

주님은 그에게 어떤 분입니까? 주님은 그의 은신처입니다. 은신처는 사람이 위험을 피하여 안전하게 숨는 곳입니다. 시인은 길 없는 사막이나 요새나 사람의 도움을 찾아 그곳으로 도망가지 않았습니다. 그를 둘러싸고 있는 원수를 흩어버릴 수 있는 주님께로 달아났습니다. 그랬을 때 주님은 그를 환난에서 보호하시고, 구원의 노래로 그를 두르셨습니다(셀라)(7). 구원의 노래는 적을 이기는 장벽과 같습니다.

주님은 그를 어떻게 보호하십니까? 8절을 보십시오. "내가 네 갈 길을 가르쳐 보이고 너를 주목하여 훈계하리로다." 여호와께서 그가 가야 할 길을 가르치고 가르칠 겁니다. 여호와께서 그를 눈여겨보며 충고할 겁니다. 그러므로 그는 분별없는 말이나 노새처럼 살아서는 안 됩니다. 그것들은 재갈과 고삐로 억제하지 않으면 다가오지 않습니다(9).

말과 노새를 길들이려면 재갈이나 굴레가 있어야 합니다. 말과 노새 같은 사람은 지각이 없고 물리적인 수단으로 제압할 필요가 있는 사람입니다. 이 표현은 죄를 고백하지 않으려는 자세와 연관이 있습니다. 사람은 죄에 대한 이해가 있어야 합니다. 그렇지 않으면 말과 노새처럼 삽니다. 지각과 이성을 가진 사람은 죄를 깨닫습니다. 반면 지각이 없는 사람은 죄를 깨닫지 못합니다.

죄를 깨닫지 못하는 사람과 깨닫는 사람의 삶은 어떻게 다릅니까? 10절을 보십시오. "악인에게는 많은 슬픔이 있으나 여호와를 신뢰하는 자에게는 인자하심이 두르리로다." '악인'은 죄를 깨닫지 못하는 사람입니다. 죄를 깨닫지 못한 사람에게는 슬픔만 있습니다. '신뢰하는 자'는 죄를 깨닫는 사람입니다. 죄를 깨닫는 사람은 인자에 감싸입니다.

여기서 '악인'과 '신뢰하는 자', '슬픔'과 '인자'를 대조합니다. 악인은 슬픔이 가득하지만, 주님을 신뢰하는 사람은 한결같은 사랑이 넘칩니다. 죄를 깨닫지 못하고 하나님께 대항하는 사람은 슬픔 속에 삽니다. 하지만 죄를 깨닫고 주님을 의지하는 사람은 사랑 속에 삽니다. 사람은 이 둘 가운데 하나를 선택해야 합니다.

의인들은 어떻게 살아야 합니까? 11절입니다. "너희 의인들아 여호와를 기뻐하며 즐거워할지어다 마음이 정직한 너희들아 다 즐거이 외칠지어다." 여기서 '의인'은 죄가 없는 사람이 아니라, 용서받은 사람입니다. '마음이 정직한 사람'은 용서받은 의인입니다. 그들은 여호와를 기뻐하며 즐거워하고 즐거이 외쳐야 합니다.

그들은 왜 기뻐하고 즐거워하고 외쳐야 합니까? 그들은 죄를 용서받았기 때문입니다. 기쁨은 용서받은 사람이 누리는 특권입니다. 의로운 사람은 자기 안에서가 아니라, 주님 안에서 기뻐합니다. 왜냐하면 자신 안에서 기뻐하는 사람은 거짓 확신으로 속기 때문입니다. 반면 주님 안에서 기뻐하는 사람은 끝없는 즐거움을 누리며 삽니다.

32(32:1-11)

오늘의 시를 통해 우리는 무엇을 배웁니까? 우리 삶의 핵심이 무엇인지를 배웁니다. 그것은 행복입니다. 그 행복은 허물의 사함을 받고 죄가 가려진 데 있습니다. 한마디로 죄를 용서받음이 행복입니다. 그리고 그 용서는 고백을 통해서 옵니다. 그러므로 용서받은 우리는 행복한 사람입니다. 우리를 용서하신 그분 안에서 날마다 기뻐하고 즐거워하고 외칠 수 있기를 바랍니다.

33
인자하심을 베푸소서

말씀 시편 33:1-22
요절 시편 33:22
찬송 292장, 79장

"여호와여 우리가 주께 바라는 대로 주의 인자하심을 우리에게 베푸소서."

세상에는 두 종류의 사람이 있습니다. 눈에 보이는 어떤 힘을 의지하는 사람과 여호와 하나님을 의지하는 사람입니다. 우리는 어떻게 살아야 합니까?

1절을 보십시오. "너희 의인들아 여호와를 즐거워하라 찬송은 정직한 자들이 마땅히 할 바로다." '의인'은 당시 예배자에게 붙인 명예로운 이름이었습니다. 하나님을 믿고 따르는 사람입니다. 자신의 연약함과 부족함을 알고 오직 여호와를 의지하는 사람입니다. 그런 그들은 즐거워해야 합니다. 즉 기뻐하면서 찬양해야 합니다. 찬양은 그들이 마땅히 해야 할 일입니다.

보통 악인은 이 세상에서 즐거움을 찾고 노래합니다. 하지만 그들의 삶이 끝나거나 세상이 끝나면 그들의 즐거움도 끝납니다. 반면 의인은 여호와를 기뻐하면서 찬양합니다. 여호와는 영원히 계시니 의인의 즐거움도 영원합니다. 찬양은 올곧은 사람에게만 어울리는 특권입니다.

그들은 어떻게 찬양해야 합니까? 수금으로 여호와께 감사하고, 열 줄 비파로 찬송해야 합니다(2). 여호와를 찬양할 때는 악기도 함께해야 합니다. 새 노래, 즉 새롭게 준비한 노래로 그분을 노래해야 합니다. 그리고 즐거운 소리로 아름답게 연주해야 합니다(3).

왜 여호와를 이렇게 찬송해야 합니까? 4절입니다. “여호와의 말씀은 정직하며 그가 행하시는 일은 다 진실하시도다.” ‘여호와의 말씀’은 세상을 창조하셨을 때 선포한 그 말씀입니다(창 1:3). 하나님은 말씀으로 만물을 창조하셨습니다. 그 말씀은 정직합니다. 그분의 말씀은 비뚤어진 것이 없습니다. 잠 8:8은 말씀합니다. “내 입의 말은 다 의로운즉 그 가운데에 굽은 것과 패역한 것이 없나니.” 따라서 그분이 행하시는 일은 다 진실합니다. 그분이 하시는 모든 일은 그분의 진실함의 표현입니다.

그분은 공의와 정의를 사랑하십니다. 세상에는 여호와의 인자하심이 충만합니다(5). 이 세상은 여호와의 인자하심으로 가득 차 있습니다.

이 사실을 어디에서 알 수 있습니까? 우리는 창조 세계를 통해 그분의 신실하심을 알 수 있습니다. 여호와는 창조 때부터 지금까지 특별한 은총으로 세상을 보전하고 돌보십니다. 하나님의 신실하심은 자연의 규칙성과 일관성에서 볼 수 있습니다. 혼돈과 무질서가 제한되어 있다는 사실에서 알 수 있습니다. 폭우나, 폭설은 여호와께서 하신다기보다는 사람이 자연을 훼손한 데 대한 대가입니다.

또 여호와의 신실하심은 그 백성을 택한 데서 나타났습니다. 그분을 경외하고 그분을 찬양하며 그분의 거룩한 이름을 신뢰하는 그 백성을 꾸준하게 돌보시는 데 나타났습니다. 따라서 우리는 그분을 믿을 수 있습니다.

여호와는 세상을 어떻게 지으셨습니까? 6절입니다. "여호와의 말씀으로 하늘이 지음이 되었으며 그 만상을 그의 입 기운으로 이루었도다." '하늘'은 '하늘들', 즉 우주를 뜻합니다. '만상'은 '모든 별'을 뜻하는데, 해와 달을 비롯한 천체입니다. 여호와는 말씀으로 우주를 지으셨고, 그분의 입 기운으로 해와 달을 비롯한 천체를 만드셨습니다. 여기서 '여호와', '말씀', 그리고 '여호와의 기운'은 삼위 하나님, 즉 성부, 성자, 그리고 성령 하나님이십니다. 삼위 하나님께서 우주를 지으셨습니다.

그분이 바닷물을 모아 독에 담으셨고, 그 깊은 물을 모아 창고 속에 넣어 두셨습니다(7). 여호와께서 홍해를 가르시고 물 벽을 쌓았습니다(출 14:29). 여호와께서 혼돈의 세력을 정복하셨습니다. 여호와는 '창조주이시며 통치자(the Creator-Ruler)'이십니다.

그러므로 온 세상은 그분을 어떻게 해야 합니까? 8절을 보십시오. "온 땅은 여호와를 두려워하며 세상의 모든 거민들은 그를 경외할지어다." 온 땅과 모든 사람은 '대왕'이신 그분을 경외해야 합니다.

그런데 보통 사람은 땅과 바다와 세상을 다스리는 것처럼 보이는 신들을 두려워합니다. 그러면서 그들은 오만함에 들떠 스스로 자랑합니다. 그러나 여호와는 창조주이시고, 사람은 그분의 피조물입니다. 여호와께서 만물을 만드시고 온 우주를 주권적으로 다스리십니다. 따라서 세상은 오직 여호와만이 '창조주이시며 통치자'이심을 알아야 합니다. 그리고 그분만을 두려워하며 경외해야 합니다.

왜 그렇게 해야 합니까? 왜냐하면 그분께서 말씀하시니 이루어졌고, 명령하시니 견고하게 섰기 때문입니다(9). 이 표현은 하나님이 천지 만물을 창조하셨을 때 "하나님이 이르시되 ... 있었고"(창 1:3, 6, 9, 11, 14, 20, 24, 26, 29)를 그대로 표현한 겁니다. 하나님은 공허한 말씀이나 아무 일도 일어나지 않을 말씀을 하지 않습니다. 하나님의 말씀은 살았고 운동력이 있습니다(히 4:12a). "만물이 그로 말미암아 지은 바 되었으니 지은 것이 하나도 그가 없이는 된 것이 없습니다"(요 1:3).

사람은 세상의 질서가 신들의 조화로운 공존의 결과물이 아니라는 사실을 알아야 합니다. "우연한 일은 없습니다(Nothing is accidental)." 모든 일은 하나님의 지혜로운 뜻을 반영합니다. 그분이 말씀하신 모든 일은 이루어졌습니다. 세상의 질서는 그분의 주권적 통치를 반영합니다. 그분의 주권은 경건한 사람에게 두려움을 주지 않고 오히려 위로를 줍니다. 따라서 우리는 그분만을 신뢰할 수 있습니다.

그러나 세상의 계획은 어떠합니까? 세상 사람이, 세상의 왕이 계획을 세울지라도 여호와께서 그 계획을 깨뜨리십니다. 여호와께서 민족들의 생각을 이루지 못하도록 하십니다(10).

반면 여호와의 계획은 어떻게 하십니까? 11절을 보십시오. "여호와의 계획은 영원히 서고 그의 생각은 대대에 이르리로다." '여호와의 계획'은 '여호와의 충고'인데, 모든 사람이 여호와께로 나와 죄를 용서받기를 바라심입니다. 그 바라심은 영원히 남아 있습니다. 그분의 생각은 대대에 이릅니다. 나라들의 계획은 사라지지만, 그분의 계획은 바뀌지 않습니다. 영원합니다. 세상이 존재하기 전에 그분은 우리를 보셨고, 만드셨고, 다듬으셨고, 보내셨고, 구속하셨습니다. 이것이 그분의 계획이고, 영원히 이어지는 계획입니다.

그러므로 누가 복이 있습니까? 12절을 읽읍시다. "여호와를 자기 하나님으로 삼은 나라 곧 하나님의 기업으로 선택된 백성은 복이 있도다.” ‘하나님의 기업’은 하나님의 유산입니다. 여호와를 자기 하나님으로 삼은 나라는 복이 있습니다. 하나님의 유산으로 선택받은 백성은 복이 있습니다.

여기서 볼 때, 복을 무엇이 결정합니까? 세상에서는 소유의 많음이 행복을 결정합니다. 그러나 여호와를 자기 하나님으로 모신 사람, 하나님의 아들딸로 선택받은 그 사람이 행복합니다. 하나님은 소유하시면서 소유 당하십니다. 하나님이 우리를 소유하시고, 우리에게 소유되심은 오직 우리를 행복하게 하도록 함입니다.

이 말씀은 시내 산 언약에 기초합니다. “세계가 다 내게 속하였나니 너희가 내 말을 잘 듣고 내 언약을 지키면 너희는 모든 민족 중에서 내 소유가 되겠고, 너희가 내게 대하여 제사장 나라가 되며 거룩한 백성이 되리라 너는 이 말을 이스라엘 자손에게 전할지니라” (출 19:5-6). 여호와는 이스라엘의 하나님이시며, 이스라엘은 그분께 뽑힌 백성입니다. 그러므로 이스라엘은 행복합니다.

이 사상을 누가복음은 어떻게 이어받았습니까? 예수님을 믿음으로 하나님의 나라를 소유한 사람입니다. 그 사람은 하나님께 선택받은 사람이며, 동시에 하나님을 소유한 사람입니다. 그러므로 오늘 우리는 행복한 사람입니다.

왜 여호와를 자기 하나님으로 삼은 백성이 행복합니까? 여호와께서 하늘에서 굽어보시며 모든 인생을 살피시기 때문입니다(13). 그분이 거하시는 그곳에서 세상의 모든 사람을 굽어살피십니다(14). 그분은 그들 모두의 마음을 지으시며, 그들이 하는 일을 굽어살피십니다 (15).

‘지으신 분’, ‘굽어살피신 분’을 통해 무엇을 배웁니까? 여호와는 창조주 하나님이시면서 통치자 하나님이십니다. 여호와는 사람을 지으셨습니다. 여호와는 하늘에 계시지만 피조물에 무관심하지 않으십니다. 그분은 세상과 인간의 마음에서 일어나는 모든 것을 아시고 보십니다. 그분은 세상을 은총으로 바라보십니다.

사람의 마음을 지으신 여호와는 사람 마음 안에 있는 것, 곧 행위를 결정하는 것을 아십니다. 여호와는 사람의 겉과 속을 보고 판단하십니다. 악인은 “하나님이 보지 않으신다.”라고 생각하거나, “하나님이 듣지 못한다.”라고 말합니다. 하지만 의인은 “주님께서 보십니다.”라고 고백합니다.

그러므로 세상의 헛된 것은 무엇입니까? 16절을 보십시오. “많은 군대로 구원 얻은 왕이 없으며 용사가 힘이 세어도 스스로 구원하지 못하는도다.” 군대가 많다고 해서 왕이 나라를 구하는 것은 아닙니다. 용사가 힘이 세다고 해서 자기 목숨을 건지는 것도 아닙니다. 군마는 구원에 대한 거짓 희망입니다. 그 큰 힘으로 구원할 수 없습니다(17). 많은 군대, 용사가 사람을 구원하지 못합니다. 구원은 힘에서 오지 않기 때문입니다. 사람이 사람을 의지하는 일처럼 허망한 일도 없습니다.

구원은 어디에 있습니까? 18절을 읽읍시다. “여호와는 그를 경외하는 자 곧 그의 인자하심을 바라는 자를 살피사.” 여호와는 당신을 경외하는 사람, 곧 당신의 인자하심을 바라는 사람을 살피십니다. 여호와의 눈은 당신을 의지하는 사람을 향하여 있습니다. 여호와는 그들의 영혼을 사망에서 건지십니다. 그들이 굶주릴 때 그들을 살리십니다(19). ‘사망’과 ‘굶주림’은 인생에서 가장 큰 고통입니다. 그런데 여호와는 그 고통에서 건지십니다. 사람의 구원은 여호와께 있습니다. 여호와를 경외하는 사람, 그분의 인자를 바라는 사람이 구원받습니다.

그러므로 우리는 누구를 바라야 합니까? 20절을 보십시오. “우리 영혼이 여호와를 바람이여 그는 우리의 도움과 방패시로다." '바람이여'란 '기다린다.'라는 뜻입니다. 여기에는 '참는다.'라는 뜻이 담겨 있습니다. '기다림'은 '참음'입니다. 우리는 여호와를 참으며 기다립니다. 왜냐하면 그분은 우리의 도움과 방패이기 때문입니다. 방패는 적의 창이나 칼, 그리고 활로부터 보호합니다. 여호와는 우리 원수의 공격으로부터 보호하십니다.

그러므로 우리 마음은 누구를 즐거워해야 합니까? 21절입니다. "우리 마음이 그를 즐거워함이여 우리가 그의 성호를 의지하였기 때문이로다." 우리 마음은 그분을 기뻐합니다. 왜냐하면 우리가 그분의 성호, 즉 거룩한 이름을 의지했기 때문입니다. '거룩한 이름'을 믿는 그것은 곧 그분을 믿는 겁니다. 그분을 믿으면 그분을 즐거워할 수 있습니다.

그는 무엇을 기도합니까? 22절을 읽읍시다. "여호와여 우리가 주께 바라는 대로 주의 인자하심을 우리에게 베푸소서." '바라는'은 '기다린다.' '희망을 품는다.'라는 뜻입니다. 시인은 20절, 21절, 그리고 22절에서 "바람이여", "의지하였기 때문이로다." 그리고 "바라는"이라는 말을 반복했습니다. 그것은 여호와를 향한 시인의 강한 희망을 표현한 겁니다.

그가 여호와께 품은 희망은 무엇입니까? "주께 바라는 대로 주의 인자하심을 우리에게 베푸소서." 시인은 여호와를 바라고, 의지하고, 바라는 그것처럼 그분의 인자가 임하기를 기도합니다. '인자'는 '한결같은 사랑'인데, 히브리어로 '헤세드(*chesed*)'입니다. 둘 사이의 관계에 관한 결과로 한쪽이 상대에게 의미, 유익, 그리고 헌신을 베푸는 것을 뜻합니다. 시인은 바라고, 의지하고, 바라는 그것처럼 그분의 한결같은 사랑, 즉 '헤세드'가 임하도록 기도합니다.

그는 왜 그렇게 기도합니까? 그는 구원이 많은 군대에 있지 않고,

용사의 힘에 있지 않음을 알았기 때문입니다. 그는 여호와의 인자하심에 구원이 있음을 알았기 때입니다. 그는 여호와의 한결같은 사랑이 구원임을 알았습니다. 그래서 그는 그 사랑을 베풀어 주시도록 기도합니다.

다윗은 '예수님의 그림자'였습니다. 그래서인지 그의 삶은 굴곡이 많았습니다. 삶의 위기도 남달랐습니다. 그런데도 그가 그 많은 굴곡과 위기를 넘어서 '예수님의 그림자'로 살았던 비결은 무엇이었습니까? 여호와의 '헤세드'를 기다린 데 있었습니다. 그는 사람의 힘을 의지하기보다 여호와를 의지했습니다.

당시 블레셋 사람은 군대의 힘에서 전쟁의 승리를 기대했습니다. 하지만 다윗은 여호와의 구원하심이 칼과 창에 있지 않음을 알았습니다. 그는 전쟁은 여호와께 속한 것임을 믿었습니다(삼상 17:47). 그는 골리앗과 싸울 때 여호와의 '헤세드'를 기대했습니다. 여호와는 그의 기대대로 승리를 주셨습니다. 다윗의 그 믿음이 그를 '예수님의 그림자'로 키웠습니다.

오늘 우리는 인본주의의 강한 세력과 함께 삽니다. 인본주의의 특징 중 하나는 눈에 보이는 힘을 의지하는 겁니다. 돈을 의지하고 사람의 권세를 의지합니다. 힘의 논리가 세상을 지배하고 있습니다. 하지만 힘의 논리는 거짓 희망을 줍니다. 인간의 구원은 힘에 있지 않습니다.

따라서 여호와의 '헤세드'를 바라지 않고, 세상의 힘을 의지하는 일이 얼마나 어리석습니까? 여호와 하나님의 '헤세드'만이 우리의 유일한 희망입니다. 우리의 도움이며, 방패는 오직 여호와 한 분뿐입니다. 그러므로 우리는 창조주와 역사의 주인이신 여호와의 '헤세드'를 기대해야 합니다. 여호와는 우리가 바라는 만큼 채워주십니다. 우리가 의지하는 만큼 여호와는 도와주십니다.

33(33:1-22)

오늘 우리는 삶의 현장에서 누구를 바랍니까? 물론 우리는 여호와를 바라며 삽니다. 이 어려운 때 우리의 마음과 눈이 여호와께로 향하기를 바랍니다. 삶이 쉽지 않을지라도 오히려 더 적극적으로 말씀을 가까이하면서 여호와의 '헤세드'를 바라기를 기도합니다. "여호와여 우리가 주께 바라는 대로 주의 인자하심을 우리에게 베푸소서"(22)! 아멘!

34
선하심을 맛보라

말씀 시편 34:1-22
요절 시편 34:8
찬송 310장, 306장

"너희는 여호와의 선하심을 맛보아 알지어다 그에게 피하는 자는 복이 있도다."

'커피집'에 가면 '오늘의 커피'가 있습니다. '더 레드(The red) 커피', '더 블루(The blue) 커피'가 있습니다. 그 맛에 관해 설명을 듣습니다. 하지만 설명만 들어서는 그 맛을 알 수 없습니다. 그때 하는 말이 있습니다. "일단 시켜서 맛을 보라."

이런 모습은 하나님과 우리 사이에도 있습니다. 누군가가 "하나님은 참 좋은 분이다. 사랑이시다."라고 말해도 깨닫지 못합니다. 그때 하는 말이 있습니다. "하나님을 맛보라." 무슨 뜻입니까?

1절을 보십시오. "내가 여호와를 항상 송축함이여 내 입술로 항상 주를 찬양하리이다." 시인은 여호와를 항상 송축합니다. 그는 예배 때에만 찬양하지 않고 삶에서도 계속합니다. 주님을 찬양하는 노랫소리가 그 입에서 그치지 않습니다.

34(34:1-22)

그 찬양의 영향력이 어떠합니까? 그 영혼이 여호와를 자랑합니다(2a). 찬양은 여호와를 자랑하는 일입니다. '찬양'과 '자랑'은 같은 뜻입니다. 찬양은 자기 자랑이 아니라, 여호와를 자랑하는 일입니다. 그분의 사랑, 능력, 그리고 은총을 자랑하는 일입니다. 그 자랑하는 소리를 고통받는 사람이 들으면 기뻐합니다(2b). 여호와를 찬양하는 소리는 주위 사람에게 기쁨을 줍니다. 찬양은 전도의 좋은 도구입니다.

그는 여호와를 어떤 분으로 찬양합니까? 3절입니다. "나와 함께 여호와를 광대하시다 하며 함께 그의 이름을 높이세." 그는 찬양을 통해 여호와의 위대하심을 인정하고 공개적으로 선포합니다. 그는 찬양을 통해 여호와가 자기보다 더 크심을 인정합니다.

시인은 왜 여호와를 찬양합니까? 4절을 봅시다. "내가 여호와께 간구하매 내게 응답하시고 내 모든 두려움에서 나를 건지셨도다." 시인이 여호와를 찬양하는 이유는 여호와께서 그의 기도에 응답하셨기 때문입니다. 여호와께서 그를 모든 두려움에서 건지셨기 때문입니다. 따라서 주님을 앙망하는 사람은 광채가 나며, 그 얼굴은 절대로 부끄러워하지 않습니다(5).

어떻게 그런 일이 가능합니까? 여호와께서 '이 곤고한 사람'의 기도를 들으시기 때문입니다. '이 곤고한 사람'은 '마음이 가난한 사람', '오직 여호와만을 의지하는 사람'입니다. 여호와는 그런 사람의 기도를 들으시고, 모든 환난에서 구원하셨습니다(6).

여호와는 그를 어떻게 구원하셨습니까? 7절을 봅시다. "여호와의 천사가 주를 경외하는 자를 둘러 진치고 그들을 건지시는도다." 여호와께서 그의 기도를 들으시고 천사를 보내셨습니다. 천사가 그를 위해 진을 쳐서 보호했습니다. 그리고 그를 구원하셨습니다. 여호와는 당신을 경외하는 사람을 보호하고 구원하십니다.

34(34:1-22)

이 말씀에서 엘리사를 구원하신 여호와를 생각할 수 있습니다. 아람 왕은 이스라엘과 싸울 때 엘리사가 자신의 작전을 다 꿰뚫고 있음을 알고는 그를 잡고자 했습니다. 왕은 말과 병거와 많은 군사를 보내 그 성읍을 에워쌌습니다. 엘리사는 두려워하지 않고 여호와께 기도했습니다. 여호와께서 불말과 불병거를 보내서 산에 가득하여 엘리사를 둘렀습니다(왕하 6:11-17). 여호와께서 엘리사를 보호하고 구원하셨습니다.

여호와의 보호와 구원을 체험한 시인은 누구에게, 무엇을 권면합니까? 8절을 읽읍시다. "너희는 여호와의 선하심을 맛보아 알지어다 그에게 피하는 자는 복이 있도다." '여호와의 선하심'이란 '여호와는 좋은 분이다.'라는 뜻입니다. 여호와는 고난 중에 함께하는 분입니다. 여호와는 기도를 들으시는 분입니다. 그리고 보호하고 구원하는 분입니다. 그러니 여호와는 좋은 분입니다.

그 좋은 분을 어떻게 알 수 있습니까? 맛보아 알 수 있습니다. '맛본다.'라는 말은 '음식을 맛본다.'라는 뜻입니다. 즉 '경험이나 배움을 통해 아는 것', '삶의 체험을 통해 깨닫는 것'을 뜻합니다. '안다.'라는 말은 '직접 경험하라.'라는 뜻입니다. 그러므로 '맛보라.' '알아라.'라는 말은 '이론이 아닌 감각으로 체험하라.' '머리가 아닌 삶으로 경험하라.'라는 뜻입니다.

당시에는 여호와께 제물을 드린 후에 그 제물을 함께 나눠 먹었습니다. 그 제물을 함께 먹으면서 여호와의 은총을 감각적으로 체험했습니다. 이처럼 여호와께서 함께하심, 기도를 들으심, 그리고 구원의 능력을 '맛으로 체험하라.'라는 뜻입니다.

우리는 이 시간 "너희는 여호와의 선하심을 맛보아 알지어다."라는 시인의 권면을 들으면서 무엇을 배웁니까? 우리가 하나님을 만나고 배우는 삶, 그것을 믿음이라고 하는데, 믿음은 이론이 아닌 맛보아 아는 것임을 배웁니다. 믿음은 단순한 철학이나 사상이 아닙니다. 애매한 무슨 이론이 아닙니다. 믿음은 실존적 삶입니다. 우리가 음식을 이론이 아닌 맛으로 알듯이 믿음도 맛으로 알아가는 겁니다. 영적인 세계는 맛보아 아는 겁니다.

믿음의 세계에서 그 내면이 자라지 않고, 품격이 멈춘 사람의 문제가 어디에 있습니까? 믿음의 맛을 모르는 데 있습니다. '믿음의 이론화', '믿음의 관념화', '믿음의 추상화'가 문제입니다. 실제 삶으로는 하지 않고 머리로만, 말로만 하는 그것이 문제입니다. 좋으신 하나님, 구원하신 하나님을 말로는 유창하게 설명하면서 정작 자기 삶의 문제 앞에서는 '무신론자'처럼 사는 사람이 문제입니다. 알 듯 모를 듯 뜬구름 잡는 말만 하는 그것이 문제입니다.

저는 '미맹'이라는 말을 처음 들었습니다. 글을 모르는 사람을 '문맹(文盲, illiteracy)'이라고 하고, 컴퓨터를 모르는 사람을 '컴맹'이라고 하듯이, 맛을 모르는 사람을 '미맹(味盲, taste blindness)'이라고 한다는군요. 음식 맛을 모르는 일도 참으로 안타깝습니다. 하지만 믿음의 맛, 하나님의 선하심의 맛을 모른다면 정말로 안타깝습니다. 그래서 시인은 영적 '미맹'을 향해 하나님의 선하심을 맛보아 알도록 초청합니다.

우리가 여호와의 선하심을 맛보아 알려면 어떻게 해야 합니까? 그분께 피해야 합니다. 그분을 피난처로 삼아야 합니다. 그러면 복이 있습니다. 왜냐하면 여호와의 선하심을 맛보기 때문입니다.

오늘 시편은 다윗이 아비멜렉 앞에서 미친 체하다가 쫓겨나 지은 시입니다. 다윗은 사울을 두려워하여 가드 왕 아기스에게 갔습니다. 그런데 '아비멜렉'이라는 말은 '나의 아버지는 왕이다.'라는 뜻입니다. 그것은 왕의 칭호였을 겁니다. '아기스'는 왕의 이름이고, '아비멜렉'

은 왕의 칭호로 같은 사람으로 봅니다.

어쨌든, 그때 아기스의 신하들이 말했습니다. “이 사람은 분명히 다윗입니다. 얼마 전만 해도 사람들이 춤을 추며 말했습니다. ‘사울은 수천 명을 죽이고, 다윗은 수만 명을 죽였다.’” 다윗은 이 말을 듣고 가슴이 뜨끔했습니다. 그는 아기스 옆에도 안전하지 못하다는 생각이 들었습니다. 그는 그들이 보는 앞에서 미친 척했습니다. 아기스가 신하들에게 소리쳤습니다. “미친 녀석이 아니냐? 왜 저런 자를 나에게 끌어왔느냐”(삼상 21:10-15)?

다윗이 여기서 미친 척 한 일은 ‘절체절명’, 즉 ‘몸도 목숨도 다 되었다.’라는 순간에 여호와께 피한 거였습니다. 그는 여호와께 온전히 의지하여 자기의 생명을 맡긴 거였습니다. 그랬을 때 그는 생명을 보존했고, 여호와의 선하심을 맛보아 알았습니다.

그러므로 우리가 “하나님을 믿는다.”라는 말은 무엇입니까? 삶에서 하나님의 사랑, 은혜, 그리고 구원을 맛보며 사는 겁니다. 하나님을 맛보며 사는 겁니다. 삶에서 하나님을 맛보며 살려면 삶에서 좋은 일을 만날 때는 물론이고, 힘들고 어려운 일을 만날 때 하나님께 피해야 합니다. 하나님을 피난처로 삼아야 합니다. 그러면 이론적 믿음에서 실존적 믿음을 체험합니다. 하나님을 믿는 맛을 느끼며 삽니다. 믿음 생활은 이론이 아닌 실제요 현실입니다. 우리는 커피 맛을 느끼듯이 믿음의 맛도 느껴야 합니다.

그러므로 성도는 무엇을 해야 합니까? 9절을 봅시다. “너희 성도들아 여호와를 경외하라 그를 경외하는 자에게는 부족함이 없도다.” 성도는 여호와를 경외해야 합니다. 그분을 경외하는 사람에게는 부족함이 없습니다. 이것은 물질적 넉넉함보다는 삶의 만족을 뜻합니다.

34(34:1-22)

사도 바울은 로마의 감옥에서 생활했습니다. 여러 면에서 불편했습니다. 하지만 그는 어떤 처지에서도 스스로 만족하는 법을 배웠습니다. 그는 비천하게 살 줄도 알고, 풍족하게 살 줄도 알았습니다. 배부르거나 굶주리거나 풍족하거나 궁핍하거나, 그 어떤 경우에도 적응할 수 있는 비결을 배웠습니다. 그는 능력 주시는 분 안에서 모든 것을 할 수 있었습니다(빌 4:11-13). 그는 하나님을 경외하는 삶을 살았기 때문입니다.

그러나 젊은 사자는 궁핍하여 주릴 수 있습니다(10a). 사자는 짐승 중에 최강자로 무섭고 힘이 세며 자기 먹이를 확실하게 찾을 수 있습니다. 특히 젊은 사자는 육체적 욕구를 스스로 채울 수 있다는 자부심을 상징합니다. 그 점에서 '사자'는 '여호와를 경외하지 않은 사람'입니다. 그런 사람은 사자처럼 자신만만하게 삽니다. 여호와를 두려워하지 않습니다. 하지만 그의 실제 삶은 굶주릴 수 있습니다.

반면 여호와를 찾는 사람은 어떠합니까? 부족함이 없습니다. '여호와를 찾는 사람'은 '젊은 사자'와 달리 먹거리를 스스로 찾지 않고 하나님께 의존합니다. 그런데도 부족함이 없습니다. 자기 능력으로 자급자족하는 사람은 굶주릴 수 있지만, 하나님을 찾는 사람은 부족함이 없습니다. 자기 스스로 노력하는 사람은 불확실성으로 두려움에 삽니다. 하지만 여호와를 찾는 사람은 여호와께서 주실 줄 믿고 평화롭게 삽니다.

그러므로 시인의 아들딸은 어떻게 해야 합니까? 그들은 와서 아버지의 말을 들어야 합니다. 왜냐하면 아버지가 여호와를 경외하는 법을 가르치기 때문입니다(11). 이스라엘에서 아이의 교육은 부모의 임무였습니다. 신 6:7은 말씀합니다. "네 자녀에게 부지런히 가르치며 집에 앉았을 때에든지 길을 갈 때에든지 누워 있을 때에든지 일어날 때에든지 이 말씀을 강론할 것이며."

34(34:1-22)

그러면 인생을 즐겁게 지내고, 좋은 일을 보면서 오래 살려면 어떻게 해야 합니까(12)? 첫째로, 말을 조심해야 합니다. 경건한 사람은 악한 말과 거짓말을 하지 않아야 합니다(13). 말은 그 사람의 마음과 인격을 대변합니다. 언어 습관은 대단히 중요합니다. 우리는 혀를 잘 길들여야 합니다.

예수님은 귀신 들려 눈멀고 말을 못 하는 사람을 고치셨습니다. 그 사람이 말하며 보았습니다. 하지만 바리새인은 비판했습니다. "귀신의 왕 바알세불을 힘입지 않고는 귀신을 쫓아내지 못하느니라." 예수님은 그들을 꾸짖었습니다. "사람이 무슨 무익한 말을 하든지 심판 날에 이에 대하여 심문을 받으리니, 네 말로 의롭다 함을 받고 네 말로 정죄함을 받으리라 하거늘"(마 12:22, 24, 36-37).

둘째로, 악을 버려야 합니다. 악을 버리려면 여호와를 경외해야 합니다. 악을 버리면 선을 행할 수 있습니다. 선을 행하면 평화를 따를 수 있습니다(14). 평화는 그냥 오지 않고 찾을 때 옵니다.

여호와의 눈과 귀는 누구를 향합니까? 여호와의 눈은 의인을 향합니다. 여호와의 귀는 그들의 부르짖음에 기울이십니다(15). 여호와는 의인을 특별히 보호하시고, 그의 기도를 잘 듣습니다.

여호와의 얼굴은 누구를 향합니까? 16절을 보십시오. "여호와의 얼굴은 악을 행하는 자를 향하사 그들의 자취를 땅에서 끊으려 하시는도다." 여호와의 얼굴은 악을 행하는 사람을 향하십니다. 그들의 자취를 땅에서 끊으려 하십니다. 여호와는 악인에 대한 기억을 이 땅에서 지워버리십니다.

여호와께서 모세를 통해 아말렉에 대한 심판을 말씀하셨습니다. "...내가 아말렉을 없이하여 천하에서 기억도 못 하게 하리라"(출 17:14). 또 여호와께서 반역하는 이스라엘을 심판하실 것을 말씀하셨습니다. "나를 막지 말라 내가 그들을 멸하여 그들의 이름을 천하에서 없애고 너를 그들보다 강대한 나라가 되게 하리라..."(신 9:14).

그러나 여호와는 의인을 어떻게 하셨습니까? 여호와는 의인의 기도를 들으셨습니다. 그들을 구원하셨습니다(17). 그리고 여호와는 마음이 상한 사람을 가까이하십니다(18). 마음에 상처를 받은 사람은 자기를 버림받은 사람으로 여기기 쉽습니다. 하지만 여호와는 그들과 가까이하심으로 그들을 버리지 않으셨음을 보여줍니다. 그들은 가치 없는 존재가 아니라, 하나님이 가까이하는 귀한 존재입니다. 여호와는 통회하는 영혼, 심령에 짓눌린 사람을 구원하셨습니다.

여호와께서 그들을 어디에서 구원하셨습니까? 19절입니다. "의인은 고난이 많으나 여호와께서 그의 모든 고난에서 건지시는도다." 의인은 주님 안에서 모든 것을 만족할지라도 현실에서는 어려움이 많습니다. 의인이 현실에서 언제나 만사형통하지 않습니다. 의인이 악인보다 더 고통을 겪기도 합니다. 의인은 악인과는 다른 차원에서 고통을 겪습니다. 왜냐하면 의인의 삶은 다른 이들과 다르기 때문입니다.

그러나 여호와는 의인을 모든 고난에서 이미 건지셨습니다. 하나님의 구원은 의인의 고통에서 나타납니다. 의인은 고통 속에서 하나님을 만납니다. 그것이 곧 구원입니다.

여호와는 의인을 어느 정도 보호하십니까? 20을 보십시오. "그의 모든 뼈를 보호하심이여 그중에서 하나도 꺾이지 아니하도다." '뼈'는 몸에서 가장 강하고 단단한 부위입니다. 힘의 원천이며 온몸을 연결합니다. '인간 자신'을 가리킵니다. 그런데 여호와께서 그 모든 뼈를 보호하십니다. 그중에서 하나도 꺾이지 않도록 하십니다.

이 말씀은 예수님의 십자가 죽음에서 나타났습니다. 그분은 십자가에서 군인들이 도착하기 전에 숨을 거두셨습니다. 그들은 그분의 몸이 벌써 죽었음을 알고 다리를 부러뜨리지 않았습니다. 그리하여 성경 말씀을 이루었습니다. "이 일이 일어난 것은 그 뼈가 하나도 꺾이지 아니하리라 한 성경을 응하게 하려 함이라"(요 19:33, 36).

악인은 어떻게 됩니까? 악이 악인을 죽입니다. 의인을 미워하는 자는 벌을 받습니다(21). 하나님의 심판을 불러들이는 것은 악인의 악한 행위입니다. 악인은 자기가 행한 악에 의해 심판을 받습니다. 그 악한 행위 중 하나는 의인을 미워하는 일입니다. 의인을 미워하는 일은 여호와를 미워하는 일과 같습니다. 그래서 벌을 받습니다.

여호와는 누구를 속량하십니까? 22절을 읽읍시다. "여호와께서 그의 종들의 영혼을 속량하시나니 그에게 피하는 자는 다 벌을 받지 아니하리로다." 여호와는 종들의 영혼, 즉 의인을 속량하십니다. 악인은 심판을 받지만, 의인은 구원받습니다. 왜냐하면 그 종들이 그분께 피했기 때문입니다. 그분께 피하는 사람은 벌을 받지 않습니다. 그분을 피난처로 삼는 사람은 죗값을 받지 않습니다. 그러므로 그분께 피하는 사람은 하나님의 선하심을 맛보아 압니다. 그런 사람은 행복합니다.

오늘 우리도 삶에서 어려움을 겪을 때가 있습니다. 그때 우리는 누구에게로 가야 합니까? 여호와께 피해야 합니다. 그리하여 여호와의 선하심을 맛보아 알고, 행복을 누리기를 기도합니다.

35

'나는 네 구원이다.'라고 말하소서

말씀 시편 35:1-28
요절 시편 35:3
찬송 542장, 548장

"창을 빼사 나를 쫓는 자의 길을 막으시고 또 내 영혼에게 나는 네 구원이라 이르소서."

오늘의 시도 다윗의 시입니다. 오늘 그의 시는 그의 기도입니다. 그는 무엇이라고 기도합니까? 그의 기도가 오늘 우리에게 주는 의미는 무엇입니까?

1절을 보십시오. "여호와여 나와 다투는 자와 다투시고 나와 싸우는 자와 싸우소서." '나와 다투는 자', '나와 싸우는 자'는 다윗의 대적자입니다. '다툰다.'라는 말은 법정에서 '논쟁한다.'라는 뜻이고, '싸운다.'라는 말은 '전쟁한다.'라는 뜻입니다. 다윗은 여호와께서 자기를 대신해서 대적자와 법정에서 다투고, 싸우도록 기도합니다.

그는 여호와를 어떤 분으로 생각합니까? 2절과 3절을 읽읍시다. "방패와 손 방패를 잡으시고 일어나 나를 도우소서, 창을 빼사 나를 쫓는 자의 길을 막으시고 또 내 영혼에게 나는 네 구원이라 이르소서." 그는 여호와를 전쟁의 용사로 생각합니다. 그래서 그는 이렇게 기도합니다. “여호와여, 방패와 손 방패를 잡으소서! 나를 돕기 위해 일어나소서! 나를 쫓는 자의 길을 막기 위해 창을 뽑으소서!” 그는 여호와를 장군 중의 장군, 용사 중의 용사로 믿습니다.

그는 그런 용사 여호와한테 무슨 말을 듣고자 합니까? “‘나는 네 구원이다.’라고 말하소서.” 이 말씀은 “‘나는 여호와, 너의 구원이다.’라고 말씀하소서!”라는 뜻입니다. 당시 제사장은 전장에 나가기 전에 이 말을 선포했습니다. 그것을 ‘승리 신탁’이라고 불렀습니다. 여호와는 약속을 지키는 분이고, 구원하는 분이고, 행동하는 분입니다. 여호와는 추상적인 분이 아니라, 살아서 그 백성의 삶에서 일하는 분입니다. 시인은 여호와께서 추격하는 자들을 막아 주시고, 자기에게 “‘나는 네 구원이다.’라고 말씀하시도록” 기도합니다.

“‘나는 네 구원이다.’라고 말씀하소서!”라는 말씀이 주는 의미는 무엇입니까? 가장 절박한 상황에서 희망을 품게 합니다. 여호와께서 구원이시라는 말씀을 들으면 어떤 상황에서도 희망을 품을 수 있습니다. 왜냐하면 여호와의 말씀은 그만큼 힘이 있고, 신실하기 때문입니다. 여호와의 말씀은 구원하는 능력이 있기 때문입니다.

오늘 우리는 무엇을 배웁니까? 우리가 절박한 상황에서 여호와께 무엇이라고 기도해야 할지를 배웁니다. 오늘 우리도 삶에서 크고 작은 문제를 만납니다. 좋은 일도 만나지만, 힘든 일도 만납니다. 그 문제 앞에서 우리 스스로 싸워서 이기기가 쉽지 않습니다. 우리는 연약한데, 세상은 강하기 때문입니다. 누군가의 도움이 절실히 필요합니다. 그래도 우리 곁에는 하나님이 있습니다. 그런데 그분께 무엇이라고 기도해야 할지 막막할 때가 있습니다.

그때 우리는 무엇이라고 기도해야 합니까? “‘나는 네 구원이다.’라고 말씀하소서!” 우리도 시인처럼 그분의 말씀을 듣도록 기도해야 합니다. 왜냐하면 우리도 그분의 말씀을 믿기 때문입니다. 그분 말씀의 권위를 믿기 때문입니다. 그분은 말씀으로 우리와 함께하시고, 말씀으로 구원하시고, 말씀으로 일하는 분입니다. 따라서 우리가 그분의 말씀을 믿으면, 어떤 상황에서도 희망을 품습니다. 힘든 문제로 포기하고 눕지 않고, 일어나 현실과 싸워 이길 수 있습니다.

우리는 이번 봄 학기에는 캠퍼스에서 새 일을 하려고 기대하고 있습니다. 하지만 현실은 만만하지 않습니다. 우리는 그동안 '코로나 19'와 '거리 두기'를 했는데, 우리의 노력을 뛰어넘어 가까이 다가왔습니다. 몇 사람들이 '코로나'로 고생하고 있습니다. '독감 수준'이라고 하는데, 실제로 아픈 사람 편에서는 만만하지 않을 겁니다. 저는 이런 안타까운 현실 앞에서 시편 말씀을 묵상했습니다. "'나는 네 구원이다.'라고 말씀하소서!" 여호와께서 '코로나'를 앓는 사람은 물론이고, 우리의 동역자들, 더 나아가 이 나라를 향해 이렇게 말씀해주시도록 기도합니다. 아니 그렇게 말씀하신 줄 믿고 희망을 품습니다.

시인은 여호와께서 원수를 어떻게 하시도록 기도합니까? 4절을 보십시오. "내 생명을 찾는 자들이 부끄러워 수치를 당하게 하시며 나를 상해하려 하는 자들이 물러가 낭패를 당하게 하소서." 시인은 그 원수를 하나님께서 부끄럽게 하시고, 망신을 주시도록 기도합니다. 또 그들을 물러가게 하시고, 낭패를 당하도록 기도합니다. 시인은 절박한 심정으로 여호와께 기도했습니다. 그 기도에는 원수에 대한 여호와의 복수를 포함합니다.

여호와께서 그들을 바람 앞에 겨처럼 흩어지게 하시고, 여호와의 천사가 그들을 몰아내도록 기도합니다(5). 여호와께서 그들을 뒤쫓는 천사와 함께 그들의 길을 어둡고 미끄럽게 하시도록 기도합니다(6).

왜 원수를 그렇게 해야 합니까? 왜냐하면 그들은 이유 없이 시인을 잡으려고 그물을 숨겼기 때문입니다. 그들은 이유 없이 시인의 생명을 빼으려고 함정을 팠기 때문입니다(7). 사냥꾼이 먹이를 이용하여 그물이나 웅덩이에서 사냥감을 잡듯이 원수는 시인을 몰래 죽이려고 했습니다.

시인은 그 악인이 어떻게 되도록 기도합니까? 8절입니다. “멸망이 순식간에 그에게 닥치게 하시며 그가 숨긴 그물에 자기가 잡히게 하시며 멸망 중에 떨어지게 하소서.” 시인은 악인에게 멸망이 순식간에 닥치기를 바랍니다. 시인은 자기를 거짓으로 고발하는 원수가 죄를 지은 대로 스스로 벌을 받기를 바랍니다. 시인을 잡으려고 친 그 그물에 그들이 걸려들고, 웅덩이에 그들이 떨어지기를 바랍니다. 시인은 악인이 ‘부메랑’ 형식의 심판받기를 바랍니다.

그러면 시인은 무엇을 합니까? 9절을 보십시오. “내 영혼이 여호와를 즐거워함이여 그의 구원을 기뻐하리로다.” 그러면 시인의 영혼은 여호와를 즐거워합니다. 그때 시인은 그의 구원을 기뻐합니다.

어느 정도 기뻐합니까? 그는 모든 뼈가 고백합니다. ‘모든 뼈’는 ‘모든 지체’, ‘전 인격’을 말합니다. 그는 ‘뼛속에서 나오는 고백’으로 말합니다. “여호와와 같은 이가 누구냐?” ‘여호와시여, 누가 당신과 같겠습니까?’라는 뜻입니다. 여호와는 그 누구와도 비교할 수 없는 분입니다. 왜냐하면 그분은 가난한 사람을 그보다 강한 사람한테서 구원하셨기 때문입니다. 가난하고, 가난한 사람을 약탈하는 사람한테서 건지셨기 때문입니다(10). 그분은 ‘구속자-용사’이십니다. 따라서 그분을 그 누구와도 비교할 수 없습니다. 시인은 여호와께서 복수와 구원 행위를 지배하는 ‘거룩한 용사’이심을 믿고 말합니다.

시인은 어떤 문제에 처했습니까? 불의한 증인들이 일어나서 시인도 모르는 일을 캐묻습니다(11). 그들은 시인에게 선을 악으로 갚습니다(12). 선을 악으로 갚는 일은 악마가 하는 일입니다. 그리하여 시인은 홀로 삽니다.

35(35:1-28)

그러나 시인은 그들을 위해 무엇을 했었습니까? 시인은 그들이 병들었을 때 굵은 베옷을 입고 금식하며 영혼을 괴롭게 했습니다(13). 시인은 그들의 아픔을 함께했습니다. 하지만 그의 기도가 그의 품으로 돌아왔습니다. 원수를 위한 그의 기도가 효력이 없었습니다.

시인은 그들을 친구와 형제처럼 대했고, 몸을 굽히고 슬퍼하기를 어머니께 하듯이 했습니다(14). 그는 그만큼 원수일지라도 사랑했습니다. 그러나 원수는 시인이 넘어지자 기뻐했습니다. 그들은 서로 모이고, 모여서 시인을 찢어서 조각을 냈습니다(15). 폭력배들이 시인의 주위에 모여서 쉴새 없이 쳤습니다. 그들은 잔치에서 시인을 향해 이를 갈며 모욕적으로 조롱했습니다(16).

시인은 여호와께 무엇을 호소합니까? 17절을 보십시오. “주여 어느 때까지 관망하시려 하나이까 내 영혼을 저 멸망자에게서 구원하시며 내 유일한 것을 사자들에게서 건지소서.” 그는 안타까움으로 기도합니다. “주님, 언제까지 보고만 있으렵니까?” 시인이 생각할 때 하나님은 지금 상황을 보고만 있는 듯했습니다. 시인의 하나밖에 없는 생명은 위태롭습니다. 그는 여호와께서 더는 무관심하지 않고, 시인의 삶에 개입하기를 바랍니다. 사자처럼 행동하는 그들로부터 여호와께서 하나밖에 없는 생명을 구해주시도록 기도합니다.

그리고 시인은 이미 그 기도를 들으신 줄 믿고, 큰 모임 중에서 주님께 감사합니다. 많은 백성 중에서 주님을 찬송합니다(18).

그는 원수에 대해 무엇을 기도합니까? 19절을 봅시다. “부당하게 나의 원수된 자가 나로 말미암아 기뻐하지 못하게 하시며 까닭 없이 나를 미워하는 자들이 서로 눈짓하지 못하게 하소서.” 시인은 거짓말쟁이 원수들이 자기를 이겼다면서 기뻐하지 못하도록 기도합니다. 또 그들이 서로 눈짓을 주고받으며 음모를 꾸미지 못하도록 기도합니다.

왜냐하면 그들은 평화를 말하지 않았고, 오히려 평안히 사는 사람을 거짓말로 모략했기 때문입니다(20). 또 그들이 시인을 향하여 입을 크게 벌려서 "하, 하"하며 조롱했기 때문입니다(21). 그들은 자기가 목격자라고 주장하면서 거짓을 말했습니다.

그러나 누가 진짜 증인입니까? 22절입니다. "여호와여 주께서 이를 보셨사오니 잠잠하지 마옵소서 주여 나를 멀리하지 마옵소서." 그들이 본 것이 아니라, 여호와께서 친히 보셨습니다. 그들이 목격자가 아니라, 여호와께서 참 증인입니다. 그러므로 시인은 여호와께서 침묵을 깨고 원수의 거짓 증언을 논박하시도록 기도합니다. 그리고 여호와께서 시인을 멀리하지 말도록 기도합니다. 하나님한테서 멀어짐은 고난받은 일과 같습니다. 하나님이 가까이하심은 고난에서 벗어나는 일입니다.

그러므로 그는 무엇을 기도합니까? 23절을 보십시오. "나의 하나님, 나의 주여 떨치고 깨셔서 나를 공판하시며 나의 송사를 다스리소서." '떨치고'는 '깨어나소서!'입니다. "깨셔서"는 '일어나소서!'입니다. 그는 하나님께서 가만히 계시지 말고 행동하기를 바랍니다. 주님께서 자기 삶에 즉시 개입하도록 기도합니다. 특히 그는 하나님께서 재판관으로 행동해 달라고 기도합니다. "나의 하나님, 일어나 재판을 여시고 시비를 가려주소서!"

시인은 계속해서 무엇을 기도합니까? "여호와 나의 하나님이여 주의 공의대로 나를 판단하사 그들이 나로 말미암아 기뻐하지 못하게 하소서"(24). 그는 하나님이 공정한 판단을 내려주도록 기도합니다. 그는 죄가 없음을 확신합니다. 그는 원수가 자신의 불행을 두고 기뻐하지 못하도록 기도합니다. 그들이 마음속으로 "아하, 소원을 성취했다."라고 말하지 못하도록 기도합니다. 그는 또 그들이 "우리가 시인을 삼켰다."라고 말하지 못하도록 기도합니다(25). 시인은 하나님의 공의로운 재판으로 결과가 바뀌기를 기대합니다. 그래서 시인의 재난을 기뻐하는 그들이 부끄러워 낭패를 당하고, 시인을 향하여 스스로 뽐내는 그들이 수치와 욕을 당하도록 기도합니다(26).

그러나 시인은 자기의 의를 즐거워하는 사람은 어떻게 되기를 바랍니까? 27절을 읽읍시다. "나의 의를 즐거워하는 자들이 기꺼이 노래 부르고 즐거워하게 하시며 그의 종의 평안함을 기뻐하시는 여호와는 위대하시다 하는 말을 그들이 항상 말하게 하소서." '의를 즐거워하는 자들'이란 시인이 받은 무죄 판결을 기뻐하는 사람입니다. 시인은 그들이 큰 소리로 부르도록 기도합니다. 그리고 기뻐하도록 기도합니다. 더 나아가, 그들이 "여호와는 위대하시다."라는 말을 항상 말하도록 기도합니다. 원수는 세상의 즐거움을 자기 영혼에 돌립니다. 하지만 의로운 사람은 그들의 기도를 주님께 돌리고, 그들의 즐거움을 그분을 찬양하는 데 둡니다.

시인은 마침내 어떤 희망을 품습니까? 28절입니다. "나의 혀가 주의 의를 말하며 종일토록 주를 찬송하리이다." 여호와의 의는 억압받는 사람을 옹호하는 데 나타났습니다. 그때 시인의 혀는 그분의 의를 말합니다. 그때 시인의 혀는 종일 주님을 찬양할 겁니다. 주님을 향한 찬양은 그분의 구원하심에 대한 감사의 표현입니다.

우리는 문제 많은 세상에서 무엇이라고 기도해야 합니까? "'나는 네 구원이다.'라고 말씀하소서!" 아멘!

36
인자하심이 어찌 그리 보배로우신지요

말씀 시편 36:1-12
요절 시편 36:7
찬송 384장, 259장

"하나님이여 주의 인자하심이 어찌 그리 보배로우신지요 사람들이 주의 날개 그늘 아래에 피하나이다."

우리는 '길에서 돌아다니는 고양이', 즉 '길양'을 봅니다. 그 '길냥'은 사람을 보는 순간 위험을 느끼고 쏜살같이 피합니다. 그곳 대부분이 어디인가요? 자동차 밑입니다. 그들은 그곳을 가장 안전하다고 생각하기 때문입니다. 실제로 자동차 밑으로 고양이가 가버리면 사람은 어찌하지 못하고 그냥 떠납니다.

이 대목에서 생각합니다. 우리는 삶의 현장에서 위험을 느낄 때 어디로 피합니까? 가장 안전한 곳은 어디입니까?

1절을 보십시오. "악인의 죄가 그의 마음속으로 이르기를 그의 눈에는 하나님을 두려워하는 빛이 없다 하니." '악인의 죄'란 여호와의 말씀을 믿지만, 육신이 연약하여 말씀대로 살지 못함입니다. 다른 하나는, 하나님의 말씀을 아예 믿지 않고 자기 마음대로 사는 그것을 말합니다. 그런 악인의 죄는 먹이를 노리는 맹수처럼 마음속으로 파고듭니다. 그리고 마음 깊은 곳에서 악인에게 속삭입니다. 그것을 '악마의 신탁'이라고 합니다.

그 결과는 무엇입니까? 그의 눈에는 하나님을 두려워하는 빛이 없습니다. 그의 눈에는 하나님을 두려워하는 기색이 조금도 없습니다. 악인은 마치 하나님이 존재하지 않은 것처럼 행동합니다. 사도 바울은 이 말씀을 인용하여 죄인의 모습을 증언했습니다. "그들의 눈앞에 하나님을 두려워함이 없느니라 함과 같으니라"(롬 3:18).

왜 그의 눈에는 두려움이 없습니까? 왜냐하면 그는 눈으로 스스로 아첨하기 때문입니다(2). 그의 눈빛은 지나치게 의기양양하기 때문입니다. 악인은 자기 죄악을 알 수도 없고 미워할 수도 없습니다. 악인은 계략과 음모로 자기의 뜻을 이루면서 죄만 일삼습니다.

그의 말과 행동은 어떠합니까? 그의 입에서 나오는 말은 죄악과 속임입니다(3). '죄악과 속임'은 속임수가 가득한 사기입니다. 악인의 말은 사기뿐입니다. 악인은 슬기롭고 착하게 사는 일은 그만두었습니다. 악인은 계략과 음모로 자기의 뜻을 이루면서 죄만 일삼습니다.

그는 무슨 일을 꾀합니까? 그는 자기 침상에서 죄악을 꾀합니다(4). 그는 잠자는 시간에도 죄를 꾀합니다. 의인은 밤낮으로 말씀을 묵상하는데(1:2), 악인은 밤낮으로 죄를 꿈꿉니다.

어거스틴(Augustine)은 말했습니다. "우리의 잠자리는 우리의 마음이다. 우리가 좋지 못한 양심을 가지고 있으면 잠자리에서 뒤척인다. 우리의 양심이 편안하면 잠자리에서 쉼을 누린다."

악인은 의도적으로 악한 길에 섭니다. 악인은 악한 길을 악하다고 생각하지 않습니다. 오히려 그 길을 좋아합니다. 악인은 자기 길을 하나님의 길보다 더 낫다고 여깁니다.

그러나 여호와의 인자는 어떠합니까? 5절을 보십시오. "여호와여 주의 인자하심이 하늘에 있고 주의 진실하심이 공중에 사무쳤으며." '인자'는 우리말로는 '마음이 어질고 따사롭고 돈독한 사랑을 베푸는 마음'입니다. 히브리어로는 '변함없는 사랑(steadfast love/ unfailing love)'입니다. 여호와는 변함없는 사랑이신데, 그분의 사랑은 하늘에 있습니다. 이 말은 '경계가 없다.'라는 뜻입니다. 여호와의 사랑은 하늘까지 닿았습니다.

그리고 그분의 진실하심은 어떠합니까? '진실하심'은 '신실하심'입니다. 그분의 신실하심도 공중에 사무쳤습니다. 이 또한 경계가 없음을 뜻합니다. 여호와의 사랑과 미쁘심은 측량할 수 없습니다.

주님의 의는 어떠합니까? 6절을 보십시오. "주의 의는 하나님의 산들과 같고 주의 심판은 큰 바다와 같으니이다 여호와여 주는 사람과 짐승을 구하여 주시나이다." 주님의 의로우심은 태산처럼 영원히 견고합니다. 그리고 주님의 심판은 바다처럼 깊습니다. 여호와의 의로우심과 심판은 헤아릴 수 없을 정도로 견고하고 깊습니다. 우리의 이해를 넘어섭니다. 여호와는 사람은 물론이고 짐승도 똑같이 구원하십니다.

시인은 여호와의 인자를 어떻게 노래합니까? 7절도 읽읍시다. "하나님이여 주의 인자하심이 어찌 그리 보배로우신지요 사람들이 주의 날개 그늘 아래에 피하나이다." "하나님의 인자하심이 어찌 그리 보배로운지요?" 시인은 여호와의 변함없는 사랑이 정말로 소중함을 알았습니다. 시인은 여호와의 한결같은 사랑은 값으로 매길 수 없을 만큼 보배로움을 알았습니다.

어떤 점에서 보배롭습니까? 사람들이 주님의 날개 그늘로 피하기 때문입니다. '날개 그늘'은 '새끼를 보호하는 어미 새', '성전에 있던 그룹의 활짝 편 날개'를 뜻합니다. '안전하게 돌보시는 하나님의 사랑'에 대한 은유입니다. 하나님의 변함없는 사랑은 사람의 안전한 보호와 피신처의 원천입니다. 험한 세상에서는 주님의 변함없는 사랑만이 우리를 안전하게 맡을 수 있는 안식처입니다.

이 세상은 날마다 변합니다. 이 세상에서 사는 사람 또한 상황에 따라 잘도 변합니다. 하지만 우리의 하나님 여호와만은 절대로 변하지 않습니다. 따라서 우리를 향한 사랑도 절대로 변하지 않습니다. 심지어 우리가 변할지라도 그분의 사랑은 변하지 않습니다. 우리는 그 사랑을 '인자', '변하지 않은 사랑'이라고 부릅니다. 우리는 그 사랑만이 우리의 절대적이고 영원하고 안전한 피난처로 믿습니다. 그리고 그분께 피하는 사람은 안전을 실제로 누립니다.

우리는 시 34:8에서 다윗의 생생한 증언을 이미 들었습니다. "너희는 여호와의 선하심을 맛보아 알지어다 그에게 피하는 자는 복이 있도다." 다윗은 사울에게 쫓겨 아기스 왕에게 피했습니다. 그는 그 왕이 자기를 지켜줄 것으로 기대했기 때문입니다. 하지만 아기스 왕은 오히려 그를 죽이려고 했습니다. 그는 사람이 안전한 피난처가 아님을 알았습니다. 그때 그는 여호와께 피했습니다. 그랬을 때 그는 여호와의 선하심을 맛보아 알았습니다(삼상 21:10-15).

우리는 무엇을 생각할 수 있습니까? 오늘 우리의 피난처가 여호와의 한결같은 사랑임을 깊이 영접할 수 있습니다. 고양이가 위험할 때 자동차 밑으로 피하는 것은 삶에서 체험적으로 체득했기 때문입니다. 이처럼 우리도 여호와의 그늘로 피하는 것이 가장 안전함을 삶으로 체득해야 합니다.

그런데 어떤 사람은 아직도 힘 있는 사람이 안전한 피난처인 줄 알고 그 사람에게 피합니다. 또 어떤 사람은 아직도 돈이 피난처인 줄 알고 그것으로 피합니다. 하나님의 사랑에 내 삶을 맡기기보다 내가 뭔가를 하려고 애를 씁니다. 하지만 그렇게 한다고 해서 일이 잘 풀리는 것도 아닙니다. 오히려 꼬일 수 있습니다. 우리는 우리의 가장 안전한 피난처는 여호와의 한결같은 사랑임을 믿어야 합니다. 그리고 그분의 사랑에 내 삶을 맡겨야 합니다. 여호와의 인자야말로 가장 보배로움을 믿고, 그분을 의지하며 인도하심을 구하며 살아야 합니다.

그러면 어떤 은혜를 누립니까? 8절입니다. "그들이 주의 집에 있는 살진 것으로 풍족할 것이라 주께서 주의 복락의 강물을 마시게 하시리이다." 그들은 주님의 집, 즉 성전에서 제물 중에서 가장 좋은 부분을 먹으면서 충분히 만족할 겁니다. 그들은 새 에덴동산에서 흘러나오는 즐거움의 강물을 마실 겁니다. 여호와께서 그 날개 아래로 모인 사람에게 에덴의 강물을 마시게 할 겁니다.

왜 그런 일을 하십니까? 진실로 생명의 원천이 주님께 있기 때문입니다(9). 생명의 샘은 주님과 함께 있습니다. 주님이 생명의 샘이기 때문입니다. 생명의 샘인 여호와는 마치 샘에서 쉼 없이 물이 솟아오르는 것처럼 넘치는 생명력을 주십니다. 여호와는 '생수의 근원'이십니다(렘 2:13; 17:13). 그리고 그 생수의 근원은 예수님이십니다. 예수님은 말씀하셨습니다. "내가 주는 물을 마시는 자는 영원히 목마르지 아니하리니 내가 주는 물은 그 속에서 영생하도록 솟아나는 샘물이 되리라"(요 4:14).

그분 안에서 우리는 무엇을 합니까? 그분의 빛 안에서 우리가 빛을 봅니다. '빛을 본다.'라는 말은 무슨 뜻입니까? '생명을 얻는다.' '산다.'라는 뜻입니다. 주님의 빛을 보는 사람은 삽니다. 하지만 주님의 빛을 보지 못하는 사람은 죽습니다. 왜냐하면 예수님 안에 생명이 있었으니, 이 생명은 사람들의 빛이기 때문입니다(요 1:4). 예수님께서 또 말씀하셨습니다. "나는 세상의 빛이니 나를 따르는 자는 어둠에 다니지 아니하고 생명의 빛을 얻으리라"(요 8:12). 누구든지 예수님을 믿으면 생명과 구원과 행복을 누립니다.

우리는 어떻게 빛이신 예수님을 믿을 수 있습니까? 우리는 성경의 빛에 의해 빛이신 예수님을 믿을 수 있습니다. 성경의 빛 없이는 빛이신 예수님, 빛으로 가득 찬 그분의 사랑을 볼 수 없습니다.

시인은 의인을 위해 무슨 기도를 합니까? 10절입니다. "주를 아는 자들에게 주의 인자하심을 계속 베푸시며 마음이 정직한 자에게 주의 공의를 베푸소서." '주님을 아는 사람'은 주님의 날개 아래로 피하는 사람입니다. 시인은 하나님을 아는 사람, 그분의 날개 아래로 피하는 사람에게 한결같은 사랑을 베풀어 주시도록 기도합니다. 그리고 시인은 마음이 곧은 사람에게는 공의를 베풀어 주시도록 기도합니다.

하지만 교만한 사람은 어떻게 되도록 기도합니까? 교만한 사람이 발로 시인을 짓밟지 못하도록 기도합니다(11). '발'은 승리한 왕이나 군대의 장군이 적장의 목을 밟는 고대 근동의 일반적 관습에서 나왔습니다. 여호수아는 자기 군관들에게 자기 앞에 끌려온 아모리족 왕의 목을 밟도록 했습니다(수 10:24). 시인은 교만한 사람이 자기 목을 짓밟지 못하도록 기도합니다.

또 시인은 악인이 손으로 자기를 휘두르지 못하도록 기도합니다. '손'은 악인의 폭력과 권세를 나타냅니다. 악인이 권세를 휘둘러서 시인을 성전이나 고향에서 쫓아내지 못하도록 기도합니다.

그때 악인은 어떻게 되었습니까? 12절을 보십시오. "악을 행하는 자들이 거기서 넘어졌으니 엎드러지고 다시 일어날 수 없으리이다." 악을 행하는 사람은 쓰러졌습니다. 그들은 다시 일어날 수 없습니다. 하나님은 승리하시고, 악인은 완전해 패배했습니다. 악인에 대한 심판은 완전합니다. 악인이 의인을 공격하면 넘어져 다시는 일어서지 못합니다.

우리는 삶의 현장에서 위험을 느낄 때 어디로 피합니까? 가장 안전한 곳은 어디입니까? “하나님이여 주의 인자하심이 어찌 그리 보배로우신지요 사람들이 주의 날개 그늘 아래에 피하나이다”(7). 아멘!

37
온유한 자들은 땅을 차지하며

말씀 시편 37:1-40
요절 시편 37:11
찬송 427장, 529장

"그러나 온유한 자들은 땅을 차지하며 풍성한 화평으로
즐거워하리로다."

요즘처럼 우리 사회가 부동산에 예민한 때도 없습니다. 부동산을 얼마만큼 가졌느냐에 따라 사람의 행복감, 만족도가 달라지기 때문입니다. 그래서 많은 사람이 땅을 소유하려고 애를 씁니다. 그런데 오늘 시편은 땅에 관해 무엇을 말하며, 누가 그 땅을 차지할 수 있다고 말합니까?

오늘 시도 다윗의 시인데, 각 연(stanza)이 히브리어 알파벳으로 시작하는 '알파벳 시'입니다. 시인은 사회적 불의를 보면서 신앙 위기를 맞았습니다.

그런 상황에서 의인은 악인을 어떤 렌즈로 봐야 합니까? 1절을 보십시오. "악을 행하는 자들 때문에 불평하지 말며 불의를 행하는 자들을 시기하지 말지어다." 믿음으로 사는 사람은 악한 사람이 잘 된다고 해서 속상해하지 말며, 불의한 사람이 잘 산다고 해서 시샘하지 말아야 합니다. 의로운 사람은 악한 사람을 보면서 초조해하고 부러워할 수 있습니다. 하지만 그렇게 해서는 안 됩니다. 잠언도 말씀합니다. "너는 행악자들로 말미암아 분을 품지 말며 악인의 형통함을 부러워하지 말라"(잠 24:19).

왜 그렇게 해야 합니까? 왜냐하면 악인은 풀처럼 빨리 잘릴 것이기 때문입니다. 푸성귀처럼 시들기 때문입니다(2). 중동에서 봄의 무성한 초목은 뜨겁고 건조한 사막의 바람, '함신(*hamsin*)'이 불면 며칠 안에 그 아름다움을 잃고 시들었습니다. 악인도 때가 오면, 풀처럼 속히 쓰러지고 푸성귀처럼 시들 겁니다. 그러므로 의인은 그런 허무한 것을 부러워하지 않아야 합니다. 악인은 푸성귀 같지만, 의인은 시냇가에 심은 나무가 철을 따라 열매를 맺으며 그 잎사귀가 마르지 아니함 같습니다(1:3).

의인은 적극적으로 무엇을 해야 합니까? 여호와를 의뢰하고 선을 행해야 합니다. 땅에 머물러야 하고, 성실을 먹거리로 삼아야 합니다(3). '먹거리로 삼아라.'라는 말은 '성실을 친구로 삼아라.'라는 뜻입니다. 또 여호와를 기뻐해야 합니다. 이 말은 '여호와한테서 기쁨을 찾아라.'라는 뜻입니다. 그러면 여호와께서 그 마음의 소원을 이루어주십니다(4). 여호와는 의인의 간절한 소원을 들어주십니다.

그러므로 우리는 우리의 길을 여호와께 맡겨야 합니다. 그분을 의지하면 그분이 이루십니다(5). 우리가 우리의 삶을 여호와께 맡기면 그분께서 친히 일하십니다.

어떻게 일하십니까? 우리의 의를 빛같이 나타내십니다. 우리의 공의를 정오의 빛같이 하십니다(6). 의인의 정의와 공의를 여호와께서 어둠 속에서 빛만큼 분명하게 하십니다.

믿음의 길을 가는 우리에게 가장 큰 고민 중 하나는 무엇입니까?

의롭게 살려는 우리보다 자기 마음대로 사는 사람이 더 잘나갈 때입니다. 악인의 번영을 보면서 시샘할 때입니다. 그 해결책은 무엇인가요? 속상해하지 말며, 시샘하지 말아야 합니다. 적극적으로 여호와를 의지하고, 선을 행해야 합니다. 이 땅에서 살며 성실을 친구삼아야 합니다. 기쁨을 오직 여호와한테서 찾아야 하고, 우리의 길을 여호와께 맡기고, 그분만을 의지해야 합니다. 그러면 여호와께서 우리의 소원을 들어주시고, 일하십니다.

그러므로 의인은 어떻게 살아야 합니까? 7절입니다. "여호와 앞에 잠잠하고 참고 기다리라 자기 길이 형통하며 악한 꾀를 이루는 자 때문에 불평하지 말지어다." 의인은 여호와 앞에 잠잠해야 합니다. 그분을 위해 참을성 있게 기다려야 합니다. 의인은 악인이 잘나갈지라도 조바심을 내지 않아야 합니다. 시인은 이 메시지를 반복하며 강조합니다.

의인은 화를 삼가고, 진노를 버려야 합니다. 왜냐하면 화는 악으로 향할 뿐이기 때문입니다(8). 악인을 보면서 화를 내면 정작 그 자신이 해를 입을 수 있습니다. 그리고 때가 오면 악을 행하는 사람은 뿌리째 뽑힐 겁니다. 하지만 여호와를 소망하는 사람은 땅을 차지합니다(9). 잠시 후에 악인은 사라지고 맙니다. 아무리 그 자취를 찾아도 찾을 수 없습니다(10). 악인의 잘나감은 오래 가지 못합니다. 그들은 순식간에 사라집니다. 왜냐하면 그들의 삶은 '하나님 중심'이 아닌 '자기중심'이기 때문입니다.

그러나 온유한 자는 어떻게 됩니까? 11절을 읽읍시다. "그러나 온유한 자들은 땅을 차지하며 풍성한 화평으로 즐거워하리로다." '온유한 사람'이란 기본적으로 '겸손한 사람'을 말합니다. 그런데 본문에서 보면 의인을 말합니다. 잠잠히 주님을 바라고, 주님만을 애타게 찾는 사람입니다(7). 노여움을 버리고, 격분을 가라앉히고, 불평하지 않는 사람입니다(8). 여호와를 소망하는 사람입니다(9).

37(37:1-40)

이런 사람이 땅을 차지합니다. '차지한다.'라는 말은 '상속한다.'라는 뜻입니다. 온유한 사람은 땅을 유산으로 받습니다. 그리고 풍성한 화평으로 즐거워합니다. 그들은 풍성한 평화와 함께 즐거움을 누립니다. 평화는 하나님께서 그 백성, 믿음으로 기다리는 사람, 여호와를 소망하는 사람에게 주시는 선물입니다. 바울 사도도 말씀했습니다. "그러므로 우리가 믿음으로 의롭다 하심을 받았으니 우리 주 예수 그리스도로 말미암아 하나님과 화평을 누리자"(롬 5:1).

그러면 시인이 말하는 '땅'은 무엇입니까? 일차적으로 이스라엘이 애굽에서 나와서 들어가서 살 약속의 땅입니다. 그런데 애굽에서 나온 모든 사람이 약속의 땅으로 들어가지 못했습니다. 믿음의 사람만 들어가서 살았습니다.

여호와께서 바란 광야에서 각 지파의 지도자를 세워서 가나안 땅을 탐지하도록 했습니다. 그들은 정탐하고 돌아와서 두려움에 빠졌습니다. 그 땅 주민은 강하고, 성읍은 견고한 요새처럼 보였기 때문입니다. 그때 갈렙은 백성을 조용하게 하고 말했습니다. "우리는 반드시 그 땅을 점령할 수 있다." "여호와께서 우리를 기뻐하시면 우리를 그 땅으로 인도하여 들이시고 그 땅을 우리에게 주시리라 이는 과연 젖과 꿀이 흐르는 땅이니라"(민 13:2, 28, 30; 14:8). 여호와를 소망하는 사람은 약속의 땅에 들어가서 그 땅을 차지했습니다. 그 약속의 땅은 하나님의 나라를 뜻합니다.

하나님의 나라를 누가 차지합니까? 온유한 사람입니다. 예수님은 말씀하셨습니다. "온유한 자는 복이 있나니 그들이 땅을 기업으로 받을 것임이요"(마 5:5). 예수님을 믿는 사람이 약속의 땅인 하나님 나라를 차지합니다. 그리고 하나님께서 주시는 풍성한 평화와 함께 기쁨을 누립니다.

37(37:1-40)

그런데 세상에서는 누가 땅을 차지하고 평화를 누립니까? 돈 많은 사람이나 힘이 센 사람입니다. 아니 땅을 차지하면 힘이 세지고 돈 많은 사람이 된다고 생각합니다. 그래서 많은 사람이 땅을 차지하려고 애를 씁니다.

지난번에 잠깐 말했는데, 톨스토이(Tolstoi)의 작품 중에 『사람은 무엇으로 사는가』(1885)라는 책에 『사람은 얼마만큼의 땅이 필요한가?』가 들어 있습니다. 그 내용의 결론은 이런 겁니다. "땅값은 하루에 1,000루블입니다. 해가 떠 있는 동안 직접 걸어갔다가 돌아온 만큼의 땅이 1,000루블입니다. 그러자 한 사람이 많은 땅을 얻기 위해 멀리멀리 떠났습니다. 하지만 돌아오는 길이 너무 힘들어서 입가에 피를 흘리며 죽었습니다. 사람들은 땅을 파고 그를 묻었습니다. 그가 가진 땅은 그의 머리끝부터 발끝까지에 불과했습니다." 그 책은 사람이 분수에 맞지 않게 욕심을 내면 오히려 생명을 잃어버림을 가르칩니다. 온유한 사람, 의인이 땅을 차지합니다.

그런데 악인은 얼마나 끈질기게 의인을 괴롭힙니까? 악인은 의인의 생명을 앗아가려고 합니다. 악인은 야생동물처럼 이를 갈면서 의인에게 험악하게 대듭니다(12).

그러나 주님은 그들을 어떻게 하십니까? 주님께서 그들을 비웃으십니다. 주님이 악인을 비웃으시는 이유는 '그의 날', 즉 심판의 날이 오고 있음을 보았기 때문입니다(13). 악인은 의인을 죽이려고 칼과 활을 사용했습니다. 그들의 목표는 세상을 혼돈과 불의가 지배하도록 하는 데 있습니다(14). 비뚤어지고 왜곡된 세상에 의로운 길이 존재하지 않도록 하는 데 있습니다. 악인의 통치는 정의와 의인의 생계를 박탈합니다.

그런데 그들의 칼과 활은 어떻게 됩니까? 악인이 의인을 찌르려던 그 칼이 자기 가슴을 찌릅니다. 악인은 자기가 파놓은 함정에 빠집니다. 악인의 칼과 활은 부러집니다(15).

의인의 길은 어떠합니까? 의인의 적은 소유가 악인의 풍부함보다 낫습니다(16). 소유의 많음은 삶을 행복하게 할 수 있습니다. 하지만 행복한 삶이 많은 소유 위에 세워지는 것은 아닙니다. 가난한 의인이 부유한 악인보다 더 행복합니다. 잠언은 말씀합니다. "가산이 적어도 여호와를 경외하는 것이 크게 부하고 번뇌하는 것보다 나으니라." "적은 소득이 공의를 겸하면 많은 소득이 불의를 겸한 것보다 나으니라"(잠 15:16; 16:8). 악인의 많은 재산은 부정한 방법으로 모아서 기쁨을 주지 못합니다.

악인의 팔은 부러집니다. 이 말은 '악한 부자는 돈을 버는 능력이 사라진다.'라는 뜻입니다. 반면 여호와께서 의인을 받쳐주십니다(17). 여호와께서 온전한 사람의 날을 아시기 때문입니다. '온전한 사람'은 의로운 사람입니다. 여호와께서 의로운 사람의 삶을 아십니다. 그들의 삶을 보살피십니다. 그래서 그들의 기업은 영원합니다(18). 그들은 환난 때 부끄러움을 당하지 않습니다. 기근의 날에도 풍족합니다(19).

그러나 악인은 멸망하고 여호와의 원수는 어린 양의 기름 같이 타서 연기가 되어 없어집니다(20). 풀이 무성하게 자랄 때는 아름답고 싱그럽지만, 계절이 바뀌면 순식간에 말라버립니다. 악인은 꾸고 갚지 않습니다. 갚을 능력이 없기 때문입니다. 하지만 의인은 은혜를 베풀고 거저 줍니다(21). 의인은 자신이 필요한 것을 충분히 가져서 남을 도울 수 있습니다. 주님의 복을 받은 사람은 땅을 차지하고, 주님의 저주를 받은 사람은 끊어집니다(22). 악인이 뿌리째 뽑힘은 하나님의 심판 때문입니다. 의인이 땅을 차지함은 주님의 복 때문입니다.

여호와는 의인을 어떻게 도우십니까? 23절을 보십시오. "여호와께서 사람의 걸음을 정하시고 그의 길을 기뻐하시나니." 시인은 악인과 의인의 길을 대조하는 데서 그 초점을 의인의 복에 맞춥니다. 여호와께서 사람의 발걸음을 정하셨습니다. 여호와께서 그 길을 기뻐하십니다. 여호와께서 인도하시는 그 길은 평안합니다. 그런데 의인도 그 길에서 넘어질 수 있습니다. 하지만 의인은 완전히 넘어지지 않습니다. 고난이 최종적인 파멸은 아닙니다. 여호와께서 그 손으로 붙드시기 때문입니다(24). 여호와께서는 역경의 때라도 의인을 세우십니다.

그는 그 사실을 어떻게 확신합니까? 그는 어려서부터 늙기까지 의인이 버림을 당하거나, 그의 자손이 빵을 구걸하는 일을 보지 못했습니다(25). 의인은 종일토록 은혜를 베풀고 꾸어 줍니다. 그러니 그의 아들딸이 복을 받습니다(26). 하나님은 그 백성을 버리지 않으시고, 그들뿐만 아니라 그들의 자손까지 돌보십니다.

그러므로 의인은 어떻게 살아야 합니까? 의인은 악에서 떠나 선을 행해야 합니다. 그러면 약속의 땅에서 영원히 삽니다(27). 왜냐하면 여호와께서 정의를 사랑하시고, 그의 성도를 버리지 않기 때문입니다. 성도는 영원히 보호를 받으나 악인의 자손은 끊어지기 때문입니다(28). 의인은 땅을 차지하고 영원히 삽니다(29).

의인은 약속의 땅에서 어떻게 삽니까? 30절을 보십시오. "의인의 입은 지혜로우며 그의 혀는 정의를 말하며." 의인의 입은 지혜를 중얼거리면서 자신을 타이릅니다. 그의 혀는 정의를 말합니다. 그의 마음에는 하나님의 법이 있습니다(31). 마음은 말을 하는 입과 혀를 통제합니다. 하나님의 법이 마음에 있으니 하는 말도 하나님의 말씀입니다. 그러니 그의 걸음은 실족하지 않습니다. 하나님과 그분의 가르침을 받으면 삶에서 미끄러지지 않습니다.

그런데 악인은 무엇을 합니까? 악인은 의인을 엿보아 죽일 기회를 찾습니다(32). 그러나 여호와는 그를 악인의 손에 버려두지 않습니다. 재판 때도 정죄하지 않습니다(33). 하나님은 의인을 악인의 손아귀에서 보호하십니다.

그러므로 의인은 무엇을 해야 합니까? 34절을 보십시오. "여호와를 바라고 그의 도를 지키라 그리하면 네가 땅을 차지하게 하실 것이라 악인이 끊어질 때에 네가 똑똑히 보리로다." 의인은 여호와를 바라고 희망하고 기대야 합니다. 의인은 여호와의 율법을 지켜야 합니다. 그러면 여호와께서 그를 높일 겁니다. 땅을 차지하게 하실 겁니다. 여호와께서 의인을 들어 올림은 땅을 차지하도록 하는 데 있습니다. 그때 의인은 악인이 뿌리째 뽑히는 모습을 볼 겁니다.

시인이 볼 때 악인은 어떠했습니까? 악인의 큰 세력은 그 본래의 땅에 서 있는 나뭇잎이 무성함과 같았습니다(35). 본래의 자리에서 자라는 나무는 한 번도 옮겨 심지 않아서 그 뿌리가 깊어 흔들리지 않습니다. 그 잎사귀가 늘 푸릅니다. 시인은 악인이 번성했던 모습을 직접 보았습니다. 악인의 모습이 마치 이런 나무와 같았습니다. 실은 늘 무성한 나무는 의인의 모습이었습니다(1:3). 시인은 의인의 모습에 기초하여 악인의 모습을 역설적으로 표현한 겁니다.

그 나무는 어떻게 됩니까? 의인이 지나갈 때 그 나무는 없어졌습니다. 의인이 찾아도 발견하지 못했습니다(36). 악인은 겉으로는 번성했으나 곧 사라졌습니다.

반면 온전한 사람은 어떠합니까? 37절입니다. "온전한 사람을 살피고 정직한 자를 볼지어다 모든 화평한 자의 미래는 평안이로다." 평화의 사람에게는 미래가 있습니다. 평화를 도모하는 사람에게 후손이 따를 겁니다. 시인은 의인에게 영광스러운 미래가 있음을 확신합니다.

그러나 죄인은 어떠합니까? 죄인은 함께 망합니다. 악인의 미래는 끊어집니다(38). 의인에게는 후손이 있지만, 악인에게는 후손이 없습니다. 후손이 없는 것은 저주의 징표였습니다. 악인은 모두 망하여 미래가 없습니다.

의인의 구원은 어디에서 옵니까? 구원은 오직 여호와로부터만 옵니다. 여호와는 환난의 때 그들의 요새입니다(39).

여호와께서 왜 의인을 건지십니까? 40절을 읽읍시다. "여호와께서 그들을 도와 건지시되 악인들에게서 건져 구원하심은 그를 의지한 까닭이로다." 심판의 때 여호와는 악인으로부터 의인을 도우셔서 구원하십니다. 왜냐하면 그들이 여호와를 의지했기 때문입니다. 여기서 '의지했다.'라는 말은 '보호를 받기 위해 도망한다. 피난한다.'라는 뜻입니다. 여호와께서 의인을 구원하신 까닭은 그들이 그분께 피했기 때문입니다. 여호와는 당신을 피난처로 삼은 사람을 구원하십니다.

시인은 "여호와는 스스로 돕는 자를 돕는다(Yahweh helps those who help themselves)."라고 말하지 않습니다. 그분의 도움은 "그분을 의지한 까닭이다."라고 말합니다. 여호와는 당신을 의지하고 피하는 사람을 돕고 구원하십니다.

여호와는 어떤 분입니까? 여호와는 주권자이시며, 심판자이십니다. 구원자이십니다. 여호와는 악인을 풀처럼, 푸성귀처럼 시들게 하십니다. 뿌리째 뽑습니다. 하지만 의인에게는 땅을 주십니다. 크게 기뻐하면서 평화를 누리도록 하십니다.

그러므로 오늘 우리는 어떻게 살아야 합니까? 온유한 사람으로 살아야 합니다. 그분께 내 삶을 맡기고, 그분을 의지하며 살기를 기도합니다.

38
돕는 일을 서두르소서

말씀 시편 38:1-22
요절 시편 38:22
찬송 214장, 543장

"속히 나를 도우소서 주 나의 구원이시여."

예전에는 제가 한글을 영어로 번역할 일이 있으면 호주의 선교사에게 도움을 받았습니다. 요즘은 싱가포르의 선교사에게 도움을 받습니다. 저는 저를 도와줄 사람이 있다는 사실이 얼마나 든든한지 모릅니다. 그런데 영어는 작은 일이고, 우리 삶의 큰일을 도와줄 분이 있다면, 얼마나 든든할까요? 그분은 누구입니까?

오늘의 시도 다윗의 시인데, 7개의 참회 시편(lament) 중 하나입니다. 시인은 죄의식을 느끼고 질병과 배반과 박해의 고통을 겪을 때 하나님께 돕는 일을 서두르시도록 탄원합니다.

그는 여호와께 무엇을 기도합니까? 1절을 보십시오. "여호와여 주의 노하심으로 나를 책망하지 마시고 주의 분노하심으로 나를 징계하지 마소서." 그는 여호와께서 진노로 자기를 꾸짖지 말도록 기도합니다. 그는 주님께서 자기를 징계하지 말도록 기도합니다.

왜 그렇게 기도합니까? 2절입니다. "주의 화살이 나를 찌르고 주의 손이 나를 심히 누르시나이다." '화살'은 '심판의 도구'를 상징합니다. 그것은 시인을 고통스럽게 하는 육체적 질병입니다. 가나안에서 재앙의 신은 '활 쏘는 사람의 신'인, '레셉(*Resheph*)'이었습니다. 그 활촉에는 독이 있어서 그 화살을 맞은 사람은 죽었습니다. 그는 '재앙과 질병'의 신이었습니다. 이처럼 주님 심판의 화살이 시인을 꿰뚫었습니다. 그리고 주님의 손이 그를 짓누르고 있습니다.

주님의 진노를 받은 그는 어떤 상태에 있습니까? 그는 살에 성한 곳이 없습니다(3). 그는 피부질환이나 외적 질병을 앓고 있습니다. 그는 뼈에 평안함도 없습니다. 이것은 내적 질병을 뜻합니다. 그는 여호와의 진노로 외적 내적으로 고통을 겪고 있습니다. 그의 죄악이 그 머리에 넘쳐서 무거운 짐 같았습니다(4). 하나님의 벌이 마치 물이 머리 위로 넘쳐흐르는 것과 같았습니다. 그는 그 벌을 감당할 수 없습니다. 이런 모습은 에덴동산에서 "내 죄벌을 지기에 너무 무겁습니다."라고 했던 가인과 닮았습니다(창 4:13).

시인의 비참한 질병의 원인은 어디에 있습니까? 5절입니다. "내 상처가 썩어 악취가 나오니 내가 우매한 까닭이로소이다." 그의 질병의 원인은 우매함에 있었습니다. '우매함'은 '어리석음'인데, 죄를 말합니다. 그의 상처가 썩어 악취가 난 데는 어리석음이 있습니다. 그는 죄 때문에 상처의 고통을 느끼고 맛보았습니다.

그는 죄와 질병과의 관계를 어떻게 이해하고 있습니까? 그는 자신의 죄로 육신의 병을 앓고 있는 것으로 표현합니다. 모든 병이 개인의 죄로 생긴 것은 아닙니다. 하지만 고난은 하나님 징계의 한 형태입니다. 시인은 고뇌하면서 '원인과 결과(cause and effect)'의 본질을 이해했습니다. 그런 그는 여호와께서 자신을 책망하지 말고 징계하지 말도록 기도합니다.

38(38:1-22)

그는 어리석음으로 어떤 고통을 겪고 있습니까? 6절을 보십시오. "내가 아프고 심히 구부러졌으며 종일토록 슬픔 중에 다니나이다." '아프다.'라는 말은 '꺾였다.'라는 뜻입니다. '구부러졌다.'라는 말은 '무너졌다.'라는 뜻입니다. 그는 병과 죄책감으로 완전히 휘청거렸습니다. 그는 종일 슬픔과 후회로 보내고 있습니다.

왜냐하면 그의 허리는 타는 듯한 고통으로 가득했고, 그의 몸은 성한 곳이라는 없었기 때문입니다(7). 질병이 그에게서 힘과 활력을 뺏어 가버렸습니다. 그는 고통 가운데 있었습니다. 그는 연약했습니다. 그는 심히 상했습니다. 그는 으르렁거렸습니다(8). 그는 고뇌에 차서 울부짖었습니다.

그는 무엇이라고 신음했습니까? 9절을 보십시오. "주여 나의 모든 소원이 주 앞에 있사오며 나의 탄식이 주 앞에 감추이지 아니하나이다." 여기서 '소원'은 병에서 고침을 받으려는 마음입니다. 그는 소원을 숨김없이 주님께 아뢰었습니다. 왜냐하면 그의 심장은 두려움으로 거칠게 뛰고, 그 힘은 다 빠졌기 때문입니다. 그의 눈빛도 사라졌기 때문입니다(10). 시인은 거의 죽음에 이르렀습니다.

그런 그를 주위 사람들은 어떻게 대합니까? 시인이 사랑하는 사람과 시인의 친구들이 그를 멀리합니다. 심지어 그의 친척도 그를 멀리했습니다(11). 그와 특별한 관계를 맺은 사람조차도 멀어졌습니다. 그는 소외와 배신감을 느꼈습니다. 죄는 하나님과의 관계에만 영향을 주지 않고, 사람과의 관계, 사회적 관계, 공동체에도 영향을 줍니다.

그때 그의 생명을 찾는 사람은 무엇을 합니까? 그들은 올무를 놓습니다. 그를 해하려는 사람은 괴악한 일을 말하여 종일토록 음모를 꾸밉니다(12). 그들은 시인을 완전히 파멸하려고 합니다. 시인은 이럴 수도 저럴 수도 없는 '사면초가(四面楚歌)'에 섰습니다.

38(38:1-22)

중국 초(楚)나라의 항우가 한(漢)나라의 유방에게 패하여 한나라 군인들에게 둘러싸여 있었습니다. 그때 밤마다 초나라의 노랫소리가 들려오자 초나라 군인들은 고향에 있는 가족을 생각하며 도망쳤습니다. 초 나라 항우는 초나라의 군인이 한나라에 항복했다고 생각했습니다. 그런데 사실은 유방이 한나라 군인에게 초나라의 노래를 부르게 해서 초나라 군인을 고향으로 돌아가도록 꾸민 일이었습니다. 이 이야기에서 유래한 '사면초가'는 '사방이 초나라의 노래이다.'라는 뜻입니다. 즉 '아무에게도 도움을 받지 못하여 외롭고 곤란한 지경에 빠진 경우를 이르는 말'입니다.

그런데 시인은 '사면초가'의 상황에서 무엇을 합니까? 13절을 보십시오. "나는 못 듣는 자 같이 듣지 아니하고 말 못 하는 자 같이 입을 열지 아니하오니." 그는 듣지 못하는 사람처럼, 말을 하지 못하는 사람처럼 행동합니다. 그는 반항하거나 대꾸하지 않습니다. 악에는 대항하는 일보다 침묵하는 일이 더 좋습니다. 그는 듣지 못하는 사람처럼 그 입에는 반박할 말이 없습니다(14). 그는 논쟁이나 방어를 하지 않습니다.

시인은 왜 침묵할까요? 그는 자신이 죄인임을 알기 때문입니다. 그는 여호와의 인도하심과 일하심을 기다리기 때문입니다. 그의 침묵 속의 기다림은 여호와께 대한 순종이며 여호와께서 변호해 주시기를 기대하는 기도입니다.

다윗은 아들 압살롬이 거슬러 반란을 일으켰을 때 참았습니다. 그는 아들과 싸우지 않고 피했습니다. 그런데 사울의 친척 시므이가 다윗에게 줄곧 저주를 퍼부었습니다. 그는 다윗과 그 신하에게 계속하여 돌을 던졌습니다. 그때 한 사람이 다윗에게 아뢰었습니다. "죽은 개가 높으신 왕을 저주하는데, 어찌하여 그냥 보고만 있으십니까? 제가 당장 그의 머리를 잘라버리겠습니다." 다윗은 무엇이라고 대답했습니까? "여호와께서 그에게 다윗을 저주하라 하심이니 네가 어찌 그리하였느냐 할 자가 누구겠느냐?" "그가 저주하게 내버려 두라"(삼하 16:5-11). 다윗은 원수와 말싸움하지 않고 듣지 못하고 말하지 못하는 사람처럼 반응했습니다.

보통 사람은 자신을 변호하기 위해 더 많은 말을 하거나, 더 많은 위로의 말을 기대합니다. 하지만 그런 말들은 아무런 도움이 안 됩니다. 오히려 이런 때일수록 사람을 향해서는 입을 닫고 하나님을 바라보며 그분의 대답을 기대해야 합니다. 모든 상황의 주권자는 하나님이시기 때문입니다. 하나님을 믿음으로 바라보는 것이 문제를 해결하는 실마리입니다.

이런 모습은 여호와의 종을 생각나게 합니다. "그가 곤욕을 당하여 괴로울 때에도 그의 입을 열지 아니하였음이여 마치 도수장으로 끌려가는 어린 양과 털 깎는 자 앞에서 잠잠한 양 같이 그의 입을 열지 아니하였도다"(사 53:7). 예수님은 사람들이 고발했을 때 침묵했고, 그들이 때렸을 때도 반격하지 않으셨습니다(마 26:63a).

그러나 시인은 무엇을 했습니까? 15절을 보십시오. "여호와여 내가 주를 바랐사오니 내 주 하나님이 내게 응답하시리이다." 그러나 시인은 여호와를 기다렸습니다. 그는 주님 하나님의 대답을 기대합니다. 그는 사람한테서 버림받은 순간에 여호와를 기다렸고, 그분의 대답을 기대합니다. 그는 슬픔을 기쁨으로 바꿀 수 있는 주님께 희망을 품습니다.

그는 어떤 희망을 품습니까? 16절입니다. "내가 말하기를 두렵건대 그들이 나 때문에 기뻐하며 내가 실족할 때에 나를 향하여 스스로 교만할까 하였나이다." 악인은 의인의 불행을 기뻐합니다. 그러나 시인은 악인이 자기의 불행을 보고 기뻐하지 못하도록 희망합니다. 또 그는 자기 발이 미끄러질 때 악인이 우쭐대지 못하도록 기도했습니다. 그는 여호와께서 기도를 응답하실 줄 믿었습니다.

하지만 지금 시인의 고통이 어떠합니까? 그는 곧 쓰러질 것 같으며, 고통은 잠시도 그를 떠나지 않았습니다(17).

그때 그는 무엇을 합니까? 18절입니다. "내 죄악을 아뢰고 내 죄를 슬퍼함이니이다." 그는 자신의 죄악을 여호와께 아뢰니다. 그는 심각한 상황에서 빠져나갈 수 있는 유일한 길이 죄를 고백하는 것임을 알았습니다. 그는 죄를 고백하며 자기 죄를 염려하고 근심합니다.

그러나 그 원수는 어떠합니까? 그 원수가 활발하며 강했습니다. 거짓말로 시인을 미워하는 사람이 많았습니다(19). 시인은 적들이 강력하고 그 수가 많음을 알았습니다. 또 선을 이용하여 악을 행하는 사람이 선을 따르는 시인을 대적합니다(20). 세상은 악이 득세합니다.

그는 여호와께 무엇을 기도합니까? 21절을 읽읍시다. "여호와여 나를 버리지 마소서 나의 하나님이여 나를 멀리하지 마소서." 첫째로, "나를 버리지 마소서!" '버린다.'라는 말은 '떠난다.'라는 뜻입니다. 사실 역사에서 보면 여호와께서 이스라엘을 먼저 버린 적은 없습니다. 이스라엘이 여호와를 먼저 버렸습니다. 그들이 여호와를 떠나니 여호와도 어쩔 수 없이 떠났습니다. 그들이 여호와를 버리면 그 결과는 무서운 벌이었습니다. 그들이 어떤 기대로 여호와를 버렸든지, 그 결과는 그 기대와는 상관없이 크나큰 벌이었습니다.

따라서 시인은 간절하게 기도합니다. "나를 버리지 마소서!" 아무리 현실이 힘들지라도, 아무리 병이 깊을지라도, 여호와께서 버리지만 않으시면 희망이 있습니다. 아무리 악이 득세할지라도 여호와께서 떠나지만 않으면 헤쳐나갈 수 있습니다.

둘째로, “나를 멀리하지 마소서!” ‘멀리하지 않는다.’라는 말은 ‘버리지 않는다.’라는 뜻입니다. 즉 ‘하나님이 가까이 있음’을 뜻합니다. 하나님께서 시인과 가까이 있으면, 어떤 문제도 거뜬히 이길 수 있습니다. 어떤 상황에서도 낙심하지 않고 일어설 수 있습니다.

셋째로, “나를 돕는 일을 서두르소서!” 22절을 읽읍시다. “속히 나를 도우소서 주 나의 구원이시여.” ‘속히’는 ‘재촉한다.’ ‘서두른다.’라는 뜻입니다. 시인은 “나를 돕는 일을 서두르소서!”라고 기도합니다. 왜냐하면 그가 가는 길은 험하고 올무가 잔뜩 널려 있기 때문입니다. 그는 이 험한 세상을 홀로 갈 수 없기 때문입니다. 그에게는 절대적으로 돕는 분이 필요했기 때문입니다. 그것도 먼 미래에 도와줄 분이 아니라, 지금 즉시, 속히 도와줄 분이 필요했습니다.

그는 누구에게 돕는 일을 서두르도록 기도합니까? 그의 구원이신 주님께 기도합니다. 시인은 하나님을 구원자로 믿습니다. 구원자는 약속을 지키는 ‘언약의 하나님’이십니다. 그분은 아들딸을 돌보시는 ‘그의 아버지’이십니다. 그리고 그 백성을 다스리는 ‘대왕(the Great King)’이십니다. 시인은 그분께 자기를 빨리 도와주시도록 기도합니다. 돕는 일을 서두르도록 기도합니다.

여호와께 빨리 도와주시도록 청하는 그를 통해 무엇을 배웁니까? 어떤 상황에서도 여호와를 믿는 자세입니다. 그는 아무리 힘들고 어려운 일을 겪을지라도 여호와께 대한 믿음이 흔들리지 않습니다. 그는 자기의 고통을 해결할 분이 오직 여호와이심을 확신합니다. 여호와께서 빨리만 도와주신다면 악이 득세하는 세상도 거뜬히 이길 수 있음을 믿었습니다. 사람이 악을 꾸밀지라도 하나님은 그것을 선으로 바꾸십니다.

요셉이 어렸을 때, 그의 형들은 시기심으로 요셉을 애굽으로 팔았습니다. 요셉의 주위에는 악이 득세했습니다. 그때마다 요셉은 여호와께서 속히 도와주시도록 청했습니다. 여호와는 그의 기도에 응답하셨습니다. 그는 자기를 돕는 일을 서두르신 하나님을 만났습니다. 그는 자기를 팔았던 형들을 용서하며 말했습니다. “당신들은 나를 해하려 하였으나 하나님은 그것을 선으로 바꾸사 오늘과 같이 많은 백성의 생명을 구원하게 하시려 하셨나니”(창 50:20).

우리도 요셉처럼, 시인처럼 삶의 현장에서 크고 작은 일을 만납니다. 내가 그 문제를 스스로 해결할 수도 있지만, 어떨 때는 어찌할 수 없을 때가 있습니다. ‘사면초가’를 온몸으로 느낄 때도 있습니다.

그때 우리는 누구에게 도움을 청해야 합니까? 악이 득세하는 이 세상에서 나를 도와주실 분은 오직 여호와 하나님뿐입니다. 걸음마를 배우는 어린아이는 엄마의 도움을 항상 필요로 합니다. 우리도 하나님의 도움을 속히, 그리고 끊임없이 받지 않으면 아무것도 할 수 없습니다. 그런데 그때 나를 도와줄 분이 있다니, 얼마나 든든합니까? 악이 득세하는 이 세상에서 나를 돕는 일을 서두르신 분이 있다니, 얼마나 좋습니까? 그러므로 우리도 오늘의 시인처럼 기도할 수 있습니다. “돕는 일을 서두르소서! 주님, 나의 구원이시여!” 아멘!

39

주님이 함께 있는 나그네

말씀 시편 39:1-13
요절 시편 39:12
찬송 488장, 483장

"여호와여 나의 기도를 들으시며 나의 부르짖음에 귀를 기울이소서 내가 눈물 흘릴 때에 잠잠하지 마옵소서 나는 주와 함께 있는 나그네이며 나의 모든 조상들처럼 떠도나이다."

오늘의 시도 다윗의 시인데, "성가대 지휘자인 여두둔을 따라 부른 노래"라는 표제를 붙였습니다. '여두둔'은 '찬양하는'이라는 뜻입니다. 그는 성전의 음악을 책임 맡거나 성전 문을 감독하는 레위 사람이었습니다(대상 16:41-42; 25:1). 시인은 인생의 덧없고 허무함, 즉 '인생무상(人生無常)'을 느꼈습니다. 그때 그는 누구에게 희망을 품었으며, 무엇을 했습니까?

1절을 보십시오. "내가 말하기를 나의 행위를 조심하여 내 혀로 범죄하지 아니하리니 악인이 내 앞에 있을 때에 내가 내 입에 재갈을 먹이리라 하였도다." 시인은 속으로 다짐했습니다. "내 길을 지킬 것이다." 이 말은 하나님께 하는 것이 아니라 자기 자신에게 한 결심이었습니다.

39(39:1-13)

그는 그 길을 어떻게 지키려고 합니까? 그는 혀로 죄짓지 않고자 합니다. 그는 악인이 잘나가는 것을 보고 부러워하고 시기할 수 있습니다. 하나님께 불평할 수 있습니다. 하지만 그런 말은 말로 죄짓는 일입니다. 그는 그런 죄를 짓지 않고자 합니다.

그는 어느 정도 말을 절제하려고 합니까? 그는 입에 재갈을 물려 입을 지킬 겁니다. 입마개로 소나 개를 통제하는 그것처럼 시인도 입마개를 하여 침묵하려고 합니다. 그는 단단히 결심했습니다.

그때 그의 고통이 어떠했습니까? 그가 억지로 잠잠하고 입을 다물자, 그의 근심이 더 심했습니다(2). 침묵은 그의 고통을 크게 했습니다. 그 마음이 속에서 뜨거워지고 작은 소리로 읊조릴 때 불이 붙었습니다(3). '불이 붙었다.'라는 말은 '울화가 치밀었다.'라는 뜻입니다. 그 불은 침묵의 결과로 생긴 내적 고통을 생생하게 묘사한 겁니다. 그는 마침내 침묵을 깨뜨렸습니다. 그는 말하지 않고서는 견딜 수 없었습니다. 그는 "내 혀로 죄짓지 않겠다."(1)라고 했는데, 이제 "혀로 말했습니다."

그는 무슨 말을 했습니까? 4절을 보십시오. "여호와여 나의 종말과 연한이 언제까지인지 알게 하사 내가 나의 연약함을 알게 하소서." 그는 혼자 고통받다가 '종말', '연한', 그리고 '연약함'을 알고자 합니다. '종말'은 '삶의 끝'이고, '연한'은 '사는 날'입니다. 그는 '삶의 기간'을 알고자 합니다. 그리고 '연약함'은 '덧없음'인데, 삶이 얼마나 덧없이 지나가는지를 알고자 합니다.

여기에는 무슨 뜻이 있습니까? 첫째로, 시인은 지금 겪고 있는 '고통의 때'를 알고자 합니다. 그는 고통의 정해진 길이와 그 고통을 어떻게 끝낼 수 있는지를 알려고 합니다.

둘째로, 그는 인생 자체를 알고자 합니다. 그는 인생의 끝, 삶의 기간, 그리고 연약함을 알고자 합니다. 그는 앞으로 일어날 모든 일을 알려는 것이 아니라, 자기 삶이 얼마나 짧은지, 덧없음을 깨닫기를 바랍니다.

그는 무엇을 알았습니까? 5절을 읽읍시다. "주께서 나의 날을 한 뼘 길이만큼 되게 하시매 나의 일생이 주 앞에는 없는 것 같사오니 사람은 그가 든든히 서 있는 때에도 진실로 모두가 허사뿐이니이다(셀라)." 주님께서 정하신 시인의 생애는 한 뼘 길이에 불과합니다. 한 뼘 길이의 수명은 주님 앞에서는 아무것도 아닙니다. 시인의 일생은 주님 앞에서는 없는 것과 같습니다. 비록 든든히 서 있는 사람조차도 진실로 허사뿐입니다. 인생의 전성기조차도 한낱 입김에 지나지 않습니다.

다른 시편도 이 사실을 강조합니다. "우리가 단지 먼지뿐임을 기억하심이로다. 인생은 그날이 풀과 같으며 그 영화가 들의 꽃과 같도다. 그것은 바람이 지나가면 없어지나니 그 있던 자리도 다시 알지 못하거니와"(시 103:14b-16). 사람은 그 무엇으로도 자신의 수명을 연장할 수 없습니다. 예수님은 말씀하셨습니다. "너희 중에 누가 염려함으로 그 키를 한 자라도 더할 수 있겠느냐"(마 6:27). 사람의 생명도 짧지만, 사람의 노력도 의미가 없습니다.

얼마나 의미가 없습니까? 진실로 각 사람은 그림자 같이 다닙니다(6). 사람은 걸어 다닌다고는 하지만, 실체가 아닙니다. 진실로 그들은 소란에 빠졌습니다. 그런데도 사람은 재물을 쌓습니다. 하지만 그 재물을 누가 모을지 모릅니다. 따라서 그 일 역시 부질없습니다.

예수님도 그런 부질없음에 관해 말씀하셨습니다. "하나님은 이르시되 어리석은 자여 오늘 밤에 네 영혼을 도로 찾으리니 그러면 네 준비한 것이 누구의 것이 되겠느냐 하셨으니, 자기를 위하여 재물을 쌓아 두고 하나님께 대하여 부요하지 못한 자가 이와 같으니라"(눅 12:20-21).

"메멘토 모리(*Memento Mori*)!"라는 말을 기억하지요? 라틴어로 '*memento*'는 '기억한다(remember).'이고, '*mori*'는 '죽는다(to die).'입니다. 보통 "죽음을 기억하라."라는 뜻으로 번역합니다. 이런 말과 같습니다. "권불십년 화무십일홍(權不十年 花無十日紅)", 즉 "권력은 십 년을 못 가고, 활짝 핀 꽃도 열흘을 가지 못한다." 이 말은 "영원할 것만 같은 권력이나 아름다움도 때가 오면 사라진다."라는 뜻입니다. 우리의 삶이 이처럼 유한합니다. 그리고 유한한 인간의 삶은 허무하기까지 합니다.

이런 모습을 그리스 신화에 나오는 '시시포스(Sisyphus)'에 비유할 수 있습니다. 그의 운명은 큰 바위를 굴리며 매일 언덕을 올라갔다가 그 바위가 다시 바닥으로 굴러 내려가는 그것을 보는 것뿐이었습니다. 삶이 유의미하게 보일지라도 실은 무의미함을 표현한 겁니다. 프랑스의 철학자 알베르 카뮈(Albert Camus)는 이 신화를 기초로 『시지프 신화』, *Le mythe de Sisyphe*라는 책을 썼습니다. 그는 이 책에서 '인간의 부조리'를 말합니다. '부조리(不條理)'는 불합리, 모순인데, 철학에서는 '의미를 전혀 찾을 수 없음'을 뜻합니다. 다시 말하면, "인간은 아무리 애를 써도 자신을 둘러싼 세계를 완전히 알 수 없고, 모든 일을 완전히 해낼 수도 없으며, 반드시 죽기 마련이다."라는 뜻입니다. 이런 실존 앞에서 사람은 '과연 인생은 살아갈 가치가 있는가?'에 대한 회의에 빠집니다.

그런데 인생의 허무를 깨달은 시인은 무엇을 했습니까? 7절을 보십시오. "주여 이제 내가 무엇을 바라리요 나의 소망은 주께 있나이다." 시인은 삶의 허무를 느낄 때 주님을 바랐습니다. 그는 주님께 소망을 두었습니다. 그는 자신의 내적 고뇌를 말로 푸는 일을 삼갔습니다. 하지만 그는 자기 안에서 불타고 있는 분노의 불을 더는 담고만 있을 수 없었습니다. 그는 그 고통을 하나님 앞에 펼쳐놓았습니다. 왜냐하면 그는 인생무상을 스스로 해결할 수 없음을 알았기 때문입니다. 인생무상을 해결할 길은 오직 주님께만 있음을 알았기 때문입니다. 따라서 그는 주님을 바라고, 주님께 희망을 두었습니다.

주님께 희망을 둔 그는 무엇을 기도합니까? 8절입니다. “나를 모든 죄에서 건지시며 우매한 자에게서 욕을 당하지 아니하게 하소서.” 첫째로, 그는 모든 죄에서 건져주시도록 기도합니다. 그는 먼저 죄를 말합니다. 그것도 한 가지 죄가 아니라 모든 죄를 말합니다. 그는 죄 속에서 태어났기 때문입니다. 그는 그 모든 죄에서 구원해 주시도록 기도합니다. 죄에서 구원받지 못하면 아무것도 할 수 없습니다.

둘째로, 그는 어리석은 사람의 조롱거리가 되지 않도록 기도합니다. 그는 고난 앞에서 잠잠하고 입을 열지 않았습니다. 왜냐하면 주님께서 그 일을 하셨기 때문이었습니다(9). 그는 주님께서 주신 고통을 깨닫고자 침묵했습니다. 그런데 사람들은 그런 그를 조롱했습니다. 시인은 그 조롱에서 건져주시도록 기도합니다.

그는 계속해서 무엇을 기도했습니까? 10절을 보십시오. “주의 징벌을 나에게서 옮기소서 주의 손이 치심으로 내가 쇠망하였나이다.” 셋째로, 그는 징벌을 옮겨주시도록 기도합니다. ‘징벌’은 주님께서 주신 고통입니다. 주님께서 그를 치시니 그는 시들어갔습니다. 그는 죽음의 문턱까지 왔습니다. 주님은 죗값으로 사람을 벌하십니다(11). 사람은 죄 때문에 하나님의 심판을 피할 수 없습니다. 사람의 영화, 즉 생명은 좀 먹음같이 사라집니다. 사람은 한낱 입김일 뿐입니다. 인생이란 참으로 허무할 뿐입니다.

그는 또 무엇을 기도합니까? 12절을 읽읍시다. "여호와여 나의 기도를 들으시며 나의 부르짖음에 귀를 기울이소서 내가 눈물 흘릴 때에 잠잠하지 마옵소서 나는 주와 함께 있는 나그네이며 나의 모든 조상들처럼 떠도나이다." 그는 같은 내용을 세 번이나 다르게 표현하며 기도합니다. "내 기도를 들어 주십시오." "내 부르짖음에 귀를 기울여 주십시오." "내가 눈물 흘릴 때 잠잠하지 마옵소서!" 그는 여호와께서 자신의 눈물을 보시고 잠잠히 계시지 않기를 바랍니다. 그는 여호와의 응답을 기다립니다.

그는 왜 그렇게 기도합니까? 그는 나그네이며 떠돌이기 때문입니다. '나그네'는 '남의 나라에서 사는 사람'입니다. 그는 가난하여 원주민의 돌봄으로 삽니다. '떠돌이'는 '땅을 소유하지 않은 임시 임금 노동자'입니다. 이스라엘 안에 사는 다른 종족으로 자신의 땅을 가질 수 없었습니다. 그는 자신의 거처를 소유하지 못하고 원주민의 거처에서 세를 들어 살았습니다. 시인은 자신을 나그네로 인식했습니다.

그런데 인생을 나그네로 인식한 사람은 많았습니다. 예전에 "하숙생"이라는 노래가 유행했습니다. "인생은 나그넷길, 어디서 왔다가 어디로 가는가. 구름이 흘러가듯 떠돌다 가는 길에 정일랑 두지 말자 미련일랑 두지 말자..." 이 노래에서 나그네는 출발이 어디인지, 종착점이 어디인지를 모릅니다. 그래서 정도 미련도 두지 않아야 한다는 겁니다.

이런 말이 있습니다. "인생은 태어날 때 두 주먹을 쥐고 울며 태어나지만, 주변 사람은 웃으며 축하한다. 그런데 사람이 죽을 때는 두 손을 펴고 빈손으로 웃고 가지만, 주변 사람은 슬퍼하며 애도한다. 태어날 때는 울고 태어났지만, 죽을 때는 웃으면서 간다. 이것이 인생이다." 대부분 사람은 이런 인생을 생각하면서 인생무상을 느낍니다.

러시아 작가 톨스토이(Lev Nikolayevich Tolstoy)의 『인생론』에 나오는 이야기입니다. “어떤 나그네가 광야를 지나다가 사자가 덤벼들자 물 없는 우물 속으로 들어갔다. 그런데 우물 속에는 큰 뱀이 입을 벌리고 기다리고 있었다. 나그네는 우물 밑바닥으로 내려갈 수도 없고, 우물 밖으로 나올 수도 없었다. 그는 우물 안의 돌 틈에서 자란 작은 나뭇가지에 매달렸다. 그때 검은 쥐와 흰쥐 두 마리가 나뭇가지를 쏠았다. 그는 그 나뭇잎 끝에서 떨어지는 몇 방울의 꿀을 발견하고 그것을 혀로 핥아먹는다. 그는 얼마 후 나뭇가지가 꺾이거나 팔의 힘이 빠지거나 하여 죽을 수밖에 없을 것이다.” 여기서 ‘검은 쥐’는 밤을 ‘흰쥐’는 낮을 말하는데, 인생은 시간과 함께 이 땅에서 이 나그네처럼 살다가 죽을 수밖에 없다는 겁니다.

그러나 시인은 자신을 나그네로 고백하면서도 왜 허무주의에 빠지지 않았습니까? 왜냐하면 “나는 주와 함께 있는 나그네이며 나의 모든 조상들처럼 떠도나이다.”라는 자기 정체성이 분명했기 때문입니다. 그는 나그네이고 떠돌이지만, 세상의 나그네와 떠돌이와는 그 존재가 달랐습니다. 그는 주님과 함께 있는 나그네입니다. 즉 주님께서 보호하시고 인도하시는 나그네입니다. 당시 나그네는 고아와 과부와 함께 하나님이 우선으로 돌보는 계층이었습니다. 시인은 하나님께서 자기를 고아와 과부처럼 돌봐주심을 믿었습니다. 그는 또 모든 조상과 같은 떠돌이입니다. 아브라함, 이삭, 그리고 야곱은 떠돌이이었지만, 그들은 돌아갈 고향이 분명했습니다.

시인이 나그네임을 말하면서도 허무주의에 빠지지 않음은 그 모든 소망을 여호와께 두었기 때문입니다. 그는 어디에서 와서 어디로 가는 줄을 알았기 때문입니다. 그는 여호와한테서 와서 여호와한테로 다시 돌아갑니다. 미국에서는 장례식을 ‘집으로 돌아가는 식(home coming ceremony)'이라고 부릅니다. 이 세상에서 나그네로 살다가 자기 집으로 돌아감을 표현한 겁니다. 인간의 허무주의는 하나님 안에서만 해결할 수 있습니다.

오늘의 그리스도인도 나그네와 떠돌이입니다. 그런데 하나님이 함께 있는 나그네입니다. "이 사람들은 다 믿음을 따라 죽었으며 약속을 받지 못하였으되 그것들을 멀리서 보고 환영하며 또 땅에서는 외국인과 나그네임을 증언하였으니"(히 11:13). "사랑하는 자들아 거류민과 나그네 같은 너희를 권하노니 영혼을 거슬러 싸우는 육체의 정욕을 제어하라"(벧전 2:11). 믿음의 사람은 하나님의 나라를 소망하며 이 땅에서 나그네로 삽니다. 하나님은 나그네인 우리를 돌봐주십니다. 하나님이 함께 있는 나그네인 오늘 우리는 하나님의 나라로 돌아갈 희망이 있어서 우리의 삶은 더욱 빛납니다.

시인의 마지막 기도는 무엇입니까? 13절입니다. "주는 나를 용서하사 내가 떠나 없어지기 전에 나의 건강을 회복시키소서." '용서한다.'라는 말은 '눈을 돌린다.'라는 뜻입니다. 하나님의 분노와 훈계의 얼굴을 돌려달라는 겁니다. '내가 떠나 없어지기 전에'는 '죽기 전에'를 뜻합니다. 시인은 자기가 죽기 전에 웃을 수 있도록, 힘을 회복하도록 하나님께서 눈을 돌려달라고 기도합니다. 그는 죄를 회개할 시간을 달라는 겁니다. 지옥에서는 아무도 죄를 고백할 힘이 없기 때문입니다.

우리는 누구입니까? 우리는 삶에서 덧없고 허무를 느끼는 나그네가 아닙니다. 우리는 주님이 함께 있는 나그네입니다. 따라서 우리는 삶의 고통 속에서도, 허무 속에서도 주님께 희망을 품고 기도할 수 있기를 바랍니다.

40

주님의 뜻 행하기를 즐거워합니다

말씀 시편 40:1-17
요절 시편 40:8
찬송 425장, 573장

"나의 하나님이여 내가 주의 뜻 행하기를 즐기오니 주의 법이 나의 심중에 있나이다 하였나이다."

살다 보면 이런 인간을 만날 때가 있습니다. "도무지 남의 말귀를 알아듣지 못한 사람입니다." 어떤 사람은 그 대표적인 사람으로 '나이 먹은 한국 남자'를 꼽습니다. 그리고 '심각한 의사소통 장애'의 대표로 부르기도 합니다. 그들은 자기 생각이 많고 고집이 세서 아내의 말이나 아들딸의 말을 듣지 않고 자기주장만 강조하기 때문입니다.

그런데 이런 모습은 '나이 먹은 한국 남자'만의 문제는 아니고, 하나님 앞에서 선 인류의 모습입니다. 하나님은 그런 그들을 어떻게 하십니까? 그리고 그들에게 무엇을 바라십니까?

1절을 보십시오. "내가 여호와를 기다리고 기다렸더니 귀를 기울이사 나의 부르짖음을 들으셨도다." 시인은 여호와를 기다리고 기다렸습니다. 그는 여호와를 끈기 있고, 애타게 기다렸습니다. 기다림은 현실의 어두움 속에서도 밝은 미래를 희망하는 것을 뜻합니다.

그 기다림의 결과는 무엇입니까? 여호와께서 귀를 기울이셨습니다. 여호와께서 기다리는 그에게 몸을 굽히셨습니다. 그리고 여호와는 그의 부르짖음을 들어주십니다. 시인은 지난날을 돌아보며 이 여호와를 간증합니다.

하나님은 그의 기도에 어떻게 응답하셨습니까? 2절입니다. “나를 기가 막힐 웅덩이와 수렁에서 끌어올리시고 내 발을 반석 위에 두사 내 걸음을 견고하게 하셨도다.” 시인은 기가 막힐 웅덩이와 수렁에 빠졌습니다. ‘웅덩이’와 ‘수렁’은 하나님과 분리된 장소, 즉 곤경과 궁지에 빠진 상태를 뜻합니다. 시인은 답답하고 숨 막히는 상황에 빠졌습니다. 그곳에서는 빠져나오려고 하면 할수록 오히려 더 빠집니다.

여기서 우리는 저수 동굴과 진흙 속에 던져진 예레미야의 상황을 연상할 수 있습니다. “그들이 예레미야를 끌어다가 감옥 뜰에 있는 왕의 아들 말기야의 구덩이에 던져 넣을 때에 예레미야를 줄로 달아 내렸는데 그 구덩이에는 물이 없고 진창뿐이므로 예레미야가 진창 속에 빠졌더라”(렘 38:6).

시인은 어떻게 그곳을 빠져나왔습니까? 여호와께서 진흙 속에서 허우적거리는 그를 끌어올리십니다. 그리고 그를 안전한 곳에 두십니다. 그리하여 그의 삶을 굳게 하셨습니다.

여호와께서 그에게 또 무엇을 하셨습니까? 새 노래, 곧 하나님께 올릴 찬송을 그 입에 두셨습니다(3). ‘새 노래’는 ‘신선한 노래’인데, 새로 만든 노래보다도 이미 있는 노래로 새로운 도움을 주신 하나님을 찬양함을 뜻합니다. 새로운 하나님의 만남을 축하하는 새 노래입니다. 하나님은 그 새 노래를 시인의 입에 두십니다. 그리하여 많은 사람이 시인을 보고 하나님을 두려워하도록 합입니다.

시인은 무엇을 노래합니까? 4절을 봅시다. "여호와를 의지하고 교만한 자와 거짓에 치우치는 자를 돌아보지 아니하는 자는 복이 있도다." 시인은 행복한 사람에 관해 노래합니다. 행복한 사람은 여호와를 의지했던 사람입니다. 그리하여 교만한 사람과 거짓에 치우친 사람을 돌아보지 않았던 사람입니다. '거짓에 치우친 사람'은 우상을 숭배한 사람입니다. 여호와를 신뢰하여 우상을 숭배하지 않았던 사람이 행복합니다.

시인은 또 누구를 찬양합니까? 그는 여호와 하나님을 찬양합니다(5). 여호와는 그의 하나님이십니다. 그분이 행하신 기적은 많습니다. 그분이 그 백성에게 행하신 구원 사역은 정말로 많습니다. 그분이 그 백성을 향하신 생각도 많습니다. 여호와께서 그들을 위하여 놀라운 일과 계획을 많이도 하셨습니다. 누구도 그분과 견줄 수가 없습니다. 그 누구도 그분과 비교할 수 없습니다. "그의 앞에는 모든 열방이 아무것도 아니라 그는 그들을 없는 것 같이, 빈 것 같이 여기시느니라. 그런즉 너희가 하나님을 누구와 같다 하겠으며 무슨 형상을 그에게 비기겠느냐"(사 40:17-18).

시인은 그 여호와를 아무리 널리 알려 말하고자 할지라도 너무 많아 그 수를 셀 수도 없습니다. 하나님의 놀라운 일은 헤아리기에 너무나 많습니다. 시인은 여호와께서 이스라엘을 위해 베푸셨던 일을 찬양했습니다. 하지만 그분이 하신 일이 너무 많아서 그 모든 것을 찬양할 수 없었습니다. 사도 요한은 말했습니다. "예수께서 행하신 일이 이 외에도 많으니 만일 낱낱이 기록된다면 이 세상이라도 이 기록된 책을 두기에 부족할 줄 아노라"(요 21:25).

40(40:1-17)

주님께서 그에게 무엇을 하셨습니까? 6절을 보십시오. “주께서 내 귀를 통하여 내게 들려주시기를 제사와 예물을 기뻐하지 아니하시며 번제와 속죄제를 요구하지 아니하신다 하신지라.” ‘통하여 내게 들려주시기를’이라는 말은 ‘막힌 곳을 판다.’라는 뜻입니다. 여호와께서 그의 귀를 파서 열어 주셨습니다. 그의 귀가 지금까지는 막혀 있었습니다. 귀가 막히면 말귀를 알아듣지 못합니다. 말귀를 알아들으려면 귀를 파고 열어야 합니다. 귀가 열리면 주님의 말씀을 듣고 순종할 수 있습니다.

주님께서 그에게 들려주셨던 말씀은 무엇입니까? 여호와께서 제사와 예물을 기뻐하지 않으셨습니다. 주님은 번제와 속죄제를 요구하지 않으셨습니다. 어떤 제사도 하나님이 바라시는 기준을 채울 수 없습니다.

그때 그는 무엇을 말했습니까? 7절입니다. “그 때에 내가 말하기를 내가 왔나이다 나를 가리켜 기록한 것이 두루마리 책에 있나이다.” 그때 그는 말했습니다. “내가 여기 있습니다.” 그 말은 ‘자신을 하나님께 온전히 드림, 헌신’을 뜻합니다. 하나님께서 무엇을 말씀하시든지 언제 어디서나 순종함을 뜻합니다. 이사야 선지자는 여호와의 말씀에 이렇게 순종했습니다. “내가 여기 있나이다 나를 보내소서”(사 6:8b).

시인이 이렇게 말했던 근거는 무엇입니까? “나를 가리켜 기록한 것이 두루마리 책에 있나이다.” ‘두루마리 책’은 주님의 뜻을 담고 있는 책으로 율법(토라)이나 신명기입니다. 그 책에는 시인에 관한 내용이 기록되어 있습니다. 주님께서 그에게 두신 뜻, 즉 그가 해야 할 일이 기록되어 있습니다.

그는 무엇을 즐거워했습니까? 8절을 읽읍시다. “나의 하나님이여 내가 주의 뜻 행하기를 즐기오니 주의 법이 나의 심중에 있나이다 하였나이다." 시인은 주님의 뜻을 행하기를 즐거워했습니다. 그의 마음에는 '토라'가 새겨져 있습니다. 그는 주님의 가르침을 마음으로 따랐습니다. 그것을 '토라의 내면화(the internalization of God's law)'라고 말합니다.

'주님의 뜻 행하기를 즐거워한다.'라는 말을 통해 무엇을 배웁니까? 하나님이 우리에게 바라시는 기준을 배웁니다. 주님은 시인의 귀를 뚫어서 말씀하셨습니다. 그것은 제사가 아니라, 주님의 뜻대로 사는 것, 즉 주님의 말씀대로 사는 그것입니다. 주님의 뜻은 주님의 말씀에 있습니다. 주님의 말씀을 마음에 간직하는 사람, 즉 말씀의 내면화가 일어난 사람, 주님의 가르침을 마음으로 따르는 그것을 주님은 바라십니다.

시인은 제사를 지내는 대신에 하나님이 바라시는 말씀대로 사는 일을 즐거워했습니다. 마음에 주님의 토라를 두고 있는 자기 자신을 하나님께 드렸습니다. 하나님이 바라시는 그것은 제물을 드리는 일보다 그분의 뜻에 순종하는 삶입니다. 말씀대로 살지 않으면서 주님께 드리는 제물은 가치가 없습니다. 하나님은 일찍이 사울에게 강조했습니다. "순종이 제사보다 낫다"(삼상 15:22).

시인이 고백하는 순종은 하나님의 뜻에 죽기까지 순종하신 그리스도의 모습을 미리 보여주는 것(예표, typology)입니다. 히브리서는 말씀합니다. "그러므로 주께서 세상에 임하실 때에 이르시되 하나님이 제사와 예물을 원하지 아니하시고 오직 나를 위하여 한 몸을 예비하셨도다, 번제와 속죄제는 기뻐하지 아니하시나니, 이에 내가 말하기를 하나님이여 보시옵소서 두루마리 책에 나를 가리켜 기록된 것과 같이 하나님의 뜻을 행하러 왔나이다 하셨느니라"(히 10:5-7).

40(40:1-17)

시인은 주님의 뜻을 어떻게 행했습니까? 9절을 보십시오. "내가 많은 회중 가운데에서 의의 기쁜 소식을 전하였나이다 여호와여 내가 내 입술을 닫지 아니할 줄을 주께서 아시나이다." '회중 가운데에서'라는 말은 '공적인 예배'를 뜻합니다. 그는 공적 예배에서 공의의 기쁜 소식을 선포했습니다. 주님이 아시듯이 그는 입을 다물 수가 없었습니다. 그는 주님의 신실한 증인으로 살았습니다. 주님을 증언하는 일은 구원을 체험한 사람이 마땅히 해야 할 일입니다. 그 일이야말로 주님이 바라시는 뜻입니다.

그는 주님을 계속해서 어떻게 증언했습니까? 그는 주님의 공의를 심중에 숨기지 않았습니다(10). 그는 주님의 성실과 구원을 선포했습니다. 그는 주님의 사랑과 진리를 많은 회중에게 감추지 않았습니다. 시인은 그가 체험한 주님의 공의, 성실, 구원, 사랑, 그리고 진리를 적극적으로 선포했습니다. 그 일은 모두 주님 구원 사역의 핵심입니다. 시인은 자신이 처한 상황에서 자신이 선포한 복음을 의지했습니다. 자기가 증언한 대로 살았습니다. 그 일은 대단히 어려운데도 그는 실천했습니다. 그런 삶이야말로 주님의 뜻 행하기를 즐거워하는 일입니다.

그는 이제 무엇을 기도합니까? 11절을 보십시오. "여호와여 주의 긍휼을 내게서 거두지 마시고 주의 인자와 진리로 나를 항상 보호하소서." 그는 여호와의 긍휼을 보류하지 말도록 기도합니다. 그는 자신을 주님의 사랑과 진실로 지켜주시도록 기도합니다.

왜냐하면 수많은 재앙이 그를 둘러쌌고, 그의 죄악이 그를 사로잡았기 때문입니다(12). 그런 그는 우러러볼 수도 없었습니다. 그는 자기가 처한 상황이 어떤지를 알지 못할 지경이었습니다. 그의 죄가 머리카락보다 많았기 때문입니다. 그는 용기를 잃었습니다. 그는 "주님께서 행하신 기적이 많고 우리를 향하신 주님의 생각도 많았다.”(6)라고 말했습니다. 하지만 그는 “죄가 머리카락보다 많았다.”라고 토로합니다. 그는 불행을 죄에 대한 벌로 인식합니다.

시인은 그런 현실에서 무엇을 합니까? 13절입니다. “여호와여 은총을 베푸사 나를 구원하소서 여호와여 속히 나를 도우소서.” 그는 여호와께 기도합니다. “여호와여, 저를 구원하기 위하여 기뻐하소서!” “여호와여, 저를 돕기 위해 속히 서두르소서!” 시인의 상황이 어렵고 매우 긴박함을 강조합니다. 그는 여호와께서 은총을 베푸시고, 속히 개입하시도록 기도합니다.

반면 그의 생명을 찾아 멸하려 하는 자를 위해서는 무엇을 기도합니까? 14절입니다. “내 생명을 찾아 멸하려 하는 자는 다 수치와 낭패를 당하게 하시며 나의 해를 기뻐하는 자는 다 물러가 욕을 당하게 하소서.” 시인의 생명을 찾아 멸하려는 사람은 수치와 낭패를 당하도록 기도합니다. 시인이 해를 당할 때 기뻐하는 사람은 다 물러가 부끄러움을 당하도록 기도합니다.

시인은 또 자신을 향하여 “하하, 하하”하며 비웃는 사람은 소스라쳐 놀라게 해달라고 기도합니다(15). 시인은 원수가 참패하도록 기도합니다. 그는 개인적으로 복수하지 않고 여호와께 맡깁니다. 그는 그들이 여호와가 누구신지를 알기를 바랍니다.

그러나 주님을 찾는 사람을 위해서는 무엇을 기도합니까? 16절을 봅시다. “주를 찾는 자는 다 주 안에서 즐거워하고 기뻐하게 하시며 주의 구원을 사랑하는 자는 항상 말하기를 여호와는 위대하시다 하게 하소서.” 주님을 찾는 사람은 그분 앞에서 즐거워하고 기뻐하도록 기도합니다. 주님의 구원을 사랑하는 사람은 항상 “여호와는 위대하시다.”라고 말하도록 기도합니다.

40(40:1-17)

그는 자신에 관해서는 무엇을 기도합니까? 17절을 읽읍시다. “나는 가난하고 궁핍하오나 주께서는 나를 생각하시오니 주는 나의 도움이시요 나를 건지시는 이시라 나의 하나님이여 지체하지 마소서.” 시인은 가난하고 궁핍하나 주님은 그를 생각합니다. ‘생각한다.’라는 말은 ‘돌봐주신다.’라는 뜻입니다. 주님은 그의 도움이며 구원자이십니다. 그러므로 그는 기도합니다. “하나님이여, 지체하지 마소서!” 그는 하나님의 즉각적인 개입을 요청합니다. 그만큼 삶의 현실이 녹록하지 않기 때문입니다. 그 녹록하지 않은 현실을 도와주시고 건지실 분은 오직 여호와뿐이십니다. 따라서 그는 그분을 믿고 그분께 도움을 청합니다. “지체하지 마소서!”

하나님이 오늘 우리에게 바라심은 무엇입니까? 하나님은 우리의 두 귀를 열어 말씀하십니다. “나는 제사를 원하지 않는다.” 시인은 고백합니다. “나의 하나님이여 내가 주의 뜻 행하기를 즐기오니 주의 법이 나의 심중에 있나이다 하였나이다”(8). 오늘 우리도 시인의 고백처럼 삶의 현장에서 주님의 뜻을 행하기를 즐거워하기를 기도합니다.

41

가난한 자를 보살피는 자에게

말씀 시편 41:1-13
요절 시편 41:1
찬송 517장, 467장

"가난한 자를 보살피는 자에게 복이 있음이여 재앙의 날에 여호와께서 그를 건지시리로다."

우리는 시편 전체, 즉 150편을 5권으로 나누었습니다. 41편은 그 5권 중에서 제1권의 마지막 편입니다. 1편을 어떻게 시작했는지를 기억합니까? "복 있는 사람은"(1:1)으로 시작했습니다. 그런데 오늘의 시도 "복이 있음이여"로 시작합니다. 그러면 오늘 시편이 말하는 복 있는 사람은 누구입니까?

1절을 읽읍시다. "가난한 자를 보살피는 자에게 복이 있음이여 재앙의 날에 여호와께서 그를 건지시리로다." '가난한 자'는 '낮은 사람', '약한 사람'인데, '가지지 못한 사람', '병에 시달려서 건강이 나쁜 사람'을 뜻합니다. 여기서는 '건강이 나쁜 사람', '병상에 있는 사람'을 말합니다. '보살핀다.'라는 말은 '생각한다.'라는 뜻입니다. 오늘 시편은 "건강이 나쁜 사람을 생각하는 그 사람이 복 있는 사람이다."라고 증언합니다.

왜 복이 있습니까? 재앙의 날에 여호와께서 그를 건지시기 때문입니다. '재앙'은 '역사의 재앙'이 아니라 '개인의 재앙'입니다. 즉 '사람이 병들어 아픈 상태'를 뜻합니다. '재앙의 날'은 '건강이 나쁜 사람을 보살폈던 그 사람이 아파서 병상에 있을 때'입니다. 그런데 그 때 여호와께서 그 아픈 사람을 건지십니다. 여호와께서 그를 돌보시고 치료하십니다. 따라서 건강이 나쁜 사람을 생각하는 그 사람이 행복한 사람입니다.

여호와께서 재앙의 날에 그 사람을 어떻게 돌보십니까? 2절입니다. "여호와께서 그를 지키사 살게 하시리니 그가 이 세상에서 복을 받을 것이라 주여 그를 그 원수들의 뜻에 맡기지 마소서." 여호와께서 그 재앙의 날에 그를 지키고 살게 하십니다. 병든 사람을 생각한 그 사람이 병들면 여호와께서 그를 고쳐서 살게 하십니다. 따라서 그는 땅에서 복 받은 사람이라고 불립니다. 여호와께서 그를 원수의 탐욕에 내주지 않습니다.

여호와는 병상에 누워있는 그 사람을 붙드십니다. 그리고 그의 병을 고쳐서 건강하게 하십니다(3). 그러니 그는 복 받은 사람입니다.

여기서 볼 때 시인이 증언하는 복이 있는 사람은 누구입니까? 건강이 나쁜 사람을 생각하는 그 사람, 그런 사람을 돕는 그 사람입니다. 사람이 아플 때처럼 따뜻한 말 한마디가 그리울 때도 없습니다. 누군가가 자기를 생각만 해주고 있다는 그 생각만으로도 힘을 얻습니다. 우리는 공동체에서 아픈 사람이 있으면, 그 아픈 사람을 위해서 아픈 마음으로 기도합니다. 우리는 암은 물론이고, 다른 병으로 고생하는 사람, 그리고 '코로나19'로 고생하는 동역자를 위해 기도하기를 인색하지 않습니다. 우리의 사랑과 관심, 그리고 기도가 아픈 사람에게 얼마나 큰 힘인 줄 알기 때문입니다.

그런데 더 중요한 일은 무엇입니까? 아픈 사람을 생각했던 그 사람도 아플 수 있다는 점입니다. 그리고 여호와께서 그 사람을 고쳐서 건강하게 하신다는 점입니다. 그러므로 지금 내가 아픈 사람을 생각하는 일은 나중에 내가 아플 때 하나님한테서 고침을 받을 수 있는 투자입니다. 우리는 교회에서 아픈 사람이 있으면 관심과 사랑과 기도의 '품앗이'를 합니다. 그런데 그 품앗이는 하나님께서 나를 도우시는 근거입니다. 하나님은 복을 아무에게나 자동으로 주시지 않습니다. 하늘 아버지는 이 땅에서 복을 받을 수 있는 사람을 찾으십니다.

어떤 사람은 행복 하려고 돈을 많이 벌고, 자기만을 생각하며 이기적으로 삽니다. 공동체 안에서 동역자에 관해서는 관심을 꺼버립니다. 하지만 그런 삶에는 행복이 없습니다. 엄밀하게 말하면, 행복은 내가 만들 수 없습니다. 하나님이 나에게 주셔야 합니다. 그런데 하나님은 가난한 사람을 보살피는 그 사람에게 복을 주십니다. 예수님은 말씀하셨습니다. "긍휼히 여기는 자는 복이 있나니 그들이 긍휼히 여김을 받을 것임이요"(마 5:7). 내가 긍휼히 여기면 하나님께서 나를 긍휼히 여기십니다. 그 사람이 행복한 사람입니다.

그러므로 시인은 병상에서 무엇을 기도했습니까? 4절을 읽읍시다. "내가 말하기를 여호와여 내게 은혜를 베푸소서 내가 주께 범죄하였사오니 나를 고치소서 하였나이다." 시인은 여호와께 은혜를 베풀어 주시도록 기도합니다. 은혜 베푸심은 여호와의 기본적 성품입니다. 그는 그 은혜를 구하면서 자기의 죄를 고백했습니다. 그리고 그는 치료의 은혜를 주시기를 바랍니다.

그런데 그는 왜 죄와 병을 연결했을까요? 그는 자기 병의 원인을 죄에서 찾았기 때문입니다. 그는 죄에서 자기 병이 시작했다고 생각했습니다. 물론 모든 병이 죄의 결과는 아닙니다. 하지만 그는 자신의 병과 죄를 연결했고, 여호와께 도움을 청했습니다. 그는 여호와께서 죄로 병든 영혼을 치료하는 분임을 믿었기 때문입니다. 여호와는 우리의 죄는 물론이고, 병도 치료하십니다.

그런데 원수는 그를 어떻게 악담했습니까? "저 친구가 언제 죽어서 그 이름이 없어질꼬"(5)? '이름의 사라짐'은 '존재의 사라짐', '그 후손이 끊김'을 뜻합니다. 그러므로 그런 말은 사람한테 해서는 안 될 몹쓸 말입니다.

우리는 그 몹쓸 말을 그리스도와 연결할 수 있습니다. 악인은 그리스도께서 십자가에 달리셨을 때 그 이름이 사라지도록 악담했습니다(마 27:39, 44). 그러나 그리스도의 이름은 그분의 죽음과 함께 사라지지 않았습니다. 오히려 그분의 이름은 씨앗처럼 온 세상으로 뿌려졌습니다. 따라서 그분께 속한 사람의 이름도 사라지지 않습니다.

또 원수는 시인을 어떻게 악담했습니까? 원수는 시인을 만나러 와서는 빈말이나 늘어놓았습니다. 시인을 음해할 말을 모아 두었다가 나가서는 그 병의 원인에 관해 떠들어댔습니다(6).

이런 모습은 예수님을 배신한 가룟 유다를 생각나게 합니다. 그는 그분께 가까이 있었습니다. 그는 그분을 만나고서 배신할 근거를 찾았습니다. 그는 밖으로 나가서 거짓말했습니다(마 26:14-16). 원수의 특징은 속임, 거짓, 그리고 자기중심입니다.

시인을 미워하는 사람도 입을 모아 수군대며 해칠 궁리를 합니다(7). 그러면서 무슨 말을 합니까? "악한 병이 그에게 들었으니 이제 그가 눕고 다시 일어나지 못하리라"(8). '악한 병'은 '마귀의 병', '저주받은 병'입니다. 시인을 미워하는 사람은 시인이 "악마가 씌워서 병들어 죽어간다."라고 험담했습니다. 당시 악마를 '벨리알(Belial)'로 불렀는데, '시인은 벨리알의 종이 되어 영원히 일어나지 못한다.'라는 겁니다.

심지어 어떤 사람조차도 시인을 배신했습니까? 9절입니다. "내가 신뢰하여 내 떡을 나눠 먹던 나의 가까운 친구도 나를 대적하여 그의 발꿈치를 들었나이다." '신뢰하여 내 떡을 나눠 먹던'이란 '함께 밥을 먹을 정도로 신뢰했다.'라는 뜻입니다. 시인의 벗은 시인과 특별히 평화의 관계를 맺었습니다. 시인이 건강했을 때 행복해하던 친구였습니다. 그랬던 그 친구조차도 그의 발꿈치를 들었습니다. '발꿈치를 들었다.'라는 말은 '배신했다.'라는 뜻입니다. 함께 먹을 정도로 믿었던 그 친구조차도 시인을 배신했습니다. 왜냐하면 친구가 볼 때 시인이 곧 죽을 것처럼 보였기 때문입니다. 친구 사이의 신뢰가 어떨 때는 이렇게 허무합니다.

그런데 예수님은 가룟 유다가 당신을 배신했을 때 이 말씀을 인용하셨습니다. "내가 너희 모두를 가리켜 말하는 것이 아니니라 나는 내가 택한 자들이 누구인지 앎이라 그러나 내 떡을 먹는 자가 내게 발꿈치를 들었다 한 성경을 응하게 하려는 것이니라"(요 13:18). 인간관계에서 내부의 배신자가 외부의 적보다 더 큰 위협적 존재입니다.

그러나 시인은 무엇을 기도합니까? 10절입니다. "그러하오나 주 여호와여 내게 은혜를 베푸시고 나를 일으키사 내가 그들에게 보응하게 하소서 이로써." 시인은 여호와를 '주님', 즉 '당신'으로 부르며, 좀 더 친밀함을 표현합니다. 세상 사람은 시인을 배신해도 주님, 당신만은 신실하게 대하실 줄을 믿습니다. 그래서 그는 "은혜를 베푸시고, 일으켜 세워주시도록" 기도합니다. 그는 여호와께서 예수님을 죽음에서 일으키시듯이 자기도 일으켜주시도록 기도합니다. 그러면 시인은 원수에게 앙갚음할 겁니다.

그러나 현실에서 시인이 원수를 직접 보응할 수 없습니다. 원수가 시인보다 더 강하기 때문입니다. 따라서 이 기도는 하나님께서 원수를 정의로 다스려 주시를 바라는 시인의 마음입니다. 원수가 시인을 조롱하는 일은 그의 하나님 여호와를 조롱하는 일이기 때문입니다.

41(41:1-13)

시인은 무엇을 확신했습니까? 11절을 보십시오. "내 원수가 나를 이기지 못하오니 주께서 나를 기뻐하시는 줄을 내가 알았나이다." 시인의 원수는 시인 앞에서 승리의 함성을 지르지 못합니다. 시인은 그 일을 통해서 주님께서 자기를 기뻐하신 줄을 알았습니다. 그는 주님의 은총을 확신했습니다.

주님의 은총이 그에게 어떻게 나타났습니까? 12절입니다. "주께서 나를 온전한 중에 붙드시고 영원히 주 앞에 세우시나이다." '온전한'이란 '순결', 즉 '죄 없음'을 뜻합니다. 주님은 그가 죄를 짓지 않아서 그를 붙드셨습니다. 주님이 그를 어려움 속에서 도와주고 지켜주신 이유는 그가 죄를 짓지 않았기 때문입니다. 시인은 앞에서 "내가 주께 범죄하였사오니"(4)라고 고백했습니다. 하지만 그는 원수의 생각처럼 죽을죄를 짓지 않았습니다. 주님은 그의 죄 없음을 아셨습니다.

그래서 주님은 그를 당신 앞에 영원히 세우셨습니다. 원수는 시인이 다시는 일어날 수 없을 것이라고 악담했습니다. 그러나 시인은 주님께서 자신을 당신 앞에 세우실 줄 확신했습니다. 그는 그 하나님을 믿고, 그분께 기도했습니다.

시인은 기도를 마치며 무엇을 합니까? 13절을 읽읍시다. "이스라엘의 하나님 여호와를 영원부터 영원까지 송축할지로다 아멘 아멘." 시인은 여호와 이스라엘의 하나님을 영원부터 영원까지 송축합니다. 그분은 영원부터 영원까지 송축 받으시기에 합당하십니다. 영원부터 영원까지 송축 받으시는 그분은 그 아들딸을 영원부터 영원까지 건지십니다. 복을 주십니다. 그분께 복을 받은 그 사람이 가장 행복한 사람입니다. "아멘, 아멘!" '아멘'을 두 번 반복한 데는 강조나 상황의 장엄함을 나타냅니다.

41(41:1-13)

이렇게 시편 제1권은 기도와 송축으로 끝납니다. 그것은 시편이 기도와 찬양 집임을 뜻합니다. 그러므로 우리는 시편을 통해 하나님께 기도하고 그분을 찬양하기를 바랍니다. “가난한 자를 보살피는 자에게 복이 있음이여 재앙의 날에 여호와께서 그를 건지시리로다”(1). 아멘, 아멘!

참고서

김정우. 『시편주석I』. 서울: 총신대학교출판부, 1999.

왕대일. 『시편사색, 시편 한 권으로 읽기 -토라로 토다를-』. 서울: 대한기독교서회, 2013.

전봉순. 『거룩한 독서를 위한 구약 성경 주해, 시편 1-41편』. 서울: 바로오딸, 2015.

Ash, Christoper. *Teaching Psalms.* 전의우 옮김. 『티칭 시편』. 서울: 성서유니온, 2020.

Brueggemann, Walter. 조호진 옮김. 『시편사색』. 서울: 솔로몬, 2012.

DeClaisse-Walford, Nancy. Jacobson, Rolf. Tanner, Beth LaNeel. *The Book of Psalms,* 강대이 옮김. 『시편』. 서울: 부흥과개혁사, 2019.

Jacobson, Rolf A. Jacobson Karl N. *INVITATION TO THE PSALMS.* 류호준, 방정열 옮김. 『시편으로의 초대』. 서울: 도서출판 대서, 2013.

Longman III, Tremper. *How To Read The Psalms.* 한화룡 옮김. 『어떻게 시편을 읽은 것인가?』. 서울: IVP, 2000.

Lucas, Ernest. *Exploring The Old Testament, Vol. 3: The Psalms and Wisdom Literature.* 박대영 옮김. 『성경이해 5, 시편과 지혜서』. 서울: 성서유니온선교회, 2008.

Mays, James Luther. *Psalms, Interpretation A Bible Commentary for Teaching and Preaching.* 신정균 번역. 『현대성서주석: 시편』. 서울: 한국장로교출판사, 2014.

Robertson, O. Palmer. *Flow of the Psalms: Discovering their Structure and Theology.* 김헌수, 양태진 옮김. 『시편의 흐름』. 서울: 성약, 2019.

Brueggemann, Walter. Bellinger Jr., William H. *Psalms.* New York: Cambridge University Press, 2014.

Ross, Allen P. *A Commentary on the Psalms: 1-41.* Grand Rapids: Gregel Academic, 2012.

Vangermeren, Willem A. *The Expositor's Bible Commentary: 5, Psalms.* Longman III, Tremper & Garland, David E. general editors. Grand Rapids, MI : Zondervan, 2008.

하용조. "시편을 어떻게 설교할 것인가 1." 『그말씀』. 서울: 두란노서원, 2007-7

이병철 편저. 『성경원어해석 대사전: 바이블렉스 10.0』. 서울: 브니엘 성경연구소, 2021.